Code Vagnon Permis côtier

Avec un mémento de préparation rapide à l'examen

39e édition

sous la direction de Marc Hozette,
avec la collaboration d'André Néméta

VAGNON

Édition conforme aux décrets n° 92-1166 du 21 octobre 1992, n° 94-411 du 17 mai 1994, n° 96-611 du 4 juillet 1996 modifié le 25 février 2005 et aux arrêtés des 23 décembre 1992, 1er juin 1994, 22 novembre 2000, 30 septembre 2004, 7 mars 2005.

Code Vagnon Permis côtier - 39e édition

Dessins : Éric Martin © La Compagnie des éditions la Lesse.

Photos : Gilles Martin-Raget (couverture), Henri Vagnon (pages 3, 24, 84, 93, 99 sauf bas droit, 100 gauche et 179 bas), Les Editions du Plaisancier (pages 16, 40, 54, 57, 59, 63, 72 3e et 4e, 98 droit, 99 bas droit, 103, 104, 105, 107, 109,113, 114, 115 bas, 119, 126, 145 droit, 146 à 149 sauf 148 gauche, 155, 156), Éric Martin (pages 38, 148 gauche et 151), Geoffroy Langlade (page 102), J. Legou (page 72 1re), Michel Ecarlat (page 124), Jeanlin Henry (pages 12, 14, 15, 18, 72 (2e), 76, 100 droite, 139, 140, 157, 158, 160 et 179 haut), Bateau-École Ursulet (page 28), Patrick Chevrolat (page 89), Sport Service/M. Jamin (page 101), Plastimo/Leglatin (page 153), André Néméta (pages 19, 115 bas et 159), Plastimo (pages 145 gauche, 152).

Remerciements : M. Bourges (Bateau ManMar), M. Danglade pour leur contribution aux prises de vue.

Extraits des cartes marines 9999 et 7066 reproduits avec l'aimable autorisation du Service hydrographique et océanographique de la Marine.

Conception graphique de couverture : DOGSTUDIO

ISBN : 2-85725-538-1

EAN : 9782857255383

Sommaire

LE MÉMENTO

PRÉPARATION RAPIDE À L'EXAMEN

SE TROUVE À LA SUITE DE LA PAGE 128

Introduction à la nouvelle édition

Le Code Vagnon Permis côtier conserve la formule qui a fait son succès depuis longtemps auprès de ceux qui préparent les permis de conduire des bateaux de plaisance en mer. Vous y trouverez une documentation complète et mise à jour sur le **nouveau programme en vigueur au début de l'année 2007**, avec une nouvelle présentation plus claire et didactique.

La réforme 2007 apporte une évolution importante. En modernisant les permis bateau, leur mode d'obtention et le contenu de leurs programmes d'examen, le législateur français a voulu responsabiliser le plaisancier, les bateaux-écoles et les formateurs agréés, seuls habilités à vous préparer.

Cette nouvelle édition vous apporte les meilleures informations afin d'obtenir votre **examen de code « Permis côtier » selon la nouvelle épreuve**, semblable à celle du code de la route automobile : images projetées à l'écran, temps limité et boîtier de réponse individuelle, avec tirage aléatoire des questions. Il s'agit donc d'une simplification par rapport à l'épreuve précédente : 25 questions au lieu de 36 ; vous aurez droit à 4 erreurs au maximum pour être admis.

À l'issue de l'examen de code réussi, un « ticket » individuel comportant votre numéro d'enregistrement vous sera remis. Vous remettrez celui-ci à votre bateau-école agréé où un moniteur qualifié pourra terminer votre apprentissage de la conduite.

Les auteurs

Les termes indispensables

Abattre	Mouvement du bateau l'éloignant du lit du vent. Se dit généralement quand un navire opère un virage sur la droite ou la gauche.
Alignement	Ligne déterminée par 2 phares ou 2 amers (voir ce mot). On est sur leur alignement quand on les voit l'un par l'autre.
Amer	Repère caractéristique sur la côte (ex. : clocher, tour, bâtiment isolé).
Bâbord	(Abréviation : Bd). Tout ce qui est à gauche du navire quand on regarde vers l'avant de celui-ci (à droite, c'est tribord). On peut associer ces deux termes au mot « batterie » : **BÂ**bord est à gauche, **TRI**bord à droite (**BÂ-TRI**).
Balise	Signal de balisage fixe. Peut être une tourelle maçonnée, un espar, etc.
Bouée (de balisage)	Signal de balisage flottant, relié au fond par une chaîne.
Cap	Angle que fait l'axe longitudinal du navire avec un repère de référence tel le Nord magnétique, le méridien sur la carte ou le zéro du compas.
Chenal	Le passage le plus profond (entre des îles ou dans un estuaire, par exemple) que doivent suivre en conséquence les navires.
Compas	Équivalent dans son principe à la boussole, il sert à indiquer la direction du Nord. Il comporte une aiguille aimantée solidaire d'une rose graduée portant les 4 points cardinaux.
Degré	La 360e partie d'une circonférence. Son angle au centre de la circonférence est d'un degré.
Dérive	Action du vent ou du courant qui écarte le navire de son cap. Elle est tribord ou bâbord suivant que le navire se déporte sur la droite ou sur la gauche.
Erre	Vitesse par rapport à l'eau conservée par un navire.
Espar	Signal de balisage fixe. Peut être une perche, un mât fixés directement sur les fonds.
Étale	Moment où la mer ne monte plus ou ne descend plus.
Éviter	L'évitage est l'espace balayé par un navire qui tourne sur place, sur son ancre par exemple.
Glissement	C'est l'angle de la direction d'un point (phare, clocher, etc.) avec la direction (cap) d'un navire. Il se mesure en degrés.
Laisse	Limite de l'eau sur le rivage.
Ligne de foi	Repère placé sur la cuvette du compas et matérialisant l'axe longitudinal du navire.

Marque (de balisage)	Terme couvrant tous les signaux de balisage (balises, espars, bouées, etc.).
Mille	(Abréviation : **M**) Le mille marin (ou mille nautique) vaut 1 852 mètres. Ne pas confondre avec le « mile », unité de mesure anglaise, qui vaut 1 609 mètres.
Morte d'eau	Lorsque la marée est faible et que la mer monte ou descend avec une faible amplitude.
Mouillé	Un navire est mouillé quand il est retenu immobilisé par son ancre.
Nœud	(Abréviation : **nd**) Unité de vitesse, équivalant à un mille à l'heure. Un navire qui file 12 nœuds parcourt 12 milles en une heure. (Dire « 12 nœuds » mais pas « 12 nœuds à l'heure » !).
Parer (un danger)	L'éviter, en s'en écartant.
Poupe	Arrière d'un navire.
Proue	Avant d'un navire.
Quadrant	Autour d'un point déterminé, la circonférence est divisée en 4 quadrants : Nord, Est, Sud et Ouest (voir le croquis de la page 16). Le balisage cardinal d'un obstacle par exemple (récif, rocher) est différent selon le quadrant dans lequel on placerait ce balisage.
Quart	Division du compas par 32, égale à 11°15' (11°25 centièmes, soit 11 degrés 15 minutes d'arc). Unité utilisée pour les secteurs de feux. (Se dit aussi de la période de veille à la barre d'un bateau).
Relèvement	Angle formé par la direction d'un point (phare, clocher, autre navire) avec la direction du Nord. Le relèvement vrai se détermine par rapport à la direction du Nord géographique (celui de la carte).
Route	Angle compris entre la direction suivie par le navire et une direction du Nord. La route peut être au compas, vraie, sur le fond.
Route (Faire-)	Un navire fait route lorsqu'il n'est ni à l'ancre, ni amarré à terre, ni échoué.
Secteur (de feu)	Arc d'horizon de visibilité d'un feu de navire, exprimé en degrés.
Tonneau (tx)	Unité de volume valant 2,83 m^3, utilisée pour la jauge des navires.
Travers	Direction perpendiculaire à l'axe longitudinal du navire (voir le croquis de la page 71).
Tribord	(Abréviation : Td). Tout ce qui est à droite du navire quand on regarde vers l'avant de celui-ci. Voir à « Bâbord » le moyen mnémotechnique de s'en souvenir par la formule **BÂ-TRI** (batterie).
Vive eau	Lorsque la marée est forte et que la montée et la baissée de l'eau sont de forte amplitude.
Voyant	Marque géométrique distinctive utilisée pour l'identification d'une marque de balisage.

1. Balisage

Le balisage a pour but de signaler au navigateur les dangers qui pourraient lui être invisibles parce que la mer les recouvre, et les limites du chenal.

Les marques de balisage peuvent être flottantes ou fixes.

■ **Marques flottantes** (en raison de la profondeur d'eau) : ce sont les bouées, flotteurs reliés par une chaîne à un ouvrage sur les fonds. Pour les petites bouées, la partie visible du flotteur a la forme prescrite ; dans les autres cas le flotteur supporte une charpente métallique surmontée du voyant et du feu éventuel.

■ **Marques fixes** (fixées directement sur les fonds) : ce sont des espars, des tourelles maçonnées édifiées sur la roche, des balises, etc.

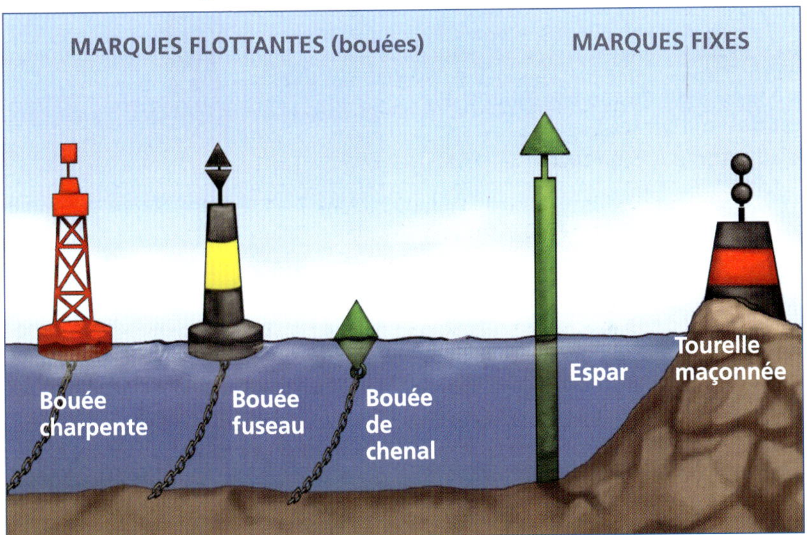

Sur une carte marine, les marques sont représentées :

Il est naturellement interdit de détruire une marque de balisage ou son feu, de s'amarrer à elle ou de jeter l'ancre à proximité.
Tout dégât causé à une marque, même accidentellement, doit être déclaré dans les 24 heures aux autorités maritimes.

Les feux

Les marques de balisage peuvent être équipées de feux.

 Un feu est à **éclats** quand sa durée de lumière est plus courte que sa durée d'obscurité.

 Il est à **occultations** quand sa durée d'obscurité est plus courte que sa durée de lumière.

 Il est **isophase** quand les durées de lumière et d'obscurité sont égales.

Un feu scintillant comporte 50 à 80 scintillements par minute.

On identifie une marque de balisage :

Le jour

- à son voyant,
- à sa couleur,
- à sa forme.

La nuit

- à la couleur de son feu (quand elle est dotée d'un feu),
- au rythme de ce feu.

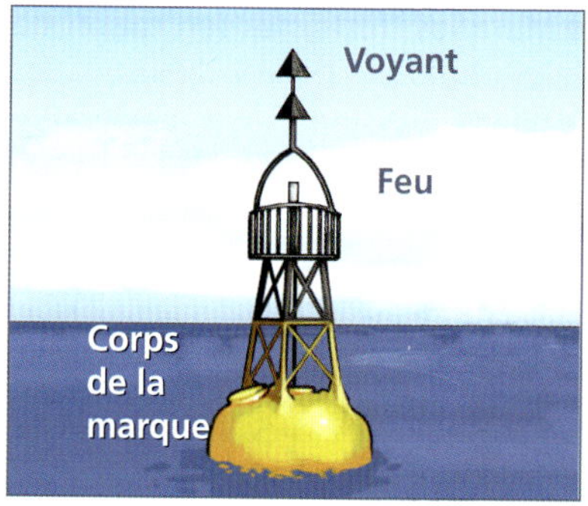

Le balisage

Le balisage de l'Association internationale de signalisation maritime (AISM) découpe le monde en deux régions, A et B. La France métropolitaine, la Réunion, la Nouvelle-Calédonie et la Polynésie sont dans la région A ; l'Amérique, avec les Antilles, la Guyane et Saint-Pierre-et-Miquelon, dans la région B. La différence réside uniquement dans l'emploi des marques latérales dont les couleurs sont inversées.

Les candidats passant le permis en région B étudieront les marques latérales Région B pages 28 à 31.

Les types de marques

Ce système comprend 5 types de marques que nous étudierons par ordre croissant de danger balisé :

1. Les marques latérales qui indiquent les côtés bâbord et tribord de la route à suivre (chenaux) ;

2. Les marques d'eaux saines ;

3. Les marques spéciales indiquant des zones ou activités particulières ;

4. Les marques de danger isolé ;

5. Les marques cardinales qui situent la position d'un danger par rapport à un point cardinal.

Marques latérales

Rappelons que les candidats passant le permis en Région B étudieront les marques latérales Région B pages 28 à 31. Le texte ci-après concerne les marques latérales de la Région A.

Les marques latérales indiquent les côtés bâbord et tribord de la route à suivre. On les trouve principalement dans un chenal d'accès.

Le balisage latéral est déterminé selon le **sens conventionnel** qui est le sens que suit le navire venant de la haute mer lorsqu'il s'approche d'un port, d'une rivière, d'un estuaire ou d'une autre voie d'eau.

Ainsi, en entrant au port, les marques **bâbord** sont celles qui sont à gauche du navigateur et les marques **tribord** celles qui sont à droite, lorsqu'il regarde l'avant de son navire.

MARQUES BÂBORD

PORT

MARQUES TRIBORD

Couleur : rouge.
Forme :
cylindrique, charpente ou espar.
Voyant (le cas échéant) :
cylindre rouge.
Feu (le cas échéant) :
rouge, de rythme quelconque, autre que celui des marques de chenal préféré (2 + 1, voir page 11).

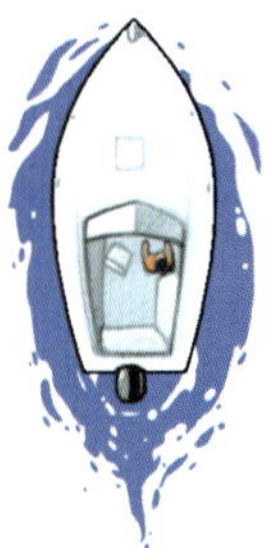

MER

Couleur : verte.
Forme :
conique, charpente ou espar.
Voyant (le cas échéant) :
cône vert, pointe en haut.
Feu (le cas échéant) :
vert, de rythme quelconque, autre que celui des marques de chenal préféré (2 + 1, voir page 11).

Représentation sur la carte marine :

Rappelez-vous qu'un feu rouge ou vert qui n'est pas à 2 éclats + 1 indique une marque latérale, bâbord ou tribord.

À savoir aussi...

- Une marque qui n'est ni cylindrique ni conique doit être équipée d'un voyant.
- Les marques un peu importantes ont leur nom en grandes lettres inscrit dessus. Elles sont donc facilement identifiables (valable pour tous les types de marques, cardinales notamment).
- Les marques latérales peuvent aussi être numérotées en suivant le sens conventionnel :

- Marques bâbord, numéros pairs.
- Marques tribord, numéros impairs.

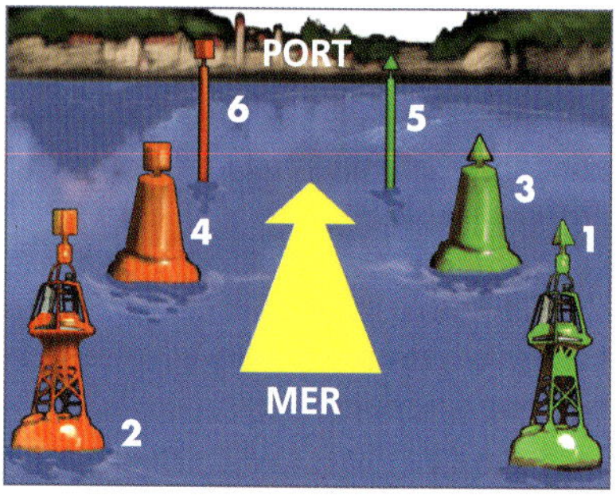

FORMULE MNÉMOTECHNIQUE

à retenir pour le balisage latéral

BAS SI ROUGE (BÂbord - CYlindre - rouge) et **TRI COT VERT (TRIbord - COne - vert)**

Par ailleurs, rappelez-vous qu'en entrant au port (c'est-à-dire en suivant le sens conventionnel), la couleur des bouées qui défileront sur chaque bord de votre bateau sera la même que la couleur du feu de côté correspondant :

- Bouée bâbord (rouge) et feu de côté bâbord (rouge) ;

- Bouée tribord (verte) et feu de côté tribord (vert).

En sortant du port, vous rencontrez les mêmes marques mais dans l'autre sens. À l'examen, certaines questions commencent ainsi : « Sortant du port, vous apercevez, etc. » Méfiez-vous !

Les marques de chenal préféré

Elles indiquent le chenal à utiliser de préférence à la bifurcation de deux chenaux. L'autre chenal (dit « secondaire ») est praticable également mais avec des caractéristiques moindres, notamment la profondeur.

Ce sont des marques latérales définies selon le sens conventionnel, avec les mêmes formes de voyant et les mêmes couleurs à ceci près que s'y ajoute une bande de couleur inverse. Mais **pour emprunter le chenal principal, manœuvrer comme face à une latérale ordinaire,** sans tenir compte de la couleur intermédiaire.

CHENAL PRÉFÉRÉ À TRIBORD (sur la droite)

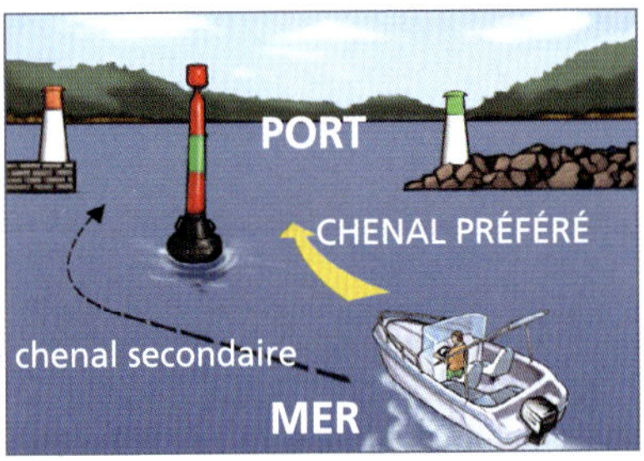

C'est une marque bâbord.

Couleur :
rouge, avec une bande verte.

Forme :
cylindrique, charpente ou espar.

Voyant :
cylindrique rouge.

Feu (le cas échéant) :
rouge à 2 éclats + 1.

2 éclats + 1

CHENAL PRÉFÉRÉ À BÂBORD (sur la gauche)

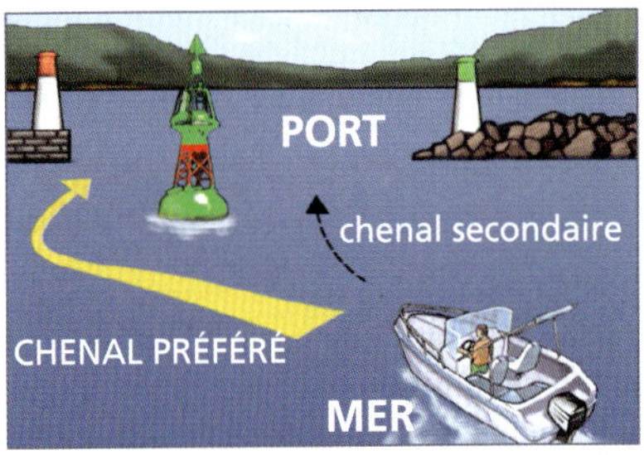

C'est une marque tribord.

Couleur :
verte, avec une bande rouge.

Forme :
conique, charpente ou espar.

Voyant :
conique vert.

Feu (le cas échéant) :
vert à 2 éclats + 1.

2 éclats + 1

Réponses aux exercices de la page 12 : 1 - Un espar ; 2 - Sur tribord

Récapitulation des marques latérales

	Marques latérales normales		Marques chenal préféré	
	Bâbord	Tribord	à tribord (marques bâbord)	à bâbord (marques tribord)
En venant du large, à laisser sur...	Bâbord	Tribord	Bâbord	Tribord
Couleur...	Rouge	Verte	Rouge, avec bande verte	Verte, avec bande rouge
Forme...	Cylindrique, charpente ou espar	Conique, charpente ou espar	Cylindrique, charpente ou espar	Conique, charpente ou espar
Voyant (le cas échéant)	Cylindre rouge	Cône vert pointe vers le haut	Cylindre rouge	Cône vert pointe vers le haut
Feu (le cas échéant)	Rouge (rythme autre que celui des marques de chenal préféré)	Vert	Rouge à éclats groupés (2 + 1)	Vert à éclats groupés (2 + 1)

Exercices

1. Cette marque est :
- Une bouée charpente
- Un espar
- Une tourelle

(Réponses en bas de la page 11)

2. Quittant le port vous gagnez le large. Sur quel bord laissez-vous cette marque ?
- Sur bâbord
- Sur tribord

Marques d'eaux saines

Comme leur nom l'indique, elles servent à indiquer que les eaux sont saines (c'est-à-dire dans une zone où l'on ne trouve aucun obstacle, épaves, fonds rocheux, bancs ou autres obstacles pouvant présenter un danger pour la navigation) tout autour d'elles. Elles peuvent définir les axes des chenaux et les milieux de chenal. Elles peuvent également indiquer un atterrissage si aucune marque latérale ou cardinale n'indique ce dernier.

Elles indiquent une zone ou une configuration mentionnée dans les documents nautiques. Ce ne sont pas des marques qui aident à la navigation mais qui signalent l'existence de zones interdites ou réservées et divers obstacles dont le navigateur doit être informé. Deux catégories de marques spéciales :

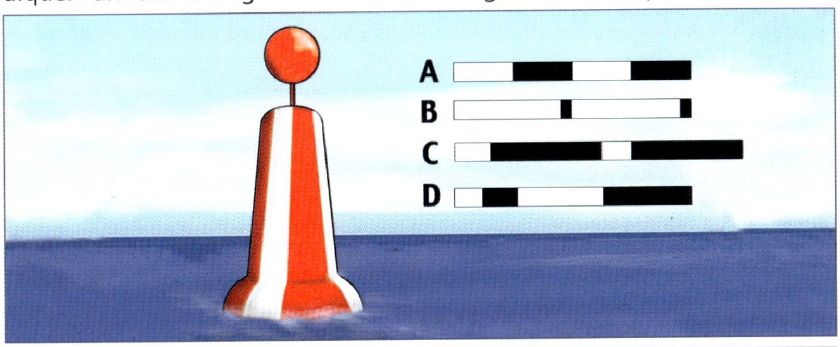

Couleur :

bandes verticales rouges et blanches.

Forme :

sphère ou, à défaut, bouée charpente ou espar avec un voyant sphérique rouge.

Voyant (dans les cas de charpente ou espar) :

une sphère rouge.

Feu (lorsque la marque en est dotée) : blanc

- soit isophase (A sur le croquis ci-dessus),
- soit à occultations (B),
- soit à un éclat long (durée de lumière de 2 secondes au moins) toutes les 10 secondes (C),
- ou lettre Morse « A » : ● ▬ (D).

Représentation sur la carte marine :

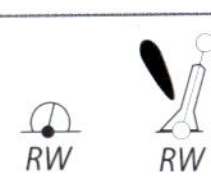

Marques spéciales

Elles indiquent une zone ou une configuration mentionnée dans les documents nautiques. Ce ne sont pas des marques qui aident à la navigation mais qui signalent l'existence de zones interdites ou réservées et divers obstacles dont le navigateur doit être informé. Deux catégories de marques spéciales :

■ **Les marques durables** (comportant un voyant en forme de X) :

- Zone de mouillage,
- Câble sous-marin ou oléoduc,
- Orifice d'égout ou de canalisation,
- Dépôt de matériaux,
- Zone d'exercices militaires,
- Zone de pêche,
- Zone réservée aux pilotes,
- Séparation de trafic, etc.

■ **Les marques occasionnelles** (n'ont pas de voyant) : balisage de protection des baigneurs, de la bande des 300 mètres, de parcours de régates et d'autres sports nautiques. Elles peuvent porter des pictogrammes.

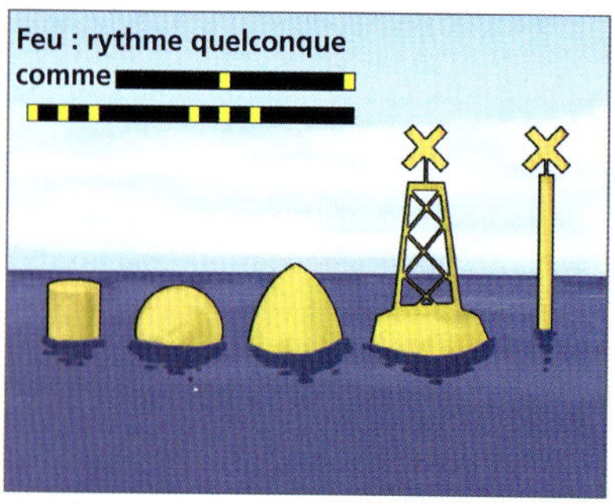

Couleur :

jaune.

Forme :

quelconque, mais ne prêtant pas à confusion avec les autres marques.

Voyant (pour les marques durables) :

un voyant en forme de « X » jaune.

Feu (lorsque la marque en est dotée) :

jaune, d'un rythme quelconque autre que ceux des feux blancs (c'est-à-dire les feux des marques cardinales, de danger isolé et d'eaux saines).

Ci-dessus, nous avons indiqué un feu jaune à éclats et un autre à 3 éclats groupés.

Représentation sur la carte marine :

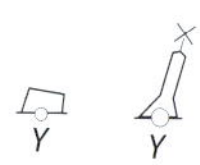

D'autres marques spéciales peuvent être mises en place à la suite de circonstances exceptionnelles. Elles sont mentionnées dans les documents nautiques appropriés.

Marques de danger isolé

Ces marques signalent des dangers isolés d'étendue limitée (un rocher à fleur d'eau, par exemple) autour desquels les eaux sont saines. Ces marques peuvent être une tourelle maçonnée érigée sur un rocher ou une bouée mouillée au droit du danger.

Couleur :
noire avec une ou plusieurs larges bandes horizontales rouges ;
Forme :
bouée charpente ou espar ;
Voyant :
deux sphères noires superposées ;
Feu (lorsque la marque en est dotée) :
blanc, à 2 éclats groupés.

Représentation sur la carte marine :

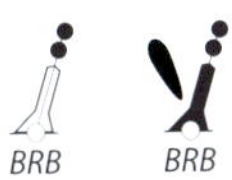

Le voyant (les 2 sphères superposées et bien séparées l'une de l'autre) est le caractère distinctif le plus important de cette marque.

Correspondance voyant/feu d'une marque de danger isolé :
2 boules = 2 éclats groupés

Marques cardinales

Les marques cardinales situent la position d'un danger (haut-fond, écueil recouvert, etc.) par rapport à un des 4 points cardinaux.

C'est ainsi qu'une cardinale Nord est toujours placée au Nord du danger et qu'il conviendra de passer au Nord de cette cardinale. Une cardinale Est est placée à l'Est du danger ; il conviendra de passer à l'Est de la marque, etc.

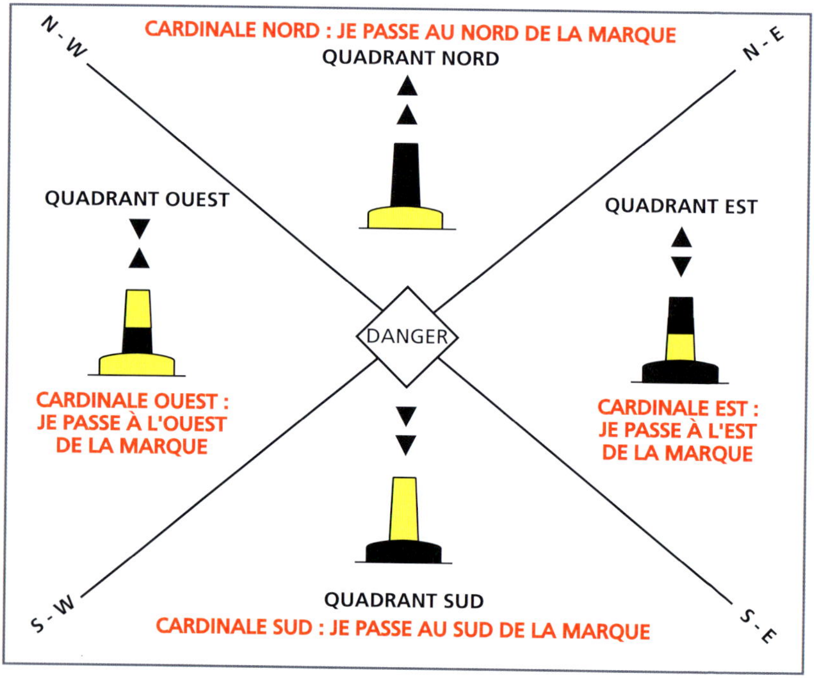

Observez bien le schéma ci-dessus. Il se présente comme une carte routière avec le Nord vers le haut, l'Est à droite, le Sud en bas et l'Ouest à gauche. Il vous sera demandé à l'examen de choisir de quel côté passer d'une marque afin d'éviter le danger qu'elle couvre.

Depuis le danger, des droites tracées du Nord-Ouest au Sud-Est et du Sud-Ouest au Nord-Est déterminent 4 zones appelées « quadrants ». Le balisage du danger dépendra donc du quadrant dans lequel les autorités maritimes auront choisi d'implanter la marque.

Identification des marques cardinales

Chaque marque cardinale est peinte en noir et jaune et comporte un voyant constitué de 2 cônes noirs.

On identifie la marque en fonction de la disposition des couleurs jaune et noire et des cônes du voyant.

Le sens des pointes indique la position du noir sur le corps de la marque.

Pointes en haut :
- Cardinale Nord
- le noir est en haut

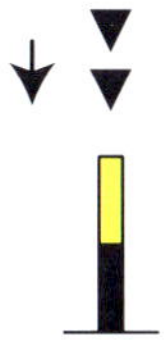

Pointes en bas :
- Cardinale Sud
- le noir est en bas

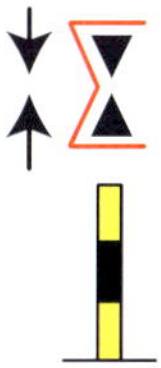

Cônes opposés par la pointe :
- Cardinale Ouest
(Σ penché = W)
- le noir est en sandwich entre les deux bandes jaunes

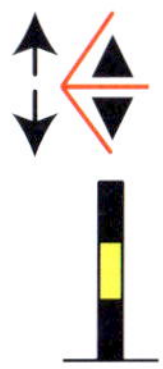

Cônes opposés par la base :
- Cardinale Est
(← comme E)
- le noir est rejeté de part et d aútre du jaune

Représentation sur la carte marine :

Cardinales Ouest **Cardinales Nord** **Cardinales Est** **Cardinales Sud**

Route à suivre en fonction des marques cardinales

La manœuvre nécessite la connaissance de la rose des vents dont la rose du compas est directement inspirée.

La rose du compas est graduée de 0° à 360 degrés, dans le sens des aiguilles d'une montre.

Le compas se compose d'un boîtier hémisphérique fixé au bateau, donc solidaire de celui-ci. Un repère dans la carcasse intérieure du compas détermine la ligne de foi, c'est-à-dire l'axe longitudinal du navire.

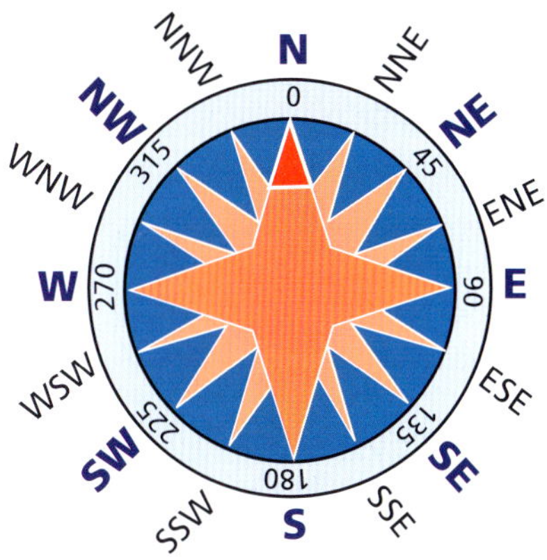

À l'intérieur du boîtier, une rose horizontale plate est graduée de 0° à 360°. C'est la rose du compas.

Cette rose est une plaquette pouvant tourner sur un axe vertical type cardan, qui permet de suivre les inclinaisons du bateau dues aux vagues. Les mouvements sont amortis par un liquide antigel. Les chiffres affichés sont grossis par l'hémisphère qui forme une loupe. Ils sont phosphorescents et parfois éclairés la nuit.

Compas montrant un cap au 125.

Sous cette rose est collé un barreau aimanté qui amènera le chiffre 0 correspondant au Nord magnétique (voisin du Nord géographique, celui des cartes) toujours en direction du Nord, comme l'aiguille d'une boussole.

Lorsque le 0 du compas (ou le N) coïncide avec la ligne de foi, le bateau se dirige vers le Nord.

Lorsque c'est le chiffre 90, le bateau suit le cap 90 : il se dirige vers l'Est.

À noter que la lettre W est toujours utilisée pour l'Ouest, et non « O » pour éviter la confusion avec le zéro du Nord.

On recommande l'utilisation de ces compas à rose horizontale dont la lecture se fait au fond de l'appareil et qui donnent clairement les caps voisins de la ligne de foi.

Le cap suivi est le seul dont les chiffres apparaissent droits pour l'œil du barreur. Si le bateau suit le cap 120 (exemple 2 de la page suivante), il suffit de tourner la barre de 30° à droite pour venir au cap 150, comme l'indique dans le compas la position du 150 à droite du 120. Le cap devient facile à trouver.

Quand vous suivrez un cap, l'examinateur pourra vous demander de suivre ou de déterminer le cap inverse. Il se lit directement ou s'obtient en ajoutant 180° (un demi-tour) au cap suivi.

Exemple 1

Devant le bateau, nous reconnaissons une cardinale EST.

Le bateau se dirige vers le Nord (voir la ligne de foi).

Dans le compas, je vois que l'Est est à droite (90°).

Un coup de barre vers l'Est me permet de parer le danger qui, lui, se trouve à l'Ouest de la bouée.

Il faut venir à droite, c'est-à-dire laisser la marque cardinale Est à gauche.

Exemple 2

Devant le bateau, nous reconnaissons une cardinale NORD.

Le bateau se dirige vers l'Est-Sud-Est (voir la ligne de foi).

Dans le compas, je vois que le Nord est à gauche (N). Un coup de barre vers le Nord me permet de parer le danger qui, lui, se trouve au Sud de la bouée.

Il faut venir à gauche, c'est-à-dire laisser la marque cardinale Nord à droite.

Identification des feux

Dans le balisage, les feux des marques cardinales (quand elles en possèdent) sont blancs et scintillants.

Le tableau ci-dessous donne le nombre de scintillements pour chacune des marques cardinales.

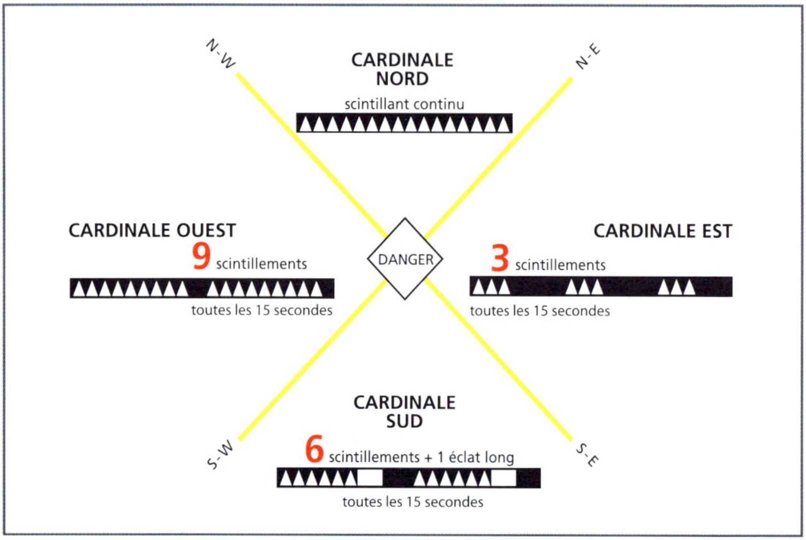

Les scintillements peuvent être « rapide ». Le feu est alors émis toutes les 5 secondes pour une cardinale Est et toutes les 10 secondes pour des cardinales Sud et Ouest.

Définition des feux

- **Feu scintillant** : feu comportant entre 80 et 50 scintillements par minute.
- **Feu scintillant rapide** : feu comportant entre 160 et 80 scintillements par minute.
- **Éclat long** : durée de lumière de 2 secondes au moins.

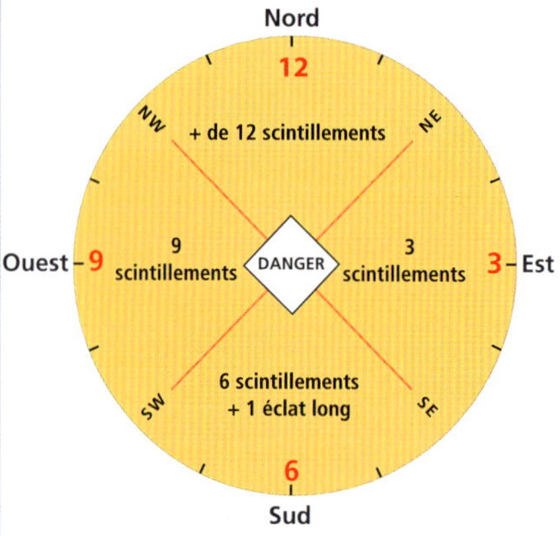

Un moyen facile de se souvenir du nombre des scintillements en l'associant à l'idée d'un cadran d'horloge :

- **Nord :**
scintillement continu ;
- **Est** (comme 3 heures) :
3 scintillements + période d'obscurité ;
- **Sud** (comme 6 heures) :
6 scintillements suivis d'un éclat long puis période d'obscurité ;
- **Ouest** (comme 9 heures) :
9 scintillements + période d'obscurité.

Dangers nouveaux

L'expression « danger nouveau » s'applique à des obstructions découvertes récemment et qui ne sont pas encore portées sur les cartes marines et documents nautiques. Ce sont essentiellement des épaves, des bateaux gravement échoués ou des obstructions naturelles comme bancs de sable ou écueils.

Un danger nouveau est balisé par une des marques étudiées précédemment, normalement par une marque latérale ou cardinale. Si le danger est grave, deux marques identiques sont alors disposées côte à côte pour attirer l'attention des navigateurs.

Le ou les feux employés présentent un rythme « scintillant rapide » ou « scintillant ». Un danger nouveau peut être marqué par une balise radar, codée suivant la lettre Morse « D » et montrant un signal d'une longueur de 1 mille sur l'écran radar.

La marque en double peut être enlevée quand l'Administration estime que la présence de ce nouveau danger a été suffisamment diffusée et portée à la connaissance des navigateurs ou que l'épave dangereuse a été renflouée.

Danger nouveau (épave) balisé ici par deux marques cardinales Est. Il peut être également balisé, selon le cas, par d'autres marques latérales ou cardinales.

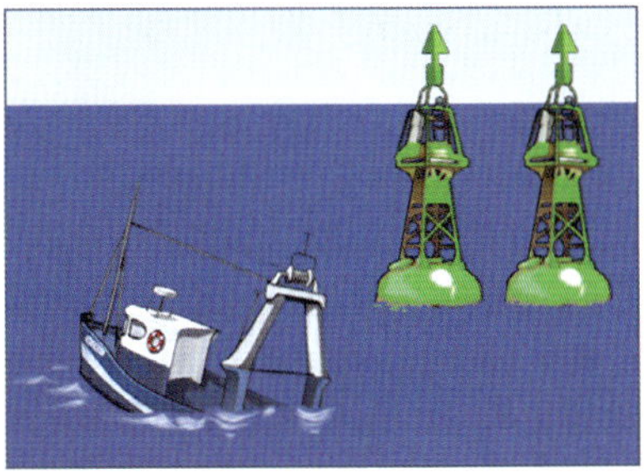

C'est ainsi que le même danger nouveau (ici, une épave) pourrait être balisé par deux marques latérales semblables, s'il se trouvait, par exemple, dans un chenal.

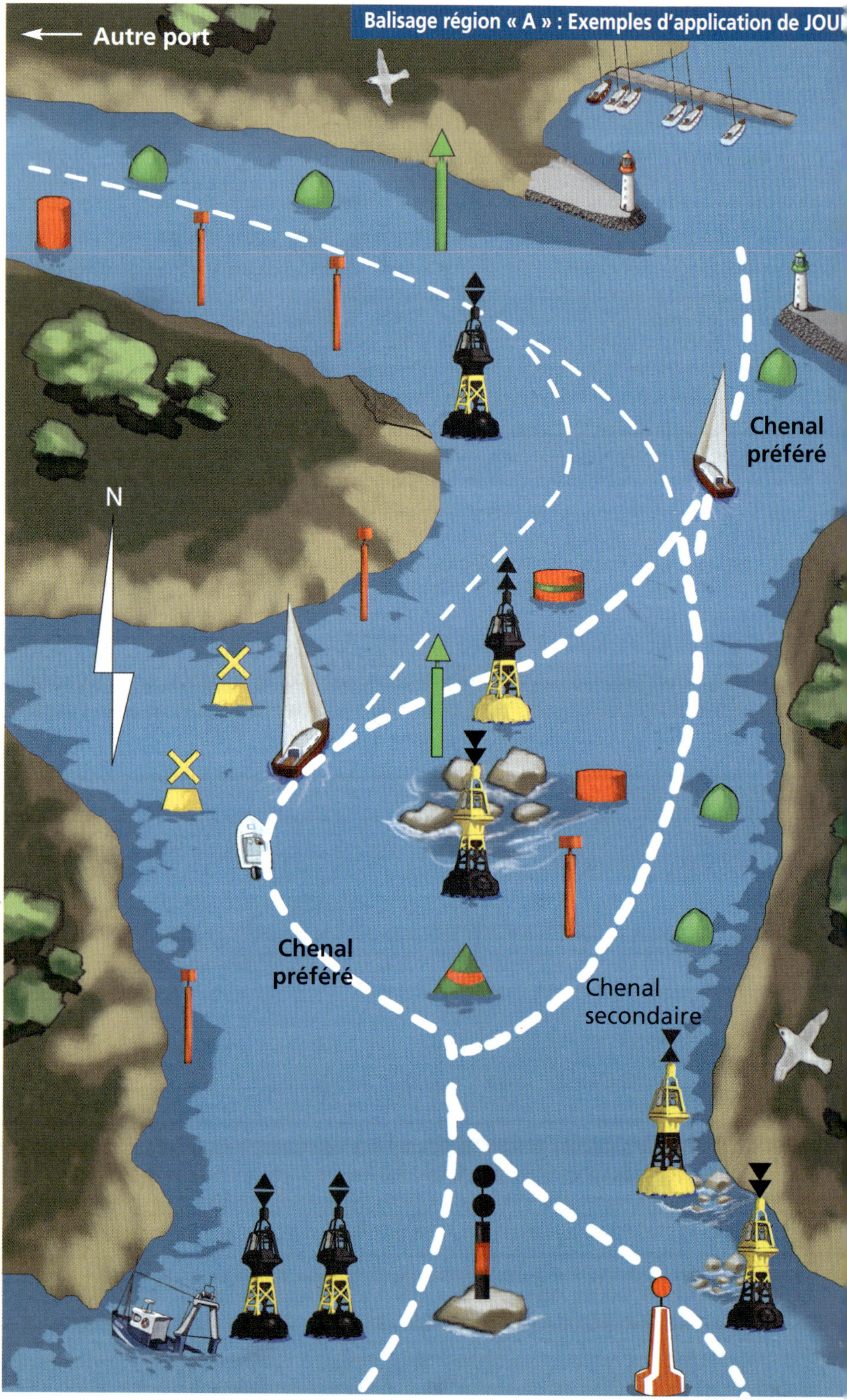
Balisage région « A » : Exemples d'application de JOU
Autre port
N
Chenal préféré
Chenal préféré
Chenal secondaire

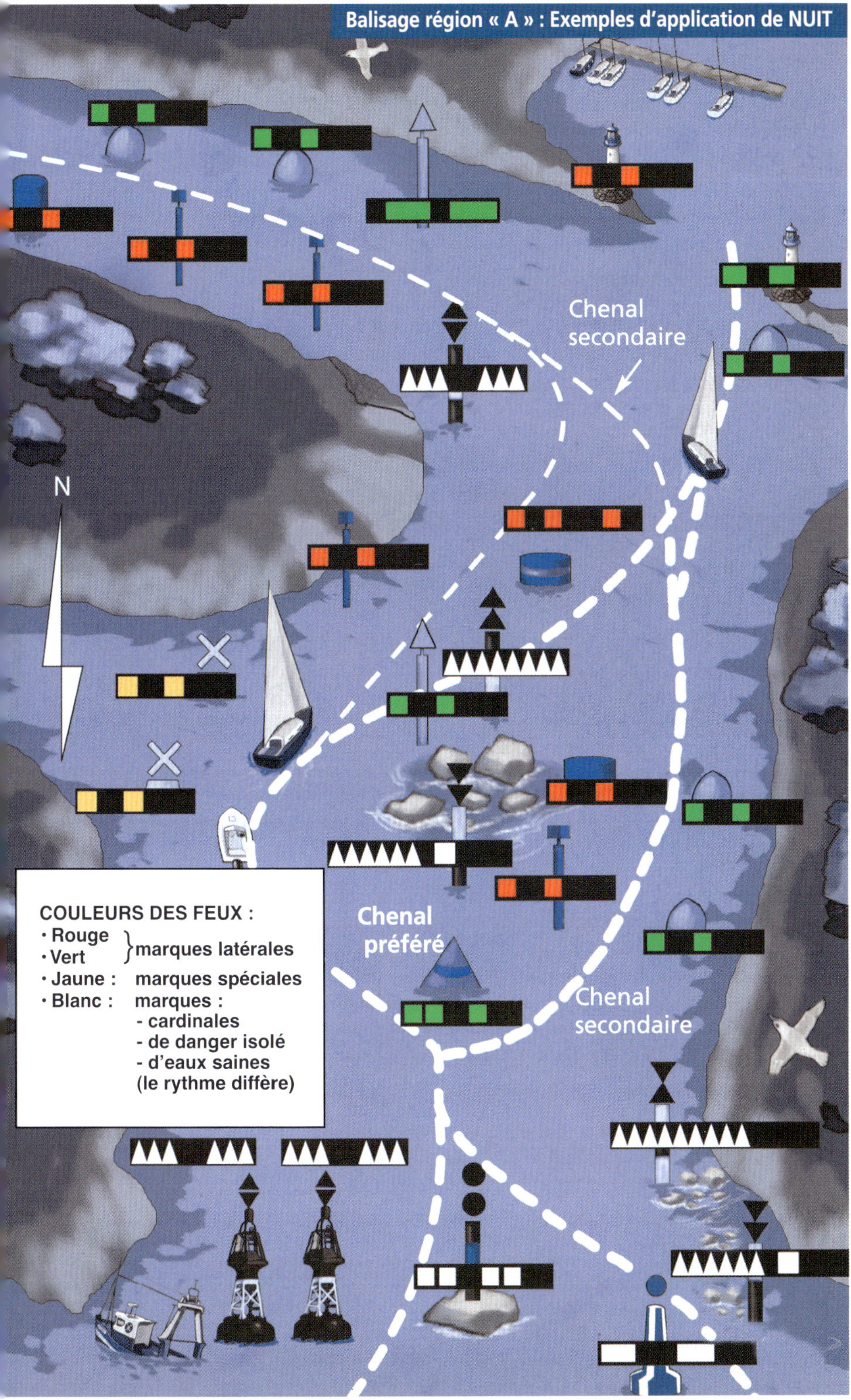
Balisage région « A » : Exemples d'application de NUIT
N
Chenal secondaire
Chenal préféré
Chenal secondaire
COULEURS DES FEUX :
• Rouge
• Vert
}marques latérales
• Jaune : marques spéciales
• Blanc : marques :
- cardinales
- de danger isolé
- d'eaux saines
(le rythme diffère)

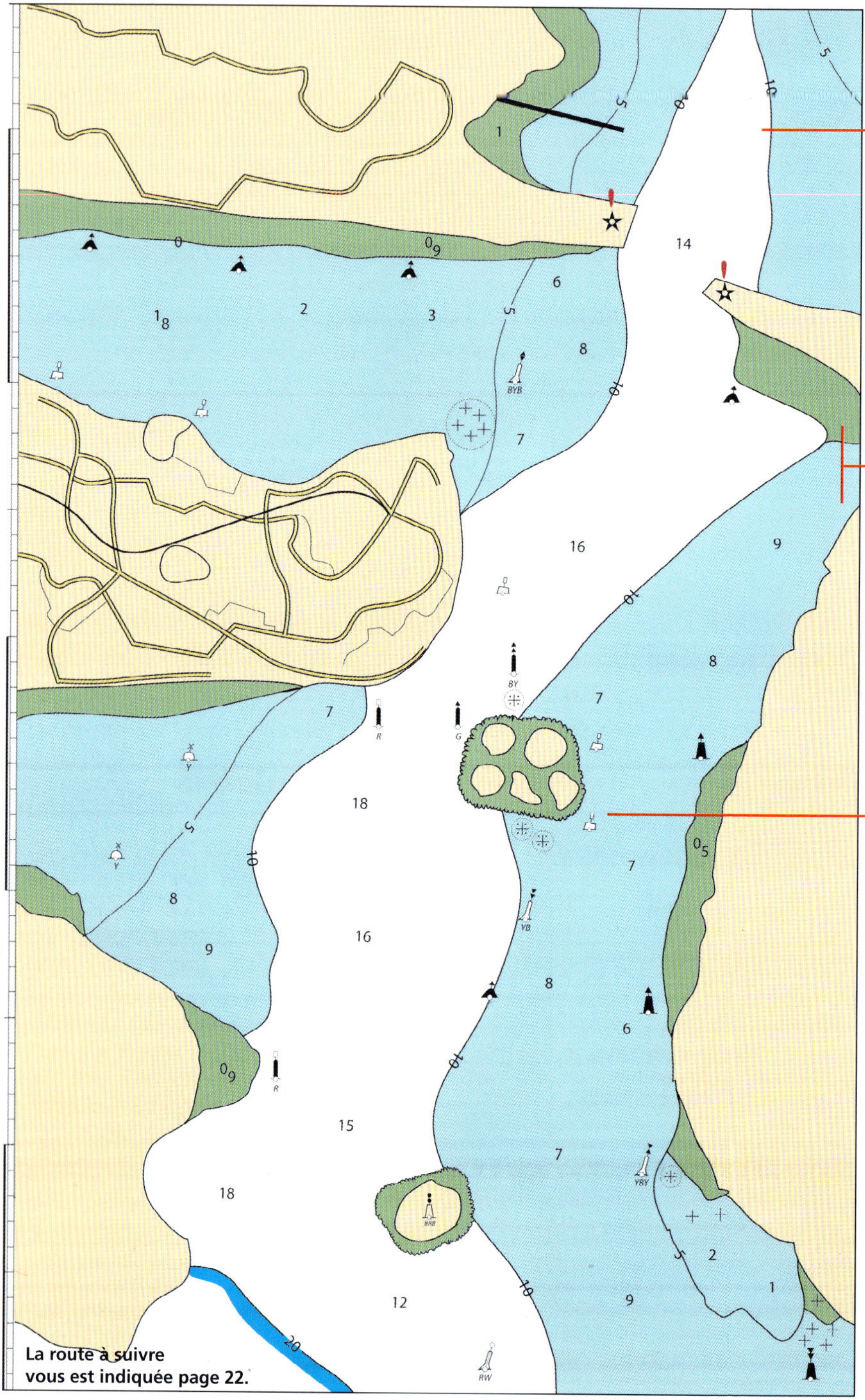

La route à suivre vous est indiquée page 22.

Les lignes de sondes relient entre elles les sondes d'égale profondeur déterminant les déclivités significatives. Les fonts de moins de 10 m sont colorés en bleu. Les fonts qui découvrent à certaines marées, « estran » sont colorés en gris vert.

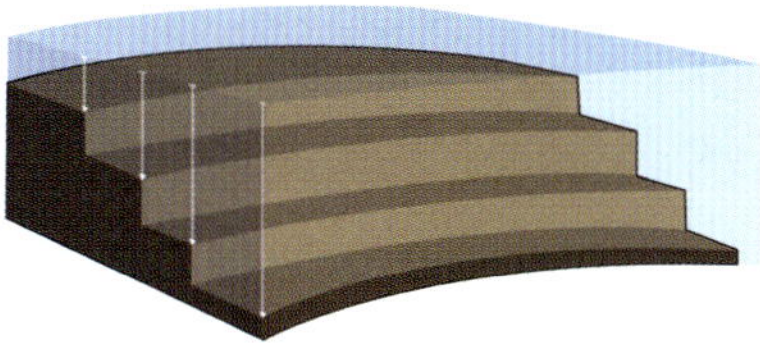

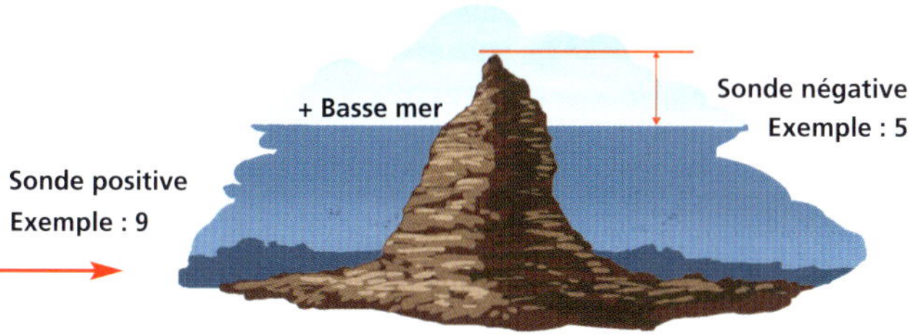

Une sonde positive représente la hauteur d'eau minimum en un lieu.

Une sonde négative indique la hauteur de la terre au dessus de la plus basse mer. Une sonde négative est soulignées.

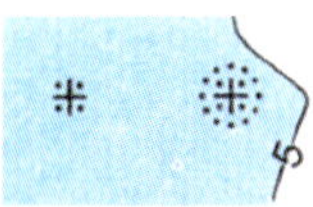

Roche à fleur d'eau au niveau du zéro des cartes (= des plus basses mers)

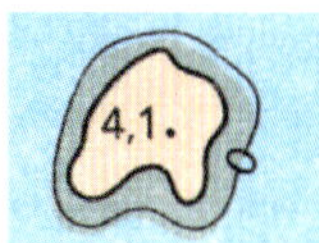

Rocher qui ne couvre pas (= qui n'est jamais recouvert par la mer)

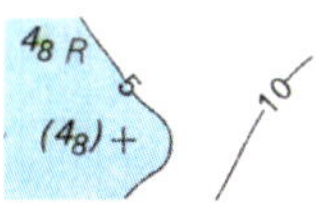

Roche dangereuse, toujours submergée

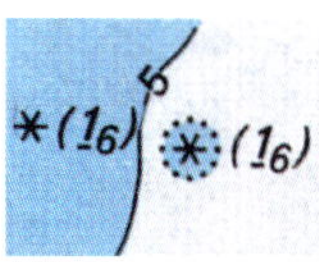

Roche qui couvre et découvre (= qui est tantôt recouverte par la mer et tantôt émergée)

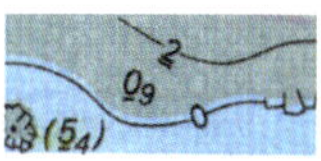

Sonde découvrant au-dessus du zéro des cartes. Le chiffre du mètre est souligné

Une distance AB entre 2 points est relevée à l'aide d'un compas et reportée sur l'échelle verticale de la carte représentant la latitude. Sur le schéma si-contre, la distance mesurée est de 1 minute et 8/10e, soit 1,8 milles).

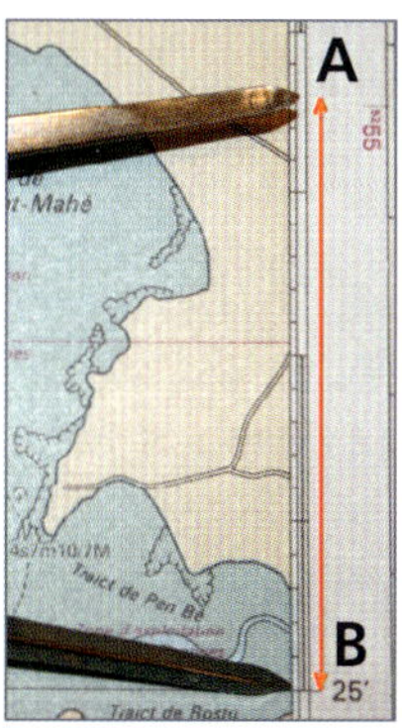

Marques diverses ne ressortissant pas au balisage de l'AISM

Balisage des plages

Ce balisage est le suivant (croquis page suivante) :

■ Ligne des 300 mètres (quand elle est balisée) : bouées sphériques jaunes de 1 mètre de diamètre et espacées entre elles de 200 mètres.

■ Chenaux traversiers : bouées coniques et cylindriques jaunes, de plus en plus resserrées en s'approchant du rivage.
Les bouées d'entrée des chenaux sont plus grosses et sont coniques ou cylindriques selon le bord.
Sur la rive, des panneaux bleus à figure blanche peuvent signaler ces chenaux.

■ Zones interdites aux engins à moteur : bouées sphériques jaunes.

■ Zones réservées uniquement aux baigneurs : colliers de sphères jaunes, très rapprochées les unes des autres.

■ Pictogrammes d'autorisation, ou d'interdiction des différentes activités nautiques, sur la rive ou sur les bouées (voir page 26).

Balisage d'une zone réservée à la baignade : collier de sphères jaunes très rapprochées.

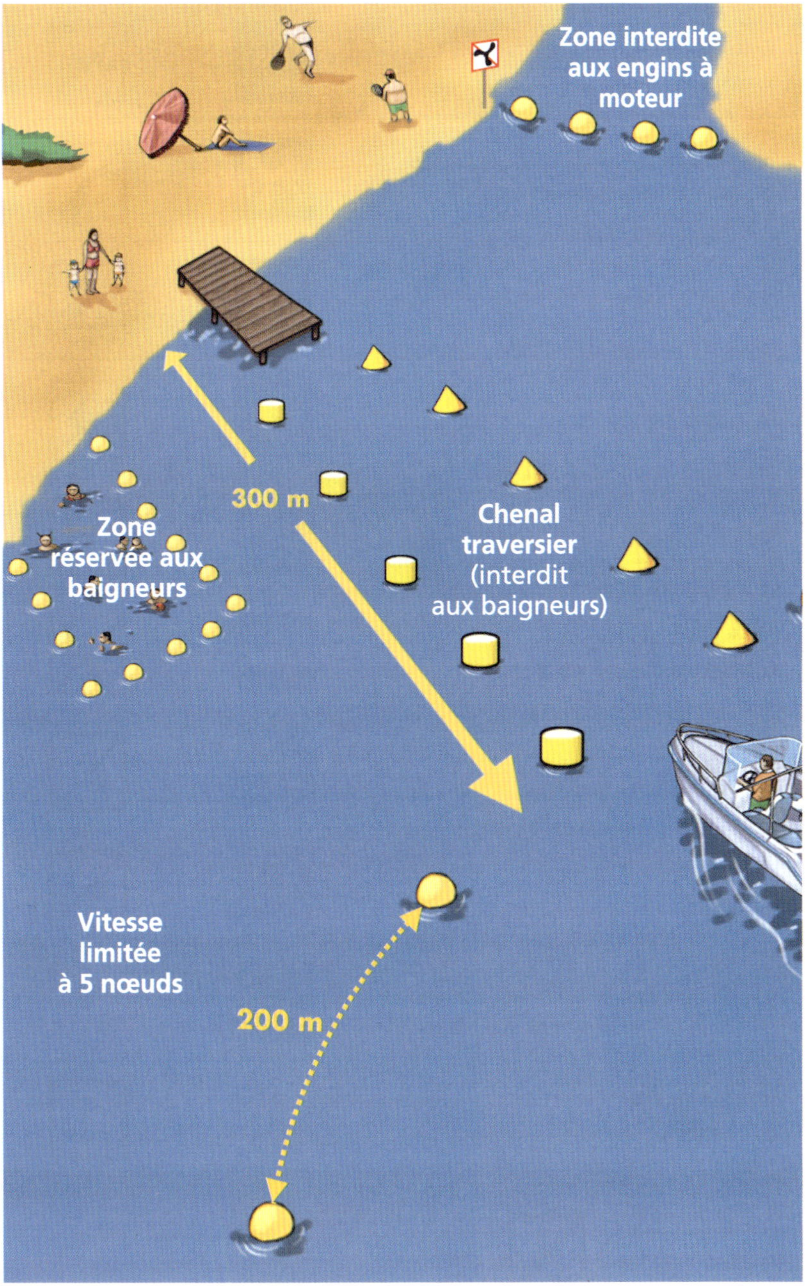
Zone interdite aux engins à moteur
300 m
Chenal traversier (interdit aux baigneurs)
Zone réservée aux baigneurs
Vitesse limitée à 5 nœuds
200 m

	AUTORISATION	INTERDICTION
Embarcations de sport ou de plaisance	SPORT	SPORT
Bâtiments motorisés (navires à moteur, motos de mer)		
Navires à voile		
Planches à voile		
Ski nautique		
Bâtiments qui ne sont ni motorisés, ni à voile		
Baignade		
Véhicules nautiques à moteur		
Bassin de vitesse		
Vitesse limitée à 5 nœuds		5 nds

Exemples d'application

Panneau sur le rivage (voile interdite)

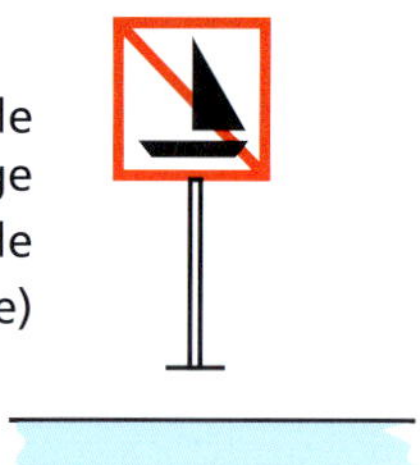

Pictogramme sur bouée (bâtiments motorisés interdits)

Autres marques à connaître

Marques de musoir (on vient du large)

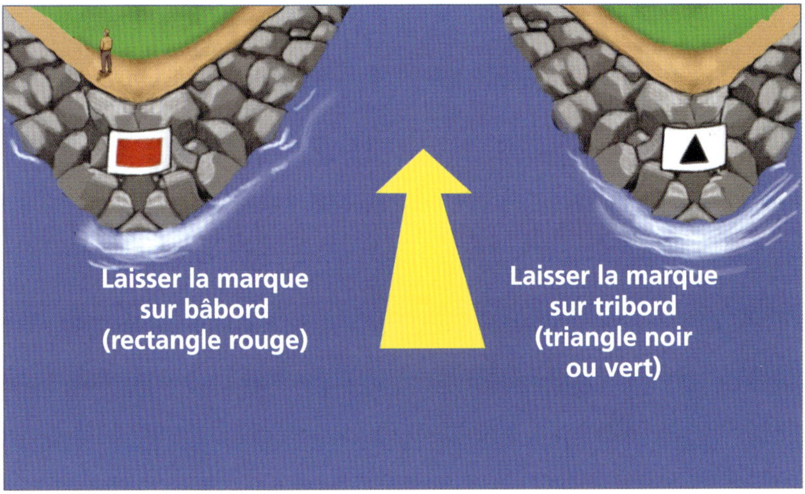

Signalisation des ponts sur les bras de mer
(en venant du large)

À bâbord : rectangle rouge, feu rouge fixe ou rythmé.

À tribord : triangle noir ou vert, feu vert fixe ou rythmé.

(p) au meilleur point de passage, feu blanc isophase ou scintillant.

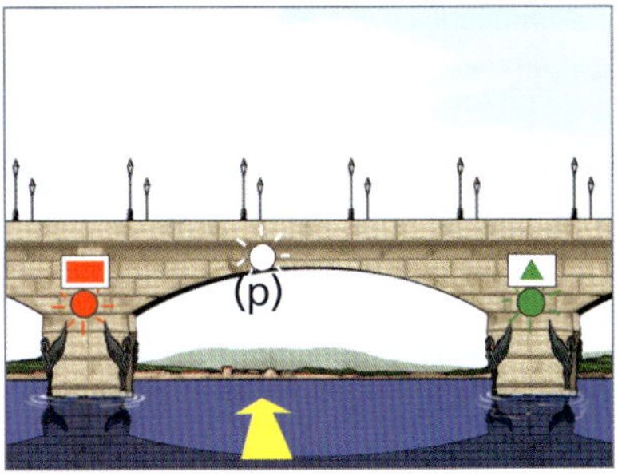

Plates-formes en mer

Lettre Morse « U » : (● ● ▬).
Feux le plus souvent blancs.

SPÉCIAL BALISAGE RÉGION « B »

Ne concerne que les côtes américaines (Antilles, Guyane, Saint-Pierre-et-Miquelon. Ne pas l'apprendre ailleurs).

Marques latérales

Elles indiquent les côtés bâbord et tribord de la route à suivre. On les trouve principalement dans un chenal d'accès.

Le balisage latéral est déterminé selon le SENS CONVENTIONNEL qui est le sens que suit le navire venant de la haute mer lorsqu'il s'approche d'un port, d'une rivière, d'un estuaire ou d'une autre voie d'eau.

Ainsi, en entrant au port, les marques bâbord sont celles qui sont à main gauche du navigateur et les marques tribord celles qui sont à main droite, lorsqu'il regarde l'avant de son navire.

MARQUES BÂBORD

MARQUES TRIBORD

PORT

MER

Marques bâbord

Couleur :
verte.

Forme :
cylindrique, charpente ou espar.

Voyant (le cas échéant) :
cylindre vert.

Feu (le cas échéant) :
vert, de rythme quelconque, autre que celui des marques de chenal préféré (2 + 1, voir page 30).

Marques tribord

Couleur :
rouge.

Forme :
conique, charpente ou espar.

Voyant (le cas échéant) :
cône rouge, pointe en haut.

Feu (le cas échéant) :
rouge, de rythme quelconque, autre que celui des marques de chenal préféré (2 + 1, voir page 30).

Rappelez-vous qu'un feu rouge ou vert qui n'est pas à 2 éclats + 1 indique une marque latérale, tribord ou bâbord.

À savoir aussi...

- Une marque qui n'est ni cylindrique ni conique doit être équipée d'un voyant.
- Les marques latérales peuvent aussi être numérotées en suivant le sens conventionnel :

- Marques bâbord, numéros pairs.
- Marques tribord, numéros impairs.

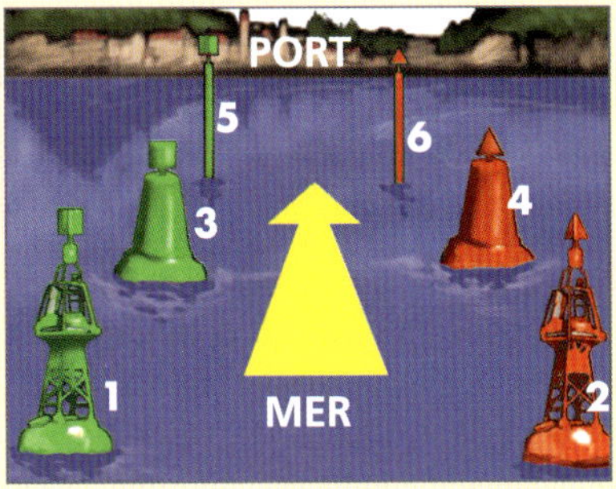

Rappelez-vous qu'en entrant au port (c'est-à-dire en suivant le sens conventionnel), la couleur des bouées qui défileront sur chaque bord de votre bateau sera l'inverse de la couleur du feu de côté correspondant :
- bouée bâbord (verte) et feu du côté bâbord (rouge) ;
- bouée tribord (rouge) et feu de côté tribord (vert).

En sortant du port, vous rencontrez les mêmes marques mais dans l'autre sens. A l'examen, certaines questions commencent ainsi :

« Sortant du port, vous apercevez, etc. » Méfiez-vous !

Marques de chenal préféré

Elles indiquent le chenal à utiliser de préférence à la bifurcation de deux chenaux. L'autre chenal (dit « secondaire ») est praticable également mais avec des caractéristiques moindres, notamment la profondeur.

Ce sont des marques latérales définies selon le sens conventionnel, avec les mêmes formes de voyant et les mêmes couleurs à ceci près que s'y ajoute une bande de couleur inverse. **Mais pour emprunter le chenal principal, manœuvrer comme face a une latérale ordinaire**, sans tenir compte de la couleur intermédiaire.

CHENAL PRÉFÉRÉ À TRIBORD (sur la droite)

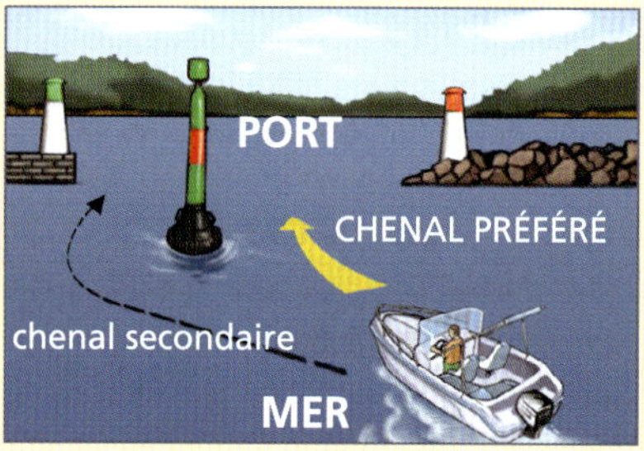

C'est une marque bâbord

Couleur :
verte, avec une bande rouge.

Forme :
cylindrique, charpente ou espar.

Voyant :
cylindrique vert.

Feu (le cas échéant) :
vert à 2 éclats + 1.

2 éclats + 1

CHENAL PRÉFÉRÉ À BÂBORD (sur la gauche)

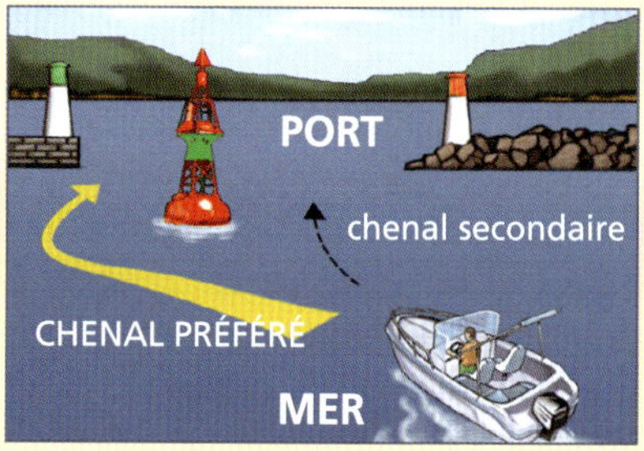

C'est une marque tribord

Couleur :
rouge, avec une bande verte.

Forme :
conique, charpente ou espar.

Voyant :
conique rouge.

Feu (le cas échéant) :
rouge à 2 éclats + 1.

2 éclats + 1

ATTENTION !

À l'exception de ces pages 30 à 32, toutes les marques latérales figurant dans le code sont celles de la région A.

2. Signaux sonores et lumineux - de détresse - portuaires

Signaux sonores et lumineux

● = Son bref d'une durée d'environ une seconde.

▬ = Son prolongé d'une durée de 4 à 6 secondes.

🔔 ∿∿∿ = Sonnerie de cloche.

Le mot « sifflet » s'applique à tout appareil de signalisation sonore capable d'émettre les sons qui sont prescrits.

Les navires de moins de 12 mètres ne sont pas tenus d'avoir à leur bord sifflet, cloche ou gong, mais doivent être munis, en leur absence, d'un autre moyen d'émettre un signal sonore efficace. Ils doivent avoir une corne de brume.

Signaux de manœuvre [règle 34•A et 34•B)]

1. Signaux émis au sifflet par un navire à propulsion mécanique faisant route : Il est impératif que les navires puissent se voir et s'entendre pour comprendre la manœuvre signalée. Ces signaux ne s'utilisent donc pas par temps de brume.

2. Signaux lumineux

Les signaux au sifflet étudiés ci-dessus peuvent être complétés par des signaux lumineux au rythme semblable. Le feu doit être blanc, visible sur tout l'horizon, d'une distance de 5 milles au moins.

Signaux d'avertissement [règle 34. C, D, E]

1. **Dépassement dans un chenal étroit ou une voie d'accès** (ne pouvant s'effectuer que si le navire rattrapé manœuvre pour permettre à l'autre navire de le dépasser en toute sécurité).

Le rattrapant indique son intention par un des deux signaux :

▬ ▬ ● « Je compte vous rattraper sur votre tribord ».

▬ ▬ ● ● « Je compte vous rattraper sur votre bâbord ».

Le navire sur le point d'être rattrapé doit, tout en manœuvrant, indiquer son accord par le signal :

▬ ● ▬ ●

Cette manœuvre est délicate et nécessite accord, vigilance et souvent participation du rattrapé, en raison des risques dus à la proximité des navires lors du dépassement.

Ces signaux ne sont naturellement émis que par des navires en vue l'un de l'autre.

Si le rattrapé ne répond pas au signal du rattrapant, ce dernier devra considérer que le dépassement est jugé inopportun et refusé ; il devra modérer sa vitesse en conséquence.

2. En cas d'incertitude

Lorsque deux navires s'approchent l'un de l'autre et que l'un d'eux a des doutes sur les intentions ou la manœuvre de l'autre, il émet une série rapide d'au moins 5 sons brefs. Le signal peut être complété par un signal lumineux d'au moins 5 éclats brefs et rapides. Signaux naturellement émis que par des navires en vue l'un de l'autre.

3. Approche d'un coude du chenal

Un navire s'approchant d'un coude sans visibilité doit faire entendre un son prolongé. Tout navire venant dans sa direction de l'autre côté du coude doit répondre par un son prolongé également.

Signaux sonores par visibilité réduite [règle 35]

Sont à utiliser, tant de jour que de nuit, à l'intérieur ou à proximité d'une zone où la visibilité est réduite (brume notamment). Il est bon de rappeler fortement que l'on n'utilise jamais des signaux de manœuvre tant que la visibilité ne permet pas de se voir.

Ces signaux par visibilité réduite permettent de signaler sa présence : avec erre - sans erre - avec gêne dans ses possibilités de manœuvrer - au mouillage - échoué, et l'identification des navires pilotes.

Les navires de moins de 12 mètres ne sont pas tenus de les faire entendre mais s'ils ne le font pas ils doivent faire entendre un autre signal sonore efficace à des intervalles ne dépassant pas deux minutes.

Un navire à propulsion mécanique ayant de l'erre doit faire entendre un son prolongé à des intervalles ne dépassant pas deux minutes.

ERRE

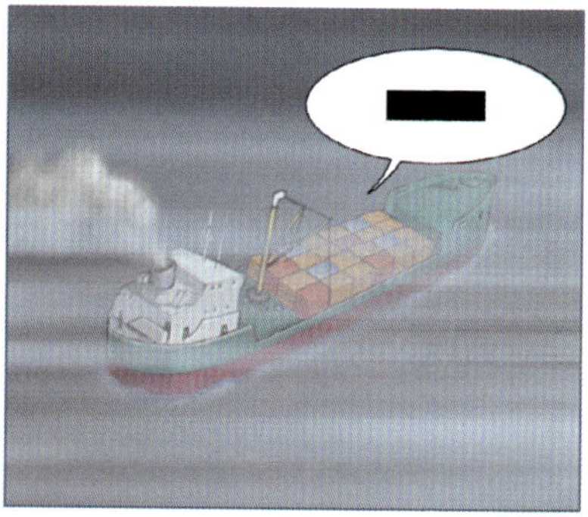

Un navire faisant route mais stoppé et n'ayant pas d'erre (ni mouillé, ni amarré, ni échoué) doit faire entendre, à des intervalles ne dépassant pas deux minutes, deux sons prolongés séparés par un intervalle de deux secondes.

Dans ce cas, le navire ayant de l'erre saura que c'est à lui de manœuvrer si besoin est pour éviter une situation trop proche.

SANS ERRE

Une « **unité composite** » (ensemble poussé rigide) émet les signaux d'un navire à propulsion mécanique.

Les voiliers et les navires qui sont :

- **non maîtres de leur manœuvre ;**
- **à capacité de manœuvre restreinte ;**
- **handicapés par leur tirant d'eau ;**
- **en train de pêcher ;**
- **remorqueurs ou pousseurs ;**

doivent émettre, au lieu des signaux précédents, un son prolongé suivi de deux sons brefs, à des intervalles ne dépassant pas deux minutes.

Un navire remorqué émet (si possible immédiatement après le signal du remorqueur) un son prolongé suivi de 3 sons brefs, à des intervalles ne dépassant pas deux minutes.

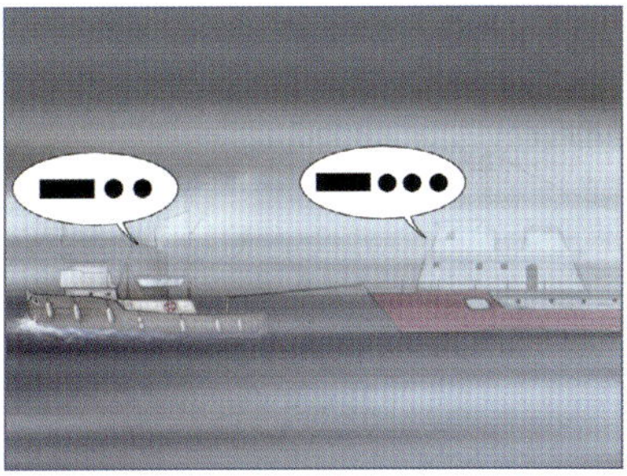

Un navire au mouillage doit sonner la cloche rapidement pendant 5 secondes, à des intervalles ne dépassant pas une minute.

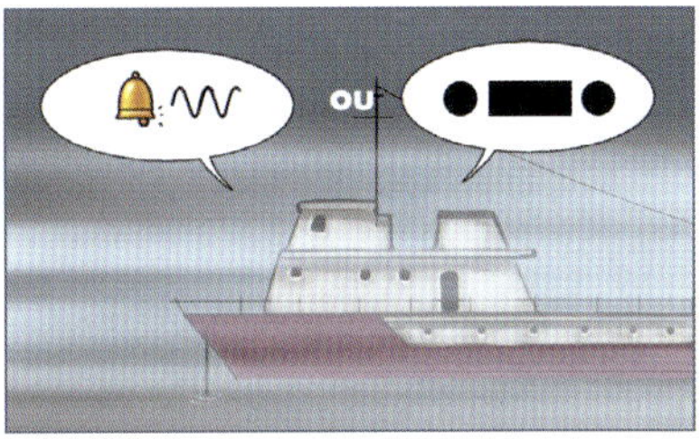

Navire de plus de 100 mètres : sonner la cloche à l'avant puis immédiatement le gong à l'arrière pendant 5 secondes.

Un navire mouillé peut également émettre un son bref suivi d'un son prolongé et d'un son bref pour signaler sa position, si un autre navire s'approche. Ce signal ne se fait qu'en cas de crainte d'un abordage, pour attirer l'attention.

Au mouillage, un navire en train de pêcher et un navire à capacité de manœuvre restreinte au travail ne doivent pas émettre ce signal mais le signal : ▬ ● ●

Un navire échoué doit sonner la cloche et éventuellement le gong, comme un navire au mouillage. En plus, il doit faire entendre 3 coups de cloche séparés et distincts immédiatement avant et après. Il peut aussi émettre au sifflet un signal approprié.

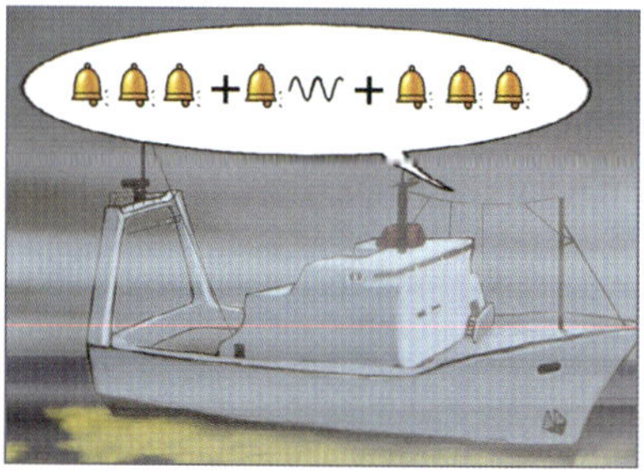

Un bateau-pilote en service de pilotage peut, outre les signaux des navires à propulsion mécanique, faire entendre un signal de 4 sons brefs, qui a pour but de permettre d'identifier le bateau-pilote parmi d'autres navires.

S'il a de l'erre, il émet auparavant un son prolongé.

Signaux destinés à appeler l'attention [règle 36]

Tout navire peut appeler l'attention d'un autre navire par des signaux lumineux ou sonores ne pouvant être confondus avec les signaux réglementaires ou bien orienter le faisceau de son projecteur en direction du danger qui menace un navire, sans aveugler les autres navires.

Récapitulation des signaux sonores

SIGNAUX DE MANŒUVRE

Ils doivent indiquer tout changement de route effectué par un navire à propulsion mécanique lorsqu'il est en vue d'un ou d'autres navires :

●	Je viens sur tribord.
● ●	Je viens sur bâbord.
● ● ●	Je bats en arrière.

SIGNAUX D'AVERTISSEMENT

▬	(À l'approche d'un coude ou d'un obstacle).
▬ ▬ ●	Je compte vous rattraper sur votre tribord.
▬ ▬ ● ●	Je compte vous rattraper sur votre bâbord.
▬ ● ▬ ●	(Accord du navire rattrapé).
● ● ● ● ●	(5 au moins) : (ce signal doit être émis lorsqu'on a des doutes sur les intentions d'un autre navire qui s'approche.)

SIGNAUX PAR VISIBILITÉ RÉDUITE

	FRÉQUENCE	
▬	2 min	Navire à moteur ayant de l'erre.
▬ ▬	2 min	Navire à moteur faisant route mais stoppé et sans erre.
▬ ● ●	2 min	Navire non maître de sa manœuvre, navire à capacité de manœuvre restreinte, navire handicapé par son tirant d'eau, navire à voile, navire en train de pêcher, navire remorqueur ou pousseur.
▬ ● ●	2 min	Navire en train de pêcher au mouillage et navire à capacité de manœuvre restreinte au travail, au mouillage.
▬ ● ● ●	2 min	Navire remorqué.
🔔 ∿∿	1 min	Navire mouillé (sauf navire en train de pêcher et navire à capacité de manœuvre restreinte au travail).
🔔 ∿∿ + gong	1 min	Navire mouillé de plus de 100 mètres.
● ▬ ●		Signal pouvant être émis par le navire mouillé (outre la sonnerie de cloche) pour signaler sa position.
🔔🔔🔔 + 🔔 ∿∿ + 🔔🔔🔔		(3 coups de cloche séparés + sonnerie rapide de cloche pendant 5 secondes + 3 coups de cloche séparés) : navire échoué (signal répété toutes les minutes). + gong pour navire de plus de 100 mètres.
● ● ● ●		Navire pilote sans erre, attirant l'attention d'un navire. (▬ ● ● ● ● s'il a de l'erre).

Signaux de détresse

Les signaux ci-après, utilisés ou montrés ensemble ou séparément, traduisent la détresse et le besoin de secours.

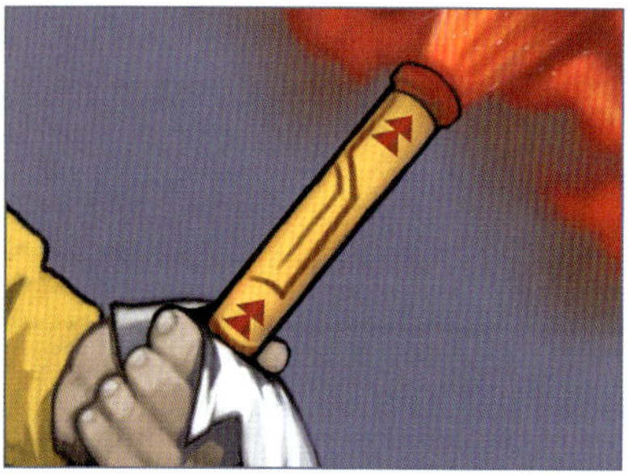

Feu automatique à main (produit une lumière rouge comme un feu de Bengale).

Fusée à parachute (feu de Bengale).

Fusées à étoiles rouges (remplacées maintenant par fusées à parachute).

Utilisation des feux automatiques à main et des fusées : il faut tenir l'engin incliné vers l'extérieur, sous le vent. De préférence, se protéger la main d'un chiffon sec.

Pour plus de détails dans l'utilisation, voir pages 152 et 153.

SIGNAUX DE DÉTRESSE

Fumigène orange (ne peut servir que de jour ; avec du vent, se disperse rapidement ; sans vent, traîne sur l'eau).

Mouvements lents et répétés de haut en bas des bras étendus de chaque côté du corps.

Son continu produit par un appareil quelconque pour signaux de brume (sirène, corne de brume, sifflet, etc.). Son continu signifie « ininterrompu ».

Signal NC du code international des signaux (bien disposer les 2 pavillons dans le bon ordre : le pavillon « N » au-dessus du pavillon « C »).

SIGNAUX DE DÉTRESSE

Pavillon carré (de couleur indifférente) au-dessus ou en dessous d'une boule.

Signal « **MAYDAY** » (3 fois) en radiotéléphonie (VHF canal 16, BLU 2 182 kHz).

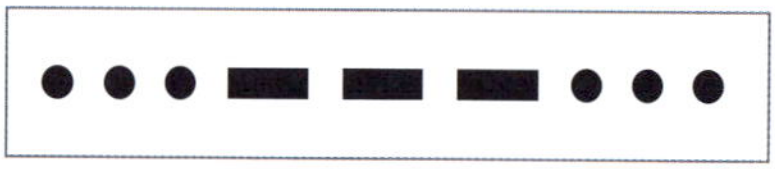

SOS suivant le code morse (par signaux lumineux à la lampe torche).

- Flamme produite en brûlant un baril de goudron ou d'huile.
- Coups de canon ou autres signaux explosifs, toutes les minutes environ.
- Signal radiotélégraphique d'alarme (12 traits d'une minute).
- Signal radiotéléphonique d'alarme (2 tonalités transmises alternativement).
- Signaux transmis par les radiobalises de localisation des sinistres.
- Signaux approuvés transmis par des systèmes de radiocommunication, y compris les répondeurs radar des embarcations ou radeaux de sauvetage.

SIGNAUX DE DÉTRESSE

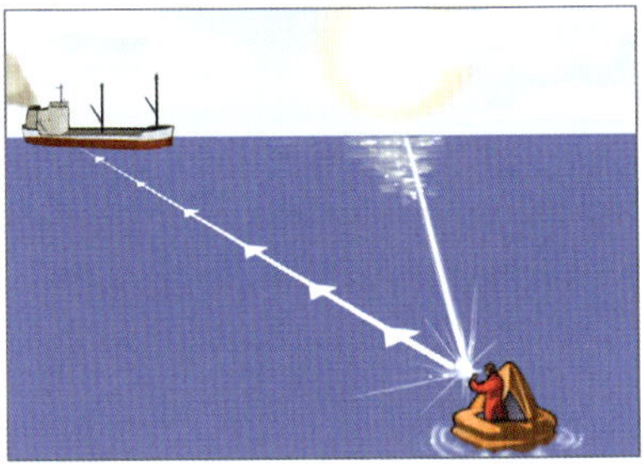

Miroir de signalisation, pour faire des appels en réfléchissant les rayons du soleil.

(Non prévu au Règlement international mais imposé dans l'armement obligatoire. Possède un dispositif de visée).

Pour faciliter le repérage aérien :

- morceau de toile de couleur orange avec un carré et un cercle noir, ou tout autre symbole,
- ou colorant.

Important

L'usage de tous ces signaux est interdit en dehors du cas de détresse ainsi que l'usage d'autres signaux susceptibles de créer une confusion.

Réponses des stations ou navires de sauvetage :

A. Fumée orange.

B. 3 signaux simples tirés à une minute d'intervalle.

C. 3 fusées à étoile blanche tirées à une minute d'intervalle.

Signaux régissant le trafic portuaire

La signalisation du trafic portuaire n'utilise que des feux, de jour comme de nuit. Chaque sens de circulation rencontre ses propres feux, la signalisation destinée aux navires entrants étant donc très souvent différente de celle destinée aux navires sortants.

Cette signalisation comprend :

- essentiellement, des messages principaux comportant toujours 3 feux superposés ;
- des signaux et messages d'exemption et des signaux auxiliaires, fournissant des indications complémentaires en étant montrés en même temps que les signaux principaux.

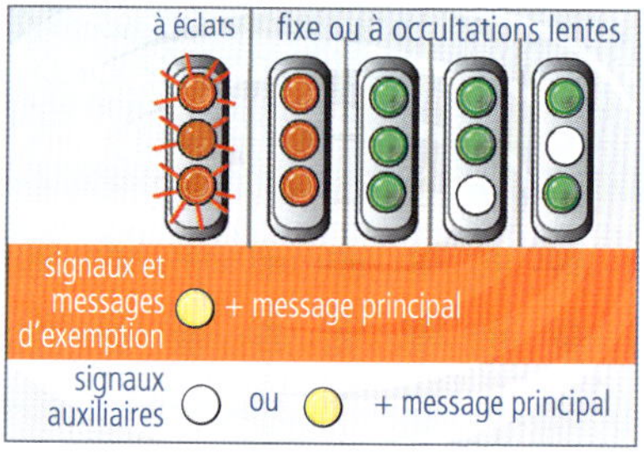

Messages principaux

Le signal de danger grave est à **éclats** rouges. Tous les navires doivent se dérouter en fonction des instructions reçues. Il peut s'agir de l'incendie d'un pétrolier dans un port, comme ci-dessous, ou de toute autre circonstance aussi grave.

Seul, ce signal de danger grave est à **éclats**. Tous les autres signaux que nous allons étudier comportent des feux fixes ou à occultations lentes.

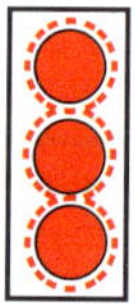

SIGNAUX PORTUAIRES

Le navire A sur lequel nous nous trouvons est autorisé à entrer au port par ce signal constitué de 3 feux verts, qui signifie trafic à sens unique.

À l'intérieur du port, le navire B attend pour sortir.

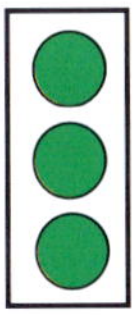

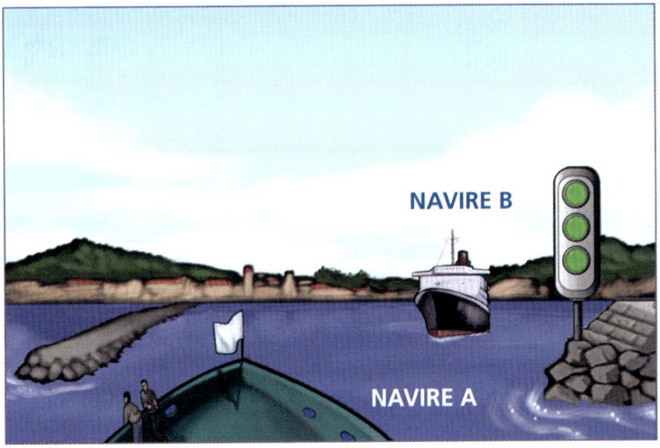

Ce navire B est stoppé en effet par un signal d'interdiction de passer constitué de 3 feux rouges fixes ou à occultations lentes.

Ce signal d'interdiction de passer correspond automatiquement à celui de trafic à sens unique que rencontre le navire A.

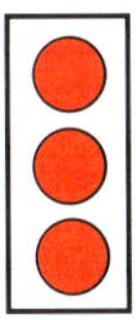

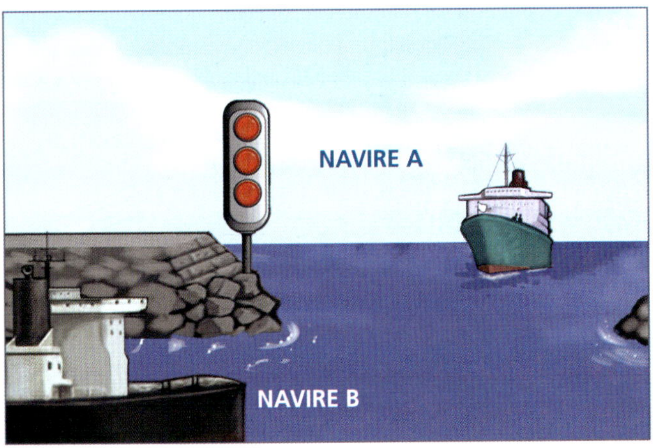

SIGNAUX PORTUAIRES

Avec le même navire A nous sortons à présent d'un autre port et nous rencontrons ce signal qui indique que les navires peuvent passer et que le trafic s'effectue à double sens.

Effectivement, nous allons croiser, sur bâbord, le navire C qui rentre au port et qui, lui aussi, a été autorisé à passer par le même signal :

vert - vert - blanc, fixe ou à occultations lentes.

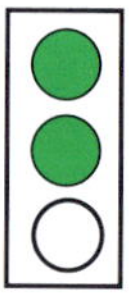

3 feux : vert - blanc - vert signifient que les navires ne peuvent passer que s'ils ont reçu des instructions spéciales les y autorisant.

Ce ferry est immobilisé à l'entrée de la passe, dans l'attente de ces instructions à recevoir par radio ou par bateau de la police.

SIGNAUX PORTUAIRES

Signaux d'exemption

Mais si un feu jaune s'allume à la **gauche** des 3 feux principaux, les navires qui naviguent hors du chenal principal n'ont pas à respecter le message des 3 feux superposés. C'est ainsi que le petit bateau peut, lui, pénétrer ici dans le port.

Le feu jaune d'exemption est toujours fixe ou à occultations lentes.

Le même signal d'exemption peut être associé au signal d'interdiction de passer. De ce fait, les navires qui naviguent hors du chenal principal (comme ce bateau de plaisance sortant du port) peuvent passer alors qu'un gros navire devrait respecter les 3 feux rouges et ne pas passer.

SIGNAUX PORTUAIRES

Signaux auxiliaires

Ils sont donnés par des feux blancs (ou jaunes) situés à la droite des 3 feux principaux.

Ils peuvent fournir des informations sur le trafic en sens inverse ou indiquer par exemple, qu'une drague travaille dans le chenal.

Ces feux sont fixes ou à occultations lentes.

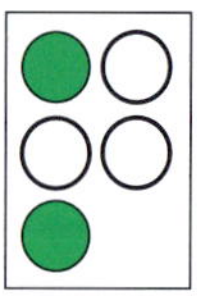

Petits ports

Les signaux portuaires que nous venons d'étudier sont normalement allumés en permanence mais dans certains petits ports, il n'est pas nécessaire de montrer un signal dans des circonstances normales. Seul le signal de « danger grave » est utilisé. Dans d'autres ports, un ou deux messages et signaux principaux suffisent.

Signaux météo

Vous les trouverez dans le chapitre « Météo », page 119.

Autres signaux

Signaux de marée

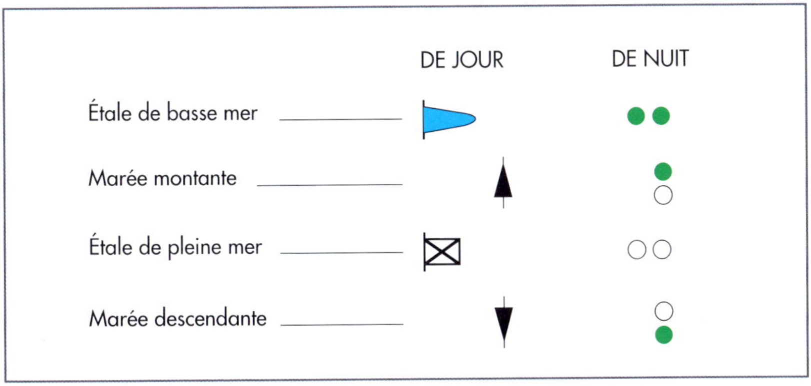

Signaux de hauteurs d'eau

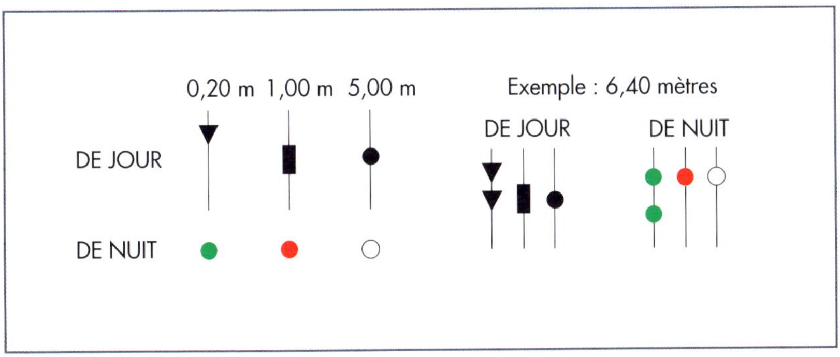

3. Règles de barre et de route

Définitions générales [règle 3]

Un navire est **un navire à voile** lorsqu'il ne marche qu'à la voile. Il ne l'est plus s'il utilise son propulseur (c'est le cas des voiliers lorsqu'ils utilisent leur moteur auxiliaire).

L'expression **navire en train de pêcher** désigne un navire qui se sert d'engins réduisant sa capacité de manœuvre (un plaisancier traînant une ou deux lignes n'est pas « en train de pêcher »).

On n'est **pas maître de sa manœuvre** lorsqu'on ne peut appliquer le Règlement pour prévenir les abordages et qu'on ne peut s'écarter de la route d'un autre navire.

Un **navire à capacité de manœuvre restreinte** est celui qui ne peut manœuvrer en raison de la nature de ses travaux (câbliers, baliseurs, poseurs de pipe-line, navires hydrographes, ravitailleurs en opération, navires d'assistance aux aéronefs, dragueurs de mines, remorqueurs ne pouvant changer de cap).

Un **navire handicapé par son tirant d'eau** peut difficilement modifier sa route lorsque la profondeur d'eau est faible, et en particulier dans les chenaux. A noter qu'il lui faut plus de temps qu'aux autres pour évoluer, même en haute mer.

Deux navires sont **en vue** l'un de l'autre lorsque l'un d'eux peut être observé « visuellement » par l'autre.

Un navire fait route lorsqu'il n'est ni à l'ancre, ni amarré à terre, ni échoué.

Le Règlement international ne donne pas la définition de **l'erre d'un navire.** On peut estimer que l'erre d'un navire est la « vitesse par rapport à l'eau en surface » conservée par un navire. C'est la vitesse acquise par un navire en marche, et qu'il conserve un certain temps après arrêt du moteur. On dit alors que le navire « court sur son erre ». L'effet de la mer le freinant progressivement, sa vitesse va décroître et devenir nulle.

Prudence avant tout

L'application des règles ne saurait dispenser des précautions et de la prudence nécessaires. Tenir compte des risques d'abordage et des possibilités des autres navires qui peuvent obliger à s'écarter de ces règles.

La veille (c'est-à-dire l'attention, la surveillance) visuelle et auditive doit être permanente de manière à apprécier pleinement la situation et les risques d'abordage.

La vitesse de sécurité doit être telle qu'on puisse arrêter le navire sur une distance adaptée aux circonstances et conditions existantes.

Risque d'abordage [règle 7]

Il y a risque d'abordage si le relèvement au compas d'un navire qui s'approche - ou le gisement - ne change pas de manière appréciable.

Le relèvement est l'angle formé par la direction du Nord avec la direction d'un point remarquable - en l'occurrence, ici, l'autre navire qui s'approche. Dans le croquis ci-dessous, nous constatons, à bord du navire rouge, que le relèvement du navire jaune reste constant, à 130°, que ce soit à 8 h 15, 8 h 30 ou 8 h 45. Les routes suivies par les deux navires montrent que la collision est inévitable si l'un des deux navires ne tente pas une manœuvre pour l'empêcher.

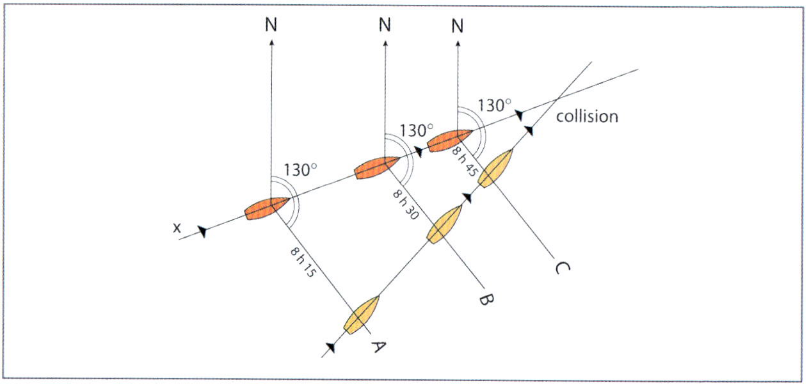

Il en est de même si le gisement reste constant.

Le gisement est l'angle formé par l'axe du navire avec la direction d'un point remarquable. Ici, en reprenant l'exemple de notre rencontre, c'est l'angle que forme la trajectoire de notre navire rouge (la droite X sur le croquis) avec la direction du navire jaune. Vous remarquerez que cet angle (82°) ne varie pas non plus et que l'abordage est inévitable.

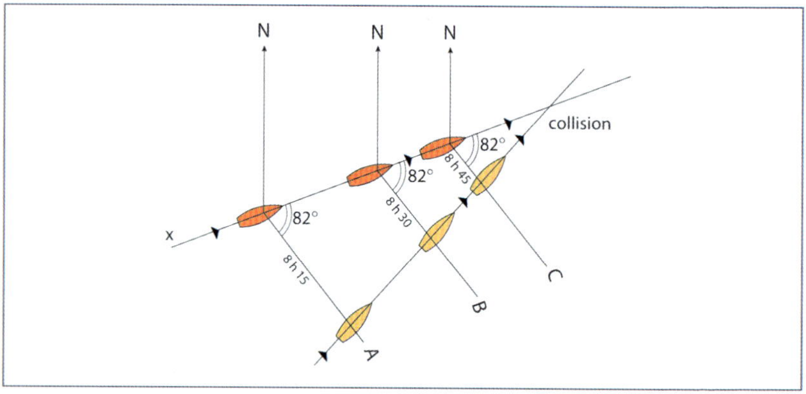

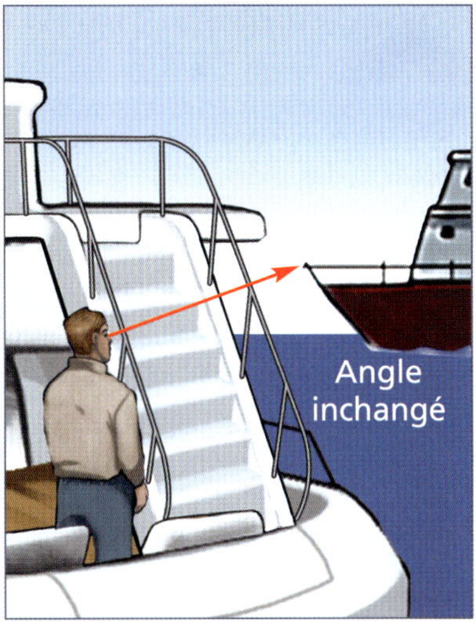

À défaut de compas, il convient de repérer l'autre navire par rapport à un point fixe de votre propre navire (superstructure, hauban, etc.). Si l'autre navire s'approche sans que le point de repère change de place (à la condition que vous-même ne changiez pas de place entre les observations), cela signifie que le gisement reste constant. Les deux routes sont donc convergentes et il y a risque de collision.

Cette méthode est toutefois assez aléatoire car le gisement peut être affecté par les embardées de votre navire. Mieux vaut observer le relèvement, en utilisant votre compas.

Un risque d'abordage peut également exister même si l'on observe une variation appréciable du relèvement, lorsqu'on s'approche d'un très grand navire ou d'un navire très proche.

La règle 7 ajoute que s'il y a doute quant au risque d'abordage, **on doit considérer que ce risque existe.**

À noter qu'il y a également relèvement constant quand deux navires font des routes parallèles à la même vitesse : mais dans ce cas il n'y a pas « risque d'abordage ».

Manœuvres pour éviter les abordages [règle 8]

Elles doivent être effectuées franchement, être perceptibles immédiatement par l'autre navire, être faites largement à temps, et contrôlées jusqu'à ce que l'autre navire soit « paré » et « clair » (c'est-à-dire doublé et hors de portée) et accompagnées, s'il le faut, d'une réduction de vitesse ou d'une marche arrière.

À ce propos, il est bon de rappeler aux plaisanciers qu'il est toujours préférable de s'écarter de la route d'un grand navire, même en étant « privilégié » (prioritaire) par rapport à lui, car il ne pourrait pas manœuvrer et s'arrêter à temps.

Rencontre de deux navires à moteur

Les véhicules nautiques à moteur (scooters des mers, etc.) et les voiliers marchant à la voile et au moteur sont considérés comme navires à moteur, au point de vue des règles de route.

Deux cas peuvent se présenter :

1. Routes directement opposées

Chacun vient sur tribord et croise bâbord sur bâbord. C'est identique au croisement en circulation automobile.

2. Routes convergentes

Celui qui voit l'autre sur tribord doit s'écarter de la route de celui-ci et, si possible, passer sur son arrière. C'est la « priorité à droite » de la circulation automobile.

A qui voit B sur tribord manœuvre et passe derrière lui.

B qui voit A sur bâbord maintient son cap et sa vitesse. Il est « privilégié ».

Pour éviter l'abordage

Dans une rencontre, le navire privilégié doit maintenir son cap et sa vitesse. Néanmoins, il peut manœuvrer pour éviter l'abordage dès qu'il lui paraît évident que l'autre navire, tenu de se déranger, ne le fait pas (règle 17).

Dans cette manœuvre, il doit éviter de venir sur bâbord lorsque l'autre navire est bâbord à lui.

Cette règle 17 est importante en ce sens qu'elle ne dispense pas le privilégié de manœuvrer si l'autre ne le fait pas ou le fait mal. Mais elle ne saurait dispenser le non-privilégié de l'obligation de s'écarter de la route du privilégié.

Et quand il s'écarte de la route d'un autre navire, le non-privilégié doit, autant que possible, manœuvrer de bonne heure et franchement, de manière à s'écarter largement.

Conduite des navires par visibilité réduite [règle 19]

Tout navire doit naviguer à une vitesse de sécurité adaptée aux circonstances et aux conditions de visibilité réduite et tenir ses machines prêtes à manœuvrer immédiatement.

Tout navire qui entend dans une direction qui lui paraît être sur l'avant du travers le signal de brume d'un autre navire doit réduire sa vitesse au minimum nécessaire pour maintenir son cap. Il doit, si nécessaire, casser son erre et naviguer avec une extrême précaution jusqu'à ce que le risque d'abordage soit passé.

Navire qui en rattrape un autre [règle 13]

Est considéré comme rattrapant tout navire qui se rapproche de l'arrière d'un autre dans un secteur de 135 degrés.

Ce secteur étant celui du feu de poupe, le rattrapant est donc tout navire qui ne verrait que le feu de poupe du rattrapé et aucun de ses feux de côté.

C'est le rattrapant qui doit manœuvrer pour effectuer le dépassement sur un bord ou sur l'autre (à son choix).

Le rattrapé maintient son cap et sa vitesse.

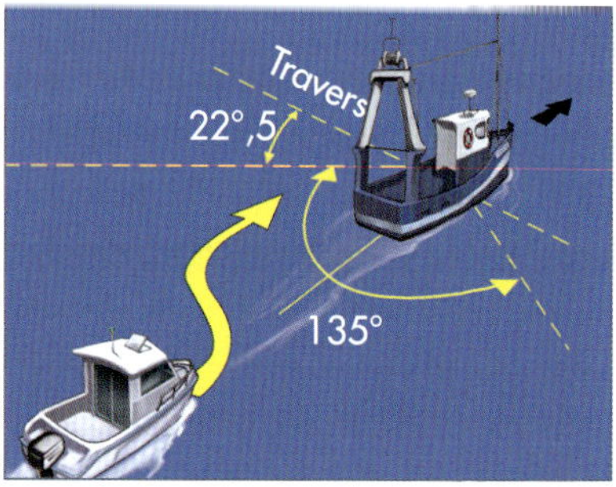

Si un navire ne peut déterminer avec certitude qu'il est rattrapant, il doit se considérer comme tel et manœuvrer comme doit le faire tout rattrapant.

Un voilier rattrapant perd sa qualité de privilégié. Il doit manœuvrer.

Après avoir entrepris sa manœuvre, le rattrapant va bientôt commencer à apercevoir un feu de côté du rattrapé. Il cesse d'être rattrapant mais reste non-privilégié jusqu'au moment où il aura suffisamment dépassé et distancé l'autre navire pour pouvoir à ce moment adopter la route qu'il aura choisie (en B).

En transposant la manœuvre en langage d'automobiliste : ne pas faire de « queue de poisson ».

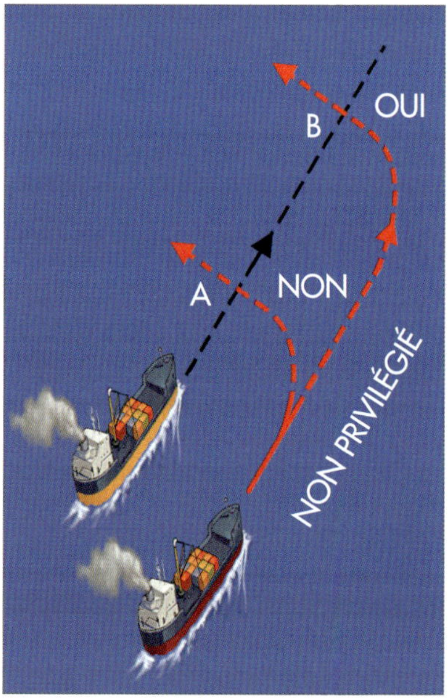

Les obligations du rattrapant

Officiellement, le rattrapant est « un navire qui se rapproche d'un autre en venant d'une direction de plus de 22,5 degrés (2 quarts) sur l'arrière du travers de ce dernier ». Ce qui donne le secteur de 135 degrés.

Il convient de faire la distinction entre cette manœuvre du navire qui en rattrape un autre et le « dépassement » dans un chenal étroit qu'on va étudier à la page 64. Ici, la manœuvre se déroule en haute mer, en eaux libres. L'esprit de la règle 13 interdit au rattrapant toute manœuvre qui puisse gêner le rattrapé ; il passera toujours à bonne distance pour ne pas créer un risque, l'usage des signaux sonores ne se justifie pas.

La règle dit qu'aucun changement ultérieur dans le relèvement entre les deux navires ne pourra faire considérer le navire qui rattrape l'autre comme croisant sa route et ne pourra l'affranchir de l'obligation de s'écarter de la route du navire rattrapé jusqu'à ce qu'il l'ait tout à fait dépassé et paré. Autrement dit, même après avoir gagné sur l'autre navire au point d'apercevoir son feu de côté, il reste soumis à l'obligation de s'écarter et de manœuvrer, tant qu'il ne l'aura pas suffisamment distancé. Ce n'est qu'à ce moment-là qu'il pourra faire une route qui croise la sienne, en B mais pas en A. (Croquis page ci-contre).

Il se retrouvera alors dans le cas des routes convergentes. Cela n'est important d'ailleurs que s'il voit le bateau rattrapé sur bâbord puisqu'il serait alors privilégié au moment où les routes se croiseraient. Ce qui est le cas dans le croquis du bas de la page précédente.

Rencontre de deux voiliers

Les voiliers marchant à la voile et au moteur ne sont pas concernés par ces règles mais par celles des navires à moteur.
Amure = bord sur lequel le voilier reçoit le vent.

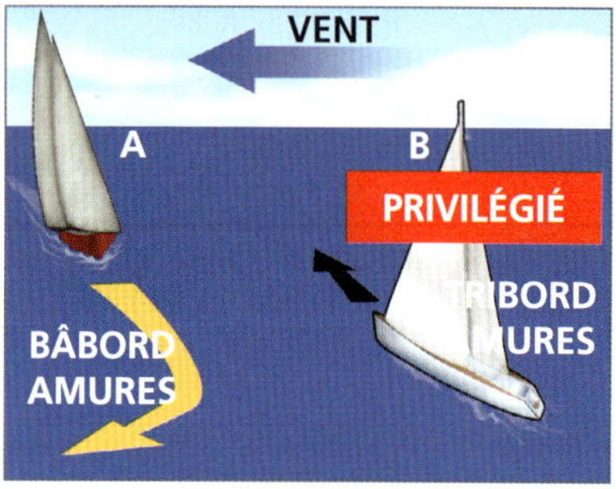

1. Quand chacun des navires reçoit le vent d'un bord différent, celui qui reçoit le vent de bâbord (c'est-à-dire celui qu'on appelle « bâbord amures ») doit s'écarter de la route de l'autre. A s'écarte.

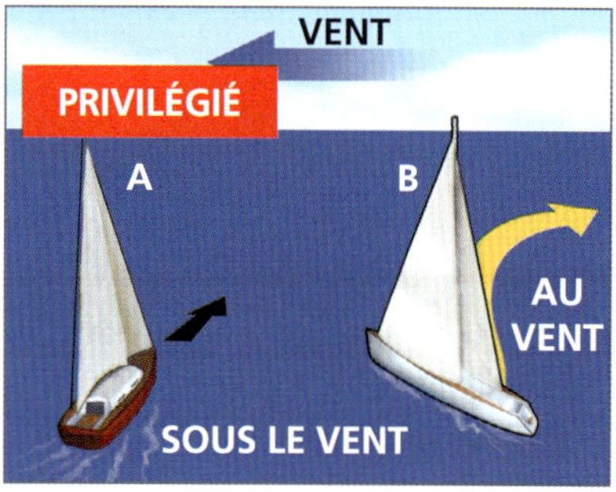

2. Quand les deux navires reçoivent le vent du même bord (c'est-à-dire naviguent sous les mêmes amures), celui qui est au vent doit s'écarter de la route de celui qui est sous le vent. B doit manœuvrer.

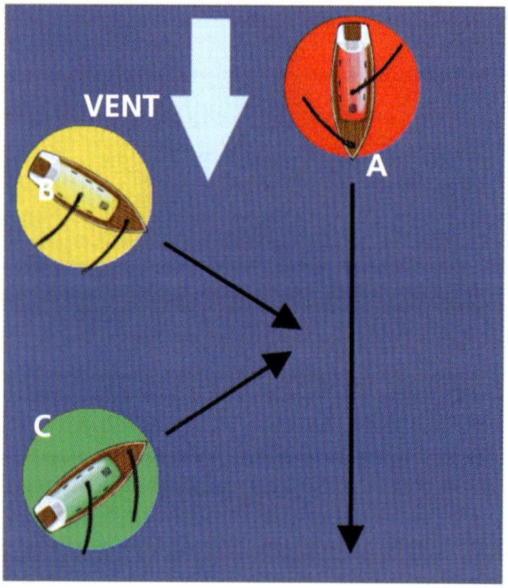

3. Si un voilier qui est bâbord amures (c'est-à-dire qui reçoit le vent de bâbord) voit un autre voilier au vent et ne peut déterminer avec certitude si cet autre voilier reçoit le vent de bâbord ou de tribord, le premier doit s'écarter de la route de l'autre. Sur le croquis, B doit se déranger pour A et C. C se dérange pour A. Mais si A, lui, sait qu'il est bâbord amures, c'est à lui de se déranger car il est au vent des deux autres qui sont, eux aussi, bâbord amures.

Les privilèges

Comme vous avez pu le constater, on utilise le terme « privilégié » (et non « prioritaire ») pour désigner un navire de la route duquel un autre navire doit s'écarter.

Les privilèges sont de deux sortes :

- ceux résultant de l'application des règles de circulation ;
- ceux résultant de la nature du navire, qui peut réduire ses capacités de manœuvre.

Privilèges résultant des règles de circulation

On les a étudiés pages 54, 56 à 58. Ils concernent le navire à moteur qui arrive sur tribord d'un autre navire à moteur, le navire qui est rattrapé par un autre, le voilier qui est tribord amures ou sous le vent, etc.

Privilèges résultant de la nature des navires

Des navires sont handicapés par une perte de leur capacité de manœuvre due à leurs caractéristiques, à des incidents ou à la nature de leurs travaux. Ils sont classés comme privilégiés mais leur handicap étant différent selon le cas, il existe une hiérarchie dans les privilèges. Un navire en action de pêche est privilégié par rapport à un voilier mais ne l'est pas par rapport à un navire à capacité de manœuvre restreinte.

Il existe quelques dispositions contraires à ces règles de privilège (comme dans les chenaux étroits et les dispositifs de séparation du trafic). Vous les trouverez dans les pages 64 à 66.

Les responsabilités réciproques des navires

Elles s'établissent de la manière suivante :

Le navire non maître de sa manœuvre (en A) est le plus privilégié : tous les navires doivent s'écarter de sa route.

Le navire à capacité de manœuvre restreinte (en B) vient au second rang dans l'ordre des privilégiés.

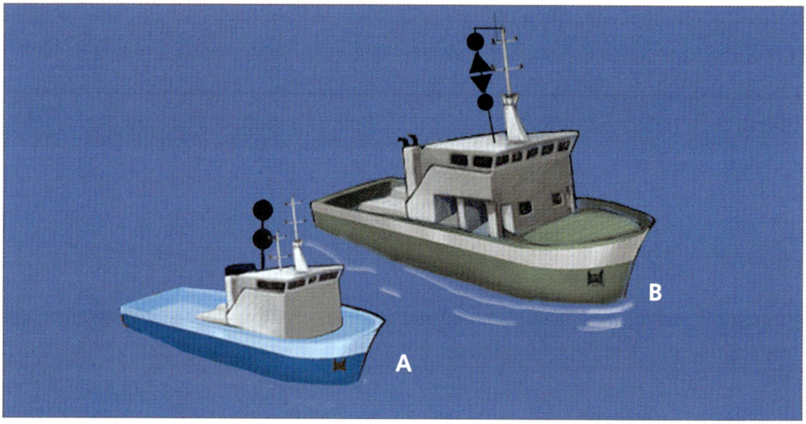

Un navire en train de pêcher et faisant route doit, dans la mesure du possible, s'écarter de la route :

- d'un navire qui n'est pas maître de sa manœuvre ;
- d'un navire à capacité de manœuvre restreinte.

Il doit éviter de gêner un navire handicapé par son tirant d'eau.

Un navire à voile faisant route doit s'écarter de la route :

- d'un navire non maître de sa manœuvre ;
- d'un navire à capacité de manœuvre restreinte ;
- d'un navire en train de pêcher.

Il doit éviter de gêner un navire handicapé par son tirant d'eau.

Un navire à propulsion mécanique faisant route doit s'écarter de la route :

- d'un navire qui n'est pas maître de sa manœuvre ;
- d'un navire à capacité de manœuvre restreinte ;
- d'un navire en train de pêcher ;
- d'un navire à voile.

Il doit éviter de gêner un navire handicapé par son tirant d'eau.

En tenant compte des **navires handicapés par leur tirant d'eau** qui ne sont pas « privilégiés » mais que les pêcheurs, les voiliers et les navires à moteur ne doivent pas gêner si les circonstances le permettent, la hiérarchie des privilèges peut être résumée dans le tableau suivant (par ordre décroissant de privilège).

Rang	HIÉRARCHIE DES PRIVILÈGES	Marques de jour	Feux en mâture
1	Navire non maître de sa manœuvre		
2	Navire à capacité de manœuvre restreinte		
	(Les 3 catégories suivantes de navires ne doivent pas gêner les navires handicapés par leur tirant d'eau) :		
3	Navire en action de pêche		ou
4	Voilier		ou ou rien
5	Navire à moteur, non compris dans les cas 1 à 3 ci-dessus (donc tous les navires de plaisance à moteur faisant route)		

Le navire handicapé par son tirant d'eau n'est pas à proprement parler un privilégié ; mais comme certains navires ne doivent pas le gêner (si les circonstances le permettent !) nous avons mentionné son cas à la bonne place dans le tableau, avant les 3 navires en question.

Marque de jour et feux du navire handicapé par son tirant d'eau :

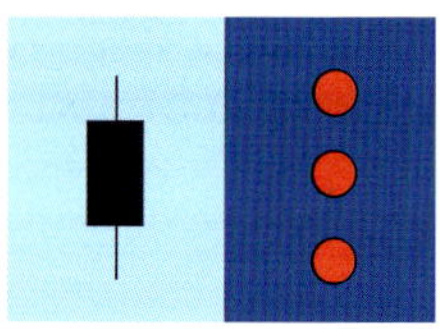

Rencontre d'un navire à moteur et d'un voilier

Les planches à voile sont considérées comme des voiliers au point de vue des règles de route.

Vous allez être appelé à rencontrer de nombreux voiliers et l'étude des privilèges vous a appris que vous devez dans tous les cas vous écarter de leur route et, si possible, passer derrière eux.

Mais le voilier perdra son privilège s'il vous rattrape car c'est lui qui devra s'écarter et manœuvrer (page 56).

Et dans un chenal, le voilier mais aussi votre propre bateau à moteur ne devront pas gêner le passage des gros navires. Voir pages suivantes.

Rappel

Un voilier marchant à la voile et au moteur est considéré comme navire à moteur. Il doit, la nuit, en porter les feux réglementaires et montrer, le jour, un cône noir pointe en bas à l'avant.

Navigation dans les chenaux étroits [règle 9]

Dans les chenaux étroits et les voies d'accès à un port :

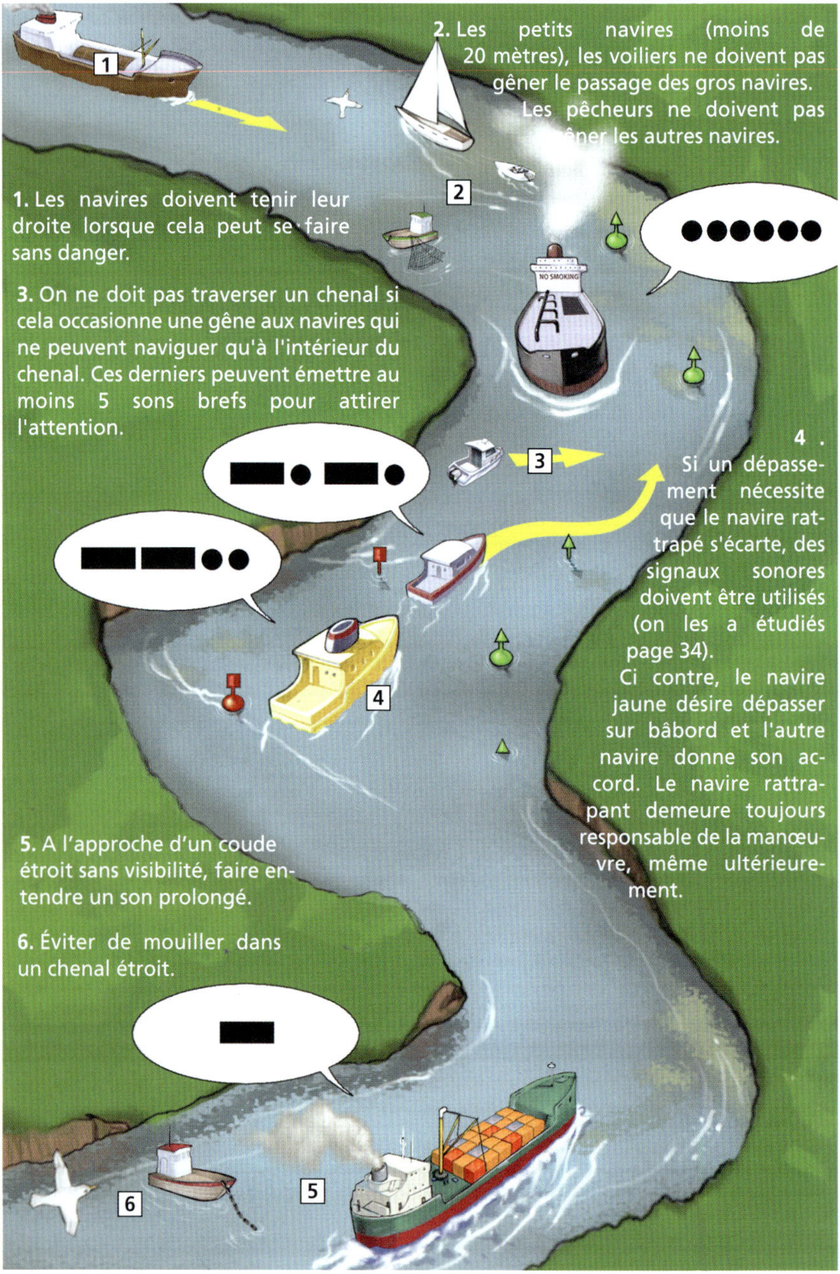

1. Les navires doivent tenir leur droite lorsque cela peut se faire sans danger.

2. Les petits navires (moins de 20 mètres), les voiliers ne doivent pas gêner le passage des gros navires. Les pêcheurs ne doivent pas gêner les autres navires.

3. On ne doit pas traverser un chenal si cela occasionne une gêne aux navires qui ne peuvent naviguer qu'à l'intérieur du chenal. Ces derniers peuvent émettre au moins 5 sons brefs pour attirer l'attention.

4. Si un dépassement nécessite que le navire rattrapé s'écarte, des signaux sonores doivent être utilisés (on les a étudiés page 34).
Ci contre, le navire jaune désire dépasser sur bâbord et l'autre navire donne son accord. Le navire rattrapant demeure toujours responsable de la manœuvre, même ultérieurement.

5. A l'approche d'un coude étroit sans visibilité, faire entendre un son prolongé.

6. Éviter de mouiller dans un chenal étroit.

Dépassement dans un chenal étroit

Dans un chenal étroit ou une voie d'accès, un dépassement implique deux routes identiques et un passage très rapproché. Le risque à prendre nécessite accord préalable, coopération et vigilance, d'où la procédure des signaux sonores.

C'est donc très différent de la manœuvre d'un navire qui en rattrape un autre en haute mer et qui a été étudiée pages 56 et 57.

Ne pas confondre, en conséquence :

- un chenal étroit ou une voie d'accès où les plaisanciers ne doivent pas gêner les gros navires même quand ceux-ci sont rattrapants ;

- et la mer où c'est le navire qui rattrape qui doit s'écarter.

Ce grand navire qui ne peut naviguer qu'à l'intérieur du chenal en raison de son grand tirant d'eau :

- devient privilégié face à un petit bateau de plaisance qui peut sortir du chenal s'il ne risque pas l'échouement.
- devient privilégié en rattrapant le petit bateau qui doit sortir du chenal pour le laisser passer.

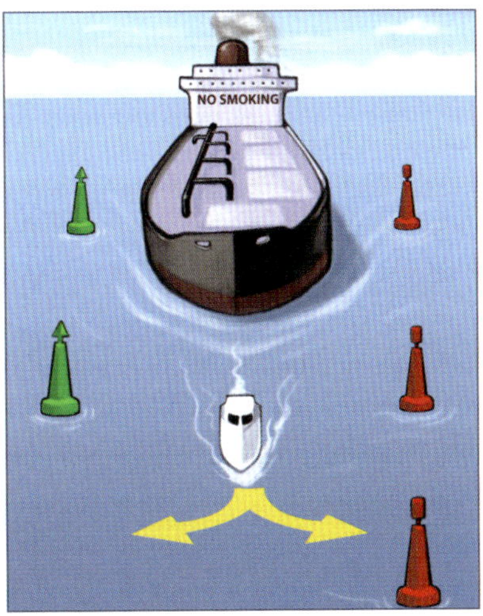

Dispositifs de séparation du trafic [règle 10]

Dans des zones à fort trafic, les navires doivent suivre des routes bien définies sur les cartes. Il y a un couloir de navigation pour chaque sens de circulation et une zone de séparation entre les deux (en mauve sur la carte). Entre la côte et la voie de circulation la plus proche, une « zone de navigation côtière » autorise la navigation des navires de moins de 20 mètres, des voiliers et des navires en action de pêche. Le plus connu de ces dispositifs est celui du Rail d'Ouessant modifié en mai 2003 (carte ci-dessous).

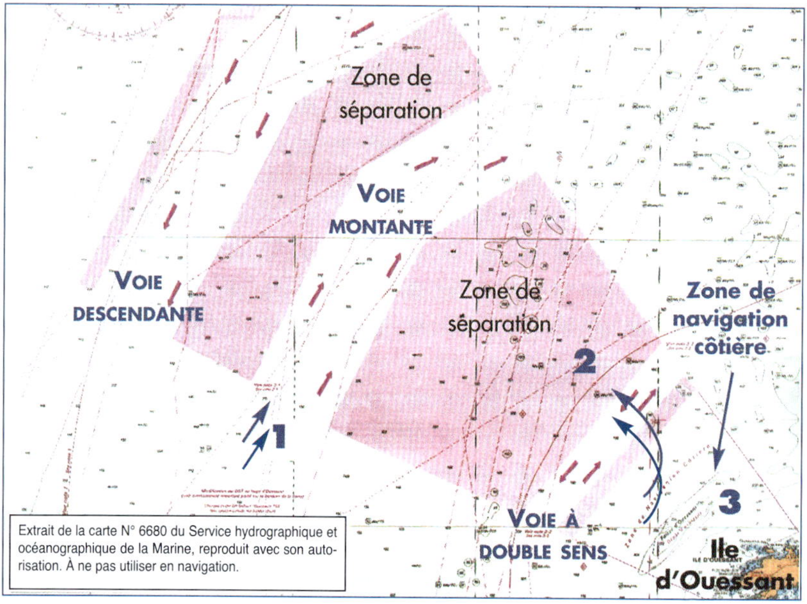

Extrait de la carte N° 6680 du Service hydrographique et océanographique de la Marine, reproduit avec son autorisation. À ne pas utiliser en navigation.

Où existent de tels dispositifs, il convient de suivre la voie appropriée en évitant de se trouver trop près de la ligne de séparation. S'y engager ou s'en dégager aux extrémités ou sous un angle aussi faible que possible par rapport à la direction générale du trafic (en 1). Si l'on doit traverser un tel dispositif, le faire perpendiculairement à la direction du trafic (en 2).

La navigation aux approches des dispositifs de séparation de trafic doit être vigilante. Éviter de mouiller à l'intérieur ou dans les zones proches de ces dispositifs. Les navires de moins de 20 mètres ou les navires à voile ne doivent pas gêner les navires qui suivent une voie de circulation. Ils peuvent d'ailleurs, en toutes circonstances, utiliser les zones de circulation côtière (en 3, sur l'extrait de carte ci-dessus). Cette possibilité permet aux petits navires de plaisance de faire route sans devoir se mêler au trafic général des grands navires.

Ne pas confondre :

- **les couloirs (ou voies) de circulation de ces dispositifs que tous les navires peuvent emprunter ou couper en respectant les règles exposées ci-dessus.**
- **et la zone de navigation côtière (voir la carte ci-dessus) où les navires de moins de 20 mètres et les voiliers ne rencontrent pas les grands navires.**

Test de contrôle n°1 (Solutions page 68)

BALISAGE

1. Quels sont les 5 types de marques utilisés en balisage ?
2. Décrivez une bouée latérale bâbord (couleur, voyant, feu).
3. Qu'appelle-t-on « danger nouveau » ?
4. De nuit, au large, vous voyez un feu blanc au rythme suivant : - 6 scintillements rapides + 1 éclat long + une période d'obscurité. Vous faisiez route à l'Ouest et vous apercevez ce feu sur tribord. Quel cap adoptez-vous ?
5. Dans une rade, vous apercevez un feu jaune à éclats. Qu'indique-t-il ?
6. Dans un estuaire, de nuit, vous voyez un feu blanc isophase. Que signale-t-il ?
7. Entrant au port, sur quel bord allez-vous laisser une bouée rouge avec bande horizontale verte et voyant cylindrique rouge ?
8. Faisant route au Sud, vous apercevez, légèrement à bâbord, un feu blanc à 3 scintillements. Quel est ce feu ? Que faites-vous ? Indiquez clairement si vous venez sur bâbord, sur tribord ou si vous continuez votre route.

SIGNAUX

9. Dans une rade et dans la brume, vous entendez une sonnerie de cloche pendant 5 secondes toutes les minutes. Quel est le navire qui émet ce signal ?
10. A l'entrée d'un port, la tour des signaux montre trois feux rouges à éclats, superposés. Que signifie ce signal ?
11. En mer, vous êtes en vue d'un navire qui montre un pavillon carré au-dessus d'une boule. Que signifie ce signal et que faites-vous ?
12. Quel signal sonore un navire remorqué fait entendre par temps bouché ?

RÈGLES DE BARRE ET DE ROUTE

13. Vous rattrapez un autre navire à moteur, que devez-vous faire ?
14. Comment doit-on traverser un dispositif de séparation de trafic ?
15. Vous apercevez, droit devant vous, un navire qui fait une route directement opposée à la vôtre. Quelle manœuvre allez-vous accomplir ?
16. Vous êtes en vue d'un autre navire mais vous ne pouvez pas déterminer avec certitude si vous êtes rattrapant. Que devez vous faire ?
17. Quelle est la définition d'un navire faisant route ?
18. Dans quelle circonstance peut-on considérer qu'il y a risque d'abordage ?
19. Lorsque deux navires à moteur font des routes qui se croisent, quel navire doit s'écarter de la route de l'autre ?

Solutions du test de la page 67

1. Les marques : latérales - cardinales - de danger isolé - d'eaux saines - spéciales.
2. C'est une marque de couleur rouge dont le voyant est un cylindre rouge et dont le feu est rouge, de rythme quelconque (sauf 2 éclats groupés + 1).
3. C'est une obstruction découverte récemment et qui n'est pas encore portée sur les cartes marines : une épave par exemple.
4. Je ne change pas de cap. Il s'agit d'une cardinale Sud et ma route, précisément, passe au Sud de la marque.
5. C'est le feu d'une marque spéciale.
6. C'est le feu d'une marque d'eaux saines.
7. Je la laisse de préférence sur la gauche car elle indique chenal préféré à tribord.
8. Il s'agit d'une cardinale Est. Puisque je fais route au Sud, je viens sur bâbord de manière à passer à l'Est de la marque.
9. Navire au mouillage de moins de 100 mètres.
10. Danger grave. Port fermé. Tous les navires doivent s'arrêter ou se dérouter.
11. C'est un signal de détresse. Je me porte au secours de ce navire.
12. Un son prolongé suivi de 3 sons brefs, à des intervalles ne dépassant pas 2 minutes.
13. M'écarter de sa route.
14. Le plus perpendiculairement possible à la direction du trafic.
15. Je viens sur la droite pour passer par bâbord de l'autre navire.
16. Dans l'incertitude, je dois me considérer comme rattrapant et manœuvrer en conséquence. Je m'écarte donc de l'autre navire.
17. C'est un navire qui n'est ni mouillé, ni amarré à terre, ni échoué.
18. Lorsque le relèvement de l'autre navire en vue ne change pas.
19. C'est le navire qui voit l'autre par tribord qui doit s'écarter de la route de ce dernier.

4. Feux et marques des navires

La connaissance des feux (la nuit) et des marques (le jour) montrés par les navires permet de déterminer à la fois :

- s'ils sont en route (avec ou sans erre), ou au mouillage ou échoués ;
- s'ils naviguent au moteur ou à la voile ;
- s'il s'agit de pêcheurs, de navires à capacité de manœuvre restreinte, etc. ;
- si on est tenu ou non de se déranger pour eux ;
- quelle route ils suivent, et, par voie de conséquence, quelle manœuvre adopter, etc.

Les règles concernant les feux

Elles doivent être observées du coucher au lever du soleil (règle 20). Les feux doivent être également montrés de jour par visibilité réduite et peuvent être montrés dans toutes les autres circonstances où cette mesure est jugée nécessaire.

Les règles concernant les marques doivent être observées de jour.

Deux catégories de feux peuvent être distinguées :

1. Feux que porte un navire en route.

Ce sont les feux de base. Ils sont destinés à renseigner sur la route suivie par le navire. Grâce à :

- la disposition de ces feux,
- leur couleur,
- leur secteur (c'est-à-dire l'arc d'horizon sur lequel est visible un feu),

on peut déterminer la direction que suit le navire et agir en conséquence (pour éviter un abordage, par exemple).

2. Feux de travail, de types de navires, ou de situations particulières.

Ce sont les autres feux destinés à signaler une particularité d'un navire qui le rend moins ou pas manœuvrant, ou nécessite des précautions à prendre à son égard.

Il est logique qu'ils soient visibles sur tout l'horizon ; selon le cas, ils sont bien dégagés dans la mâture, ou sur un côté, ou dans une direction qu'il convient de signaler.

Couleur et dimensions des marques de jour

Elles sont noires. Les boules ont 0,6 mètre de diamètre, les cônes 0,6 mètre de diamètre de base, les cylindres 0,6 mètre de diamètre. Ce sont des dimensions minima qui peuvent néanmoins être réduites pour les navires de moins de 20 mètres de long.

Les différents feux [règle 21]

Feux de navires en route

Feux de tête de mât
Ils sont **blancs**, placés dans l'axe du navire.
Secteur : 225°, soit 112,5° sur chaque bord depuis l'avant.
Ils ne sont montrés que par les navires à moteur faisant route.

Feux de côté
Il y en a deux :
- un feu **vert**, placé à tribord
- un feu **rouge**, placé à bâbord

Secteur de chaque : 112,5° depuis l'avant.

Feu de poupe
Il est **blanc**, placé à l'arrière.
Secteur : 135°, soit 67,5° de chaque bord à partir de l'arrière.
Le feu de remorquage, qui est **jaune**, a le même secteur que le feu de poupe au-dessus duquel il est placé.

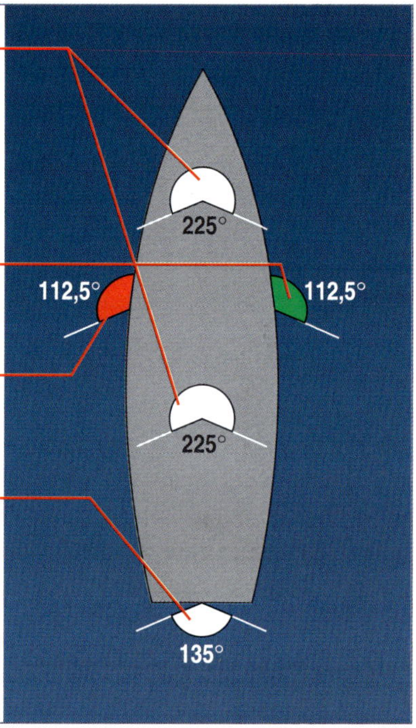

Les feux de côté et de poupe sont toujours allumés (ou éteints) en même temps.

Feux de travail, de types de navires ou de situations particulières

Feux : blancs, verts, rouges, jaunes, pas nécessairement placés dans l'axe du navire.

Secteur 360° (feux visibles sur tout l'horizon).

Ces feux visibles sur tout l'horizon sont montrés par les navires suivants (outre certains feux de route quand ils ont de l'erre) :

- pêcheurs en action de pêche ;
- non maîtres de leur manœuvre ;
- bateaux-pilotes ;
- handicapés par leur tirant d'eau ;
- à capacité de manœuvre restreinte (voir liste page 51) ;
- certains navires à moteur et certains voiliers ;
- au mouillage ou échoués.

Un feu à éclats est un feu à éclats réguliers dont le rythme est de 120 éclats maximum par minute.

L'arrière du travers

Définition officielle du secteur des feux de tête de mât : « Ces feux sont visibles sur un arc d'horizon de 225 degrés (20 quarts) depuis l'avant jusqu'à 22,5 degrés (2 quarts) sur l'arrière du travers de chaque bord ».

Le croquis ci-dessous vous permettra de comprendre « l'arrière du travers ».

De même, les feux de côté sont visibles depuis l'avant jusqu'à 22,5 degrés (2 quarts) sur l'arrière du travers à tribord ou à bâbord selon le cas.

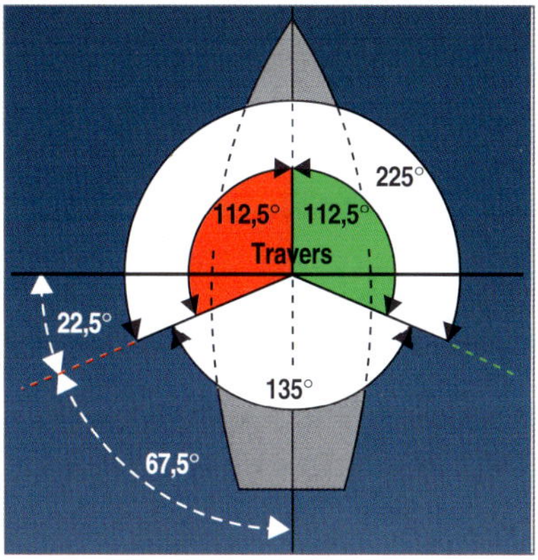

Portée lumineuse des feux [règle 22] et récapitulation

	Secteurs	Navires de longueur égale ou supérieure à 50 m	Navires de longueur égale ou supérieure à 12 mètres mais inférieure à 50 m	Navires de longueur inférieure à 12 m
Feu de tête de mât (blanc)	225°	6 milles	5 milles (1)	2 milles
Feu de côté (vert tribord, rouge bâbord)	112°5	3 milles	2 milles	1 mille
Feu de poupe (blanc)	135°	3 milles	2 milles	2 milles
Feu de remorquage (jaune)	135°	3 milles	2 milles	2 milles
Feu visible sur tout l'horizon (blanc, vert, rouge, jaune)	360°	3 milles	2 milles	2 milles
Feu blanc visible sur tout l'horizon des navires ou objets remorqués qui sont partiellement submergés et difficiles à apercevoir : 3 milles				
(1) Si la longueur du navire est inférieure à 20 mètres : 3 milles.				

Navire de plus de 50 mètres, vu par bâbord.

Navire de moins de 50 mètres, vu par l'avant bâbord.

Navire de moins de 20 mètres vu par l'avant, avec ses feux de côté combinés.

Navire de moins de 12 mètres, vu par bâbord.

Le feu blanc est visible sur tout l'horizon et couvre les secteurs du feu de tête de mât et du feu de poupe (225° + 135° = 360°)

PAGES SUIVANTES : dans les vues en plan des navires (colonne du milieu) :

 = feu à secteur

 = feu visible sur tout l'horizon

 = feux superposés (le feu supérieur étant au départ de l'angle ou au milieu du cercle)

Navires à propulsion mécanique faisant route [règle 23]

Attention : sur la vue de côté, seuls les feux visibles sous cet angle sont représentés

De 50 mètres et plus

- feu de tête de mât blanc (225°) à l'avant ;
- un second feu de tête de mât blanc (225°) à l'arrière du premier et plus haut que celui-ci ;
- feu de côté rouge (112,5°) sur bâbord ;
- feu de côté vert (112,5°) sur tribord ;
- feu de poupe blanc (135°) à l'arrière.

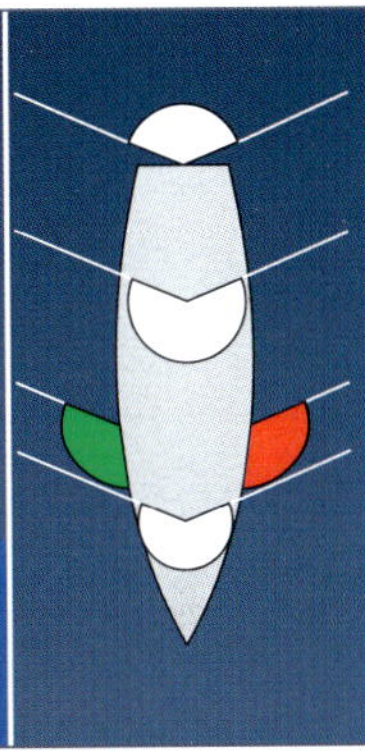

Pas de marque de jour

Moins de 50 mètres

Possibilité de ne montrer qu'un seul feu de tête de mât blanc.

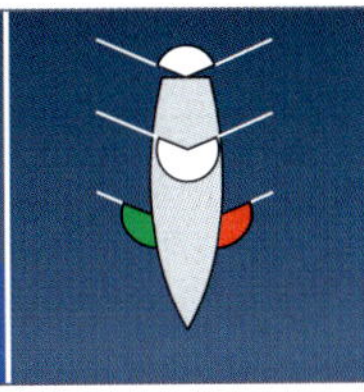

Pas de marque de jour

Moins de 20 mètres

Possibilité de combiner les feux de côté rouge et vert en un seul fanal.

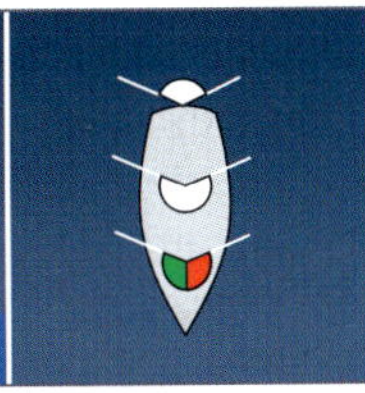

Pas de marque de jour

Moins de 12 mètres

Possibilité de ne montrer qu'un feu blanc visible sur tout l'horizon (couvrant secteurs feu tête de mât + feu de poupe) et feux de côté.

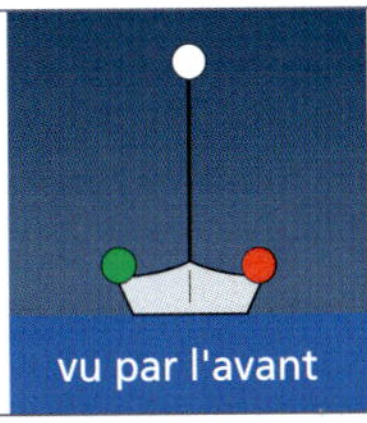

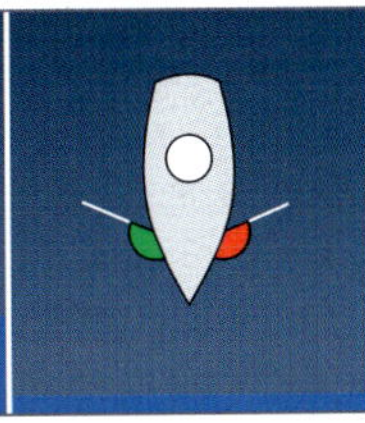

Pas de marque de jour

Moins de 7 mètres et moins de 7 nœuds

Possibilité de ne montrer qu'un feu blanc visible sur tout l'horizon.

Mais il peut montrer aussi des feux de côté.

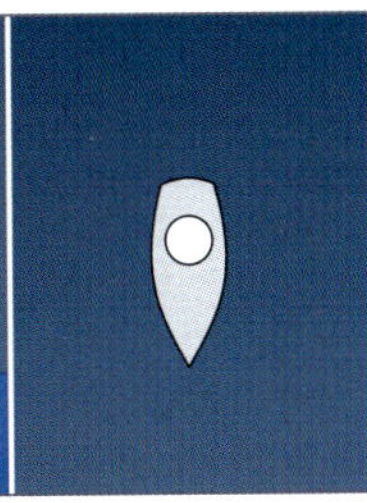

Pas de marque de jour

Navires à voile faisant route et navires à l'aviron

Le voilier qui fait route n'a pas de feu de tête de mât blanc. C'est ce qui le différencie du navire à propulsion mécanique.

Il doit montrer :

- un feu de côté rouge (112,5°) sur bâbord ;
- un feu de côté vert (112,5°) sur tribord ;
- un feu de poupe blanc (135°) à l'arrière.

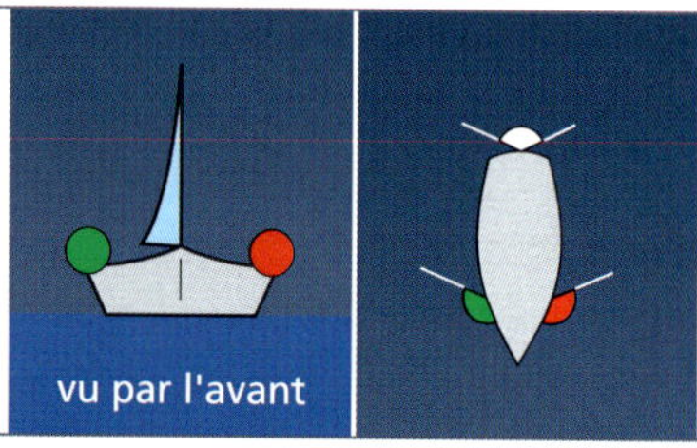

Pas de marque de jour

Sur un voilier de moins de 20 mètres, ces 3 feux peuvent être réunis en un seul fanal placé au sommet ou à la partie supérieure du mât.

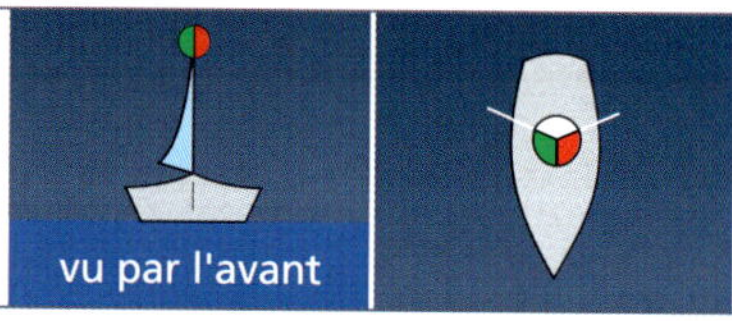

Pas de marque de jour

Possibilité d'un feu rouge et d'un feu vert superposés, visibles sur tout l'horizon, au sommet du mât, en plus des feux de côté et du feu de poupe.
Mais ces 2 feux ne peuvent être montrés en même temps que le fanal tricolore étudié au paragraphe précédent.

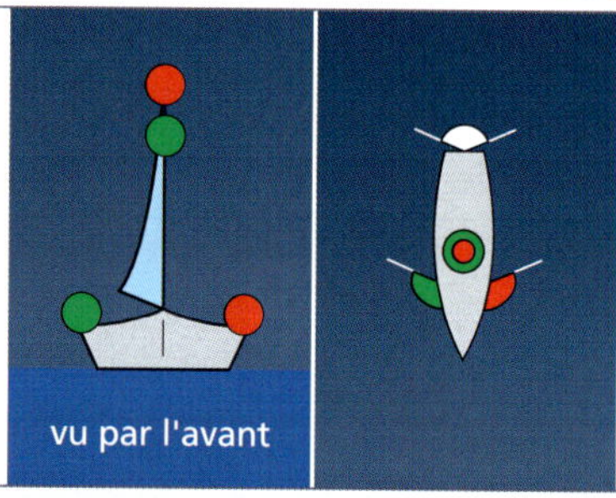

Pas de marque de jour

Voilier de moins de 7 mètres et navire à l'aviron :

- feux de côté ;
- feu de poupe ;

sinon : lampe électrique ou fanal à feu blanc à montrer pour éviter l'abordage.

Pas de marque de jour

Voilier marchant à la voile et au moteur.
Il est assimilé aux navires à propulsion mécanique et en porte les feux :

- Feu de tête de mat blanc (225°) ;
- feux de côté rouge à bâbord et vert à tribord (112,5°) ;
- feu de poupe blanc (135°).

DE JOUR : un cône noir pointe en bas, à l'avant.

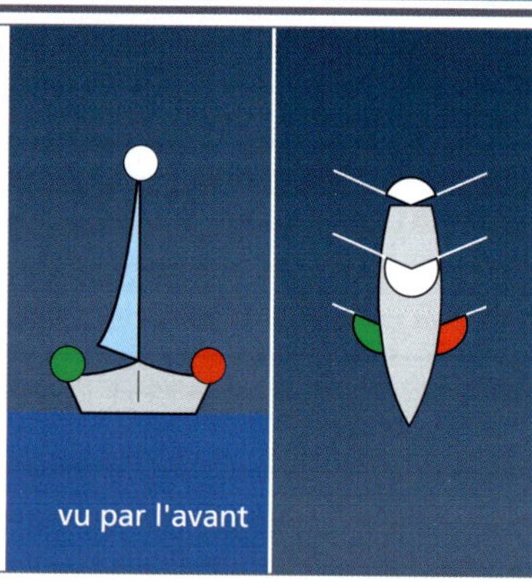

Remorquage et poussage [règle 24]

Remorquage à la traîne

Définition de la remorque :
de l'arrière du remorqueur à l'arrière du dernier navire remorqué.

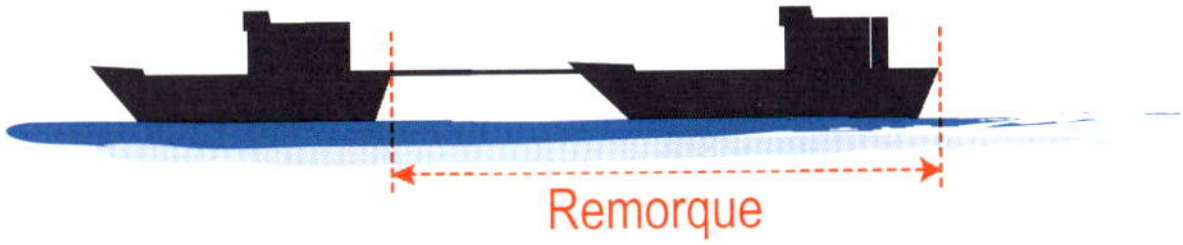

A SI LA REMORQUE FAIT MOINS DE 200 MÈTRES

Le navire remorqueur montre :

- 2 feux de tête de mât blancs (225°), superposés ;
- feux de tête de mât blanc (225°), à l'arrière, s'il fait plus de 50 mètres ;
- feux de côté : rouge à bâbord, vert à tribord (112,5°) ;
- feu de remorquage jaune (135°) superposé au feu de poupe blanc (135°), à l'arrière.

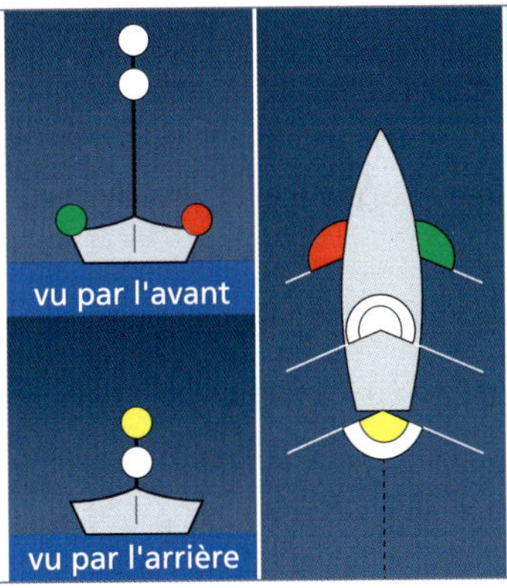

Pas de marque de jour

Le navire remorqué montre :

- feux de côté : rouge à bâbord, vert à tribord (112,5°) ;
- feu de poupe blanc (135°) à l'arrière.

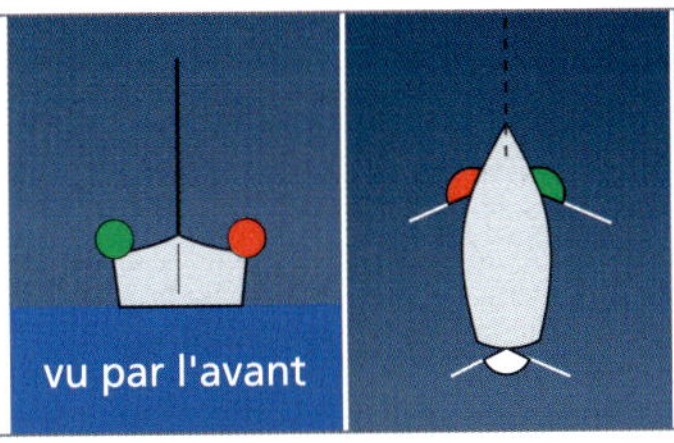

Pas de marque de jour

B SI LA REMORQUE FAIT PLUS DE 200 MÈTRES

Le navire remorqueur montre, en plus des feux décrits ci-dessus :

- un 3e feu de tête de mât blanc

et, **DE JOUR**, un bicône à l'endroit le plus visible.

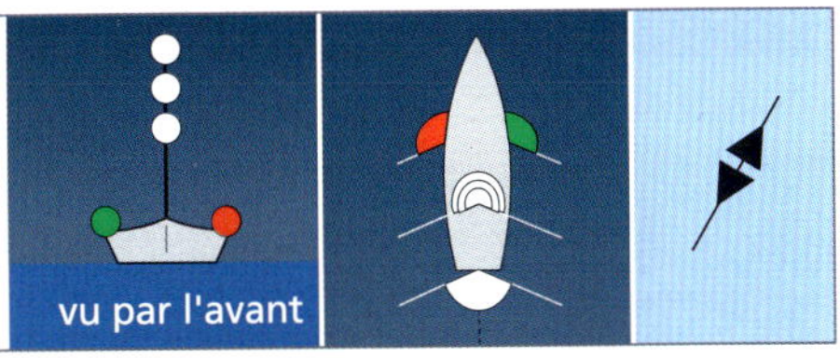

Le navire remorqué montre les feux indiqués en A et, **DE JOUR**, un bicône à l'endroit le plus visible.

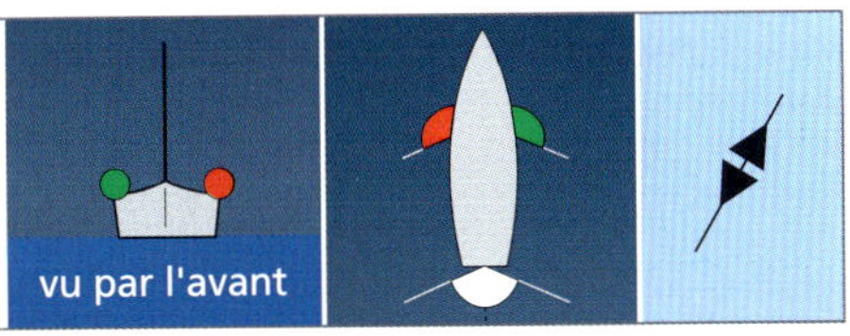

Exemples d'application page suivante

Marques et feux de remorquage à la traîne

Exemples d'application

Les 2 feux blancs superposés, en mâture du remorqueur (remorque de moins de 200 mètres).

Convoi remorqué vu de l'arrière :
- feux de poupe et de remorquage à l'arrière du remorqueur,
- feu de poupe du remorqué.

Si la remorque fait plus de 200 mètres :
- 3 feux de tête de mât sur le remorqueur.

■ DE JOUR, le même remorqueur et le remorqué montrent un bicône (si la remorque fait plus de 200 mètres).

Remorquage de navires ou d'objets partiellement submergés et difficiles à apercevoir

■ **Le remorqueur** montre les feux et les marques normaux d'un remorqueur (voir page 75).

Le navire ou l'objet remorqué montre :

■ s'il fait moins de 100 mètres sur 25, 2 feux blancs visibles sur tout l'horizon (un à l'avant, l'autre à l'arrière) ;

■ si la largeur est égale ou supérieure à 25 mètres, 2 feux supplémentaires et d'autres feux semblables si la longueur est supérieure à 100 mètres.

DE JOUR : bicône à l'arrière et, si le train de remorque dépasse 200 mètres, un autre bicône à l'avant.

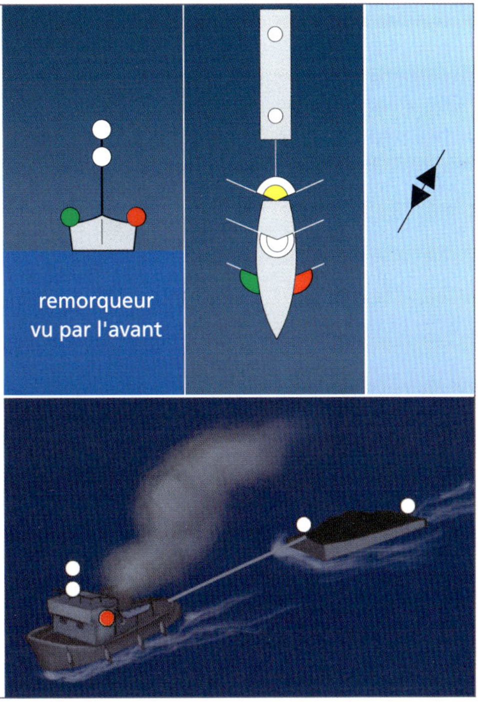

Remorquage à couple

Le navire remorqueur montre :

■ 2 feux de tête de mât blancs (225°) superposés ;
(si + 50 mètres, un 3e feu de tête de mât, à l'arrière des premiers et plus haut que ceux-ci) ;

■ feux de côté : rouge à bâbord, vert à tribord (112,5°) ;

■ feu de poupe blanc (135°) à l'arrière.

Le navire remorqué montre :

■ feux de côté à son extrémité avant : rouge à bâbord, vert à tribord (112,5°) ;

■ feu de poupe blanc (135°) à l'arrière.

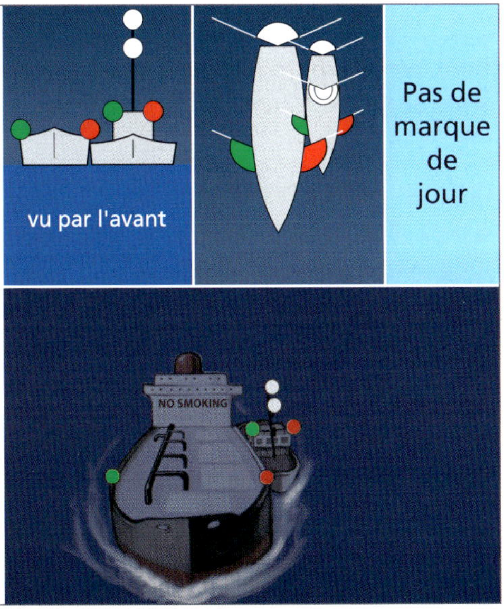

Poussage : unité composite (ensemble rigide)

Un navire en train de pousser et un navire poussé, formant un ensemble rigide, doivent être considérés comme un navire à propulsion mécanique et montrer les feux prescrits par la règle 23 (page 73).

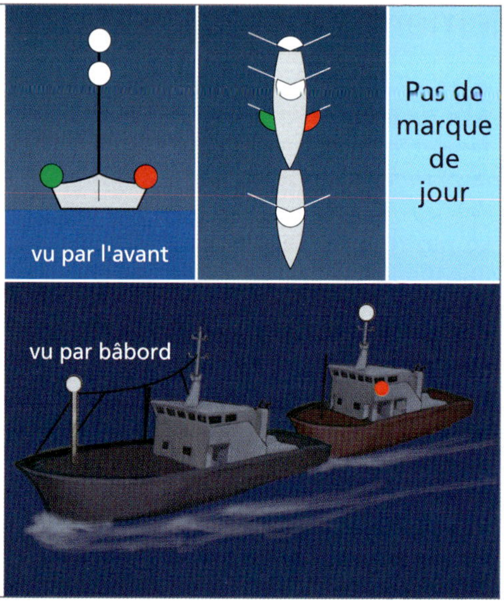

Poussage : ensemble non rigide

Le navire pousseur montre :

- 2 feux de tête de mât blancs (225°) superposés ; (si + 50 mètres, un 3e feu de tête de mât, à l'arrière des premiers et plus haut que ceux-ci) ;
- feux de côté : rouge à bâbord, vert à tribord (112,5°)
- feu de poupe blanc (135°) à l'arrière.

Le navire poussé en avant montre :

- feux de côté à son extrémité avant : rouge à bâbord, vert à tribord (112,5°).

NAVIRES DE PÊCHE (règle 26)

Lorsqu'il fait route ou lorsqu'il est au mouillage, un navire en train de pêcher ne doit montrer que les feux et marques suivants. (Lorsqu'il n'est pas en train de pêcher, il montre simplement les feux et marques des navires de sa longueur).

Feux et marques de jour d'un navire en train de chaluter

(C'est-à-dire de tirer dans l'eau un chalut ou autre engin de pêche).

Il doit montrer :

- 2 feux superposés : vert sur blanc, visibles sur tout l'horizon ;
- 1 feu de tête de mât blanc (225°) (les chalutiers de moins de 50 mètres ne sont pas tenus de montrer ce feu) ;

En plus, s'il a de l'erre :

- feux de côté rouge et vert (112,5°) ;
- feu de poupe blanc (135°).

DE JOUR : 2 cônes superposés opposés par la pointe.

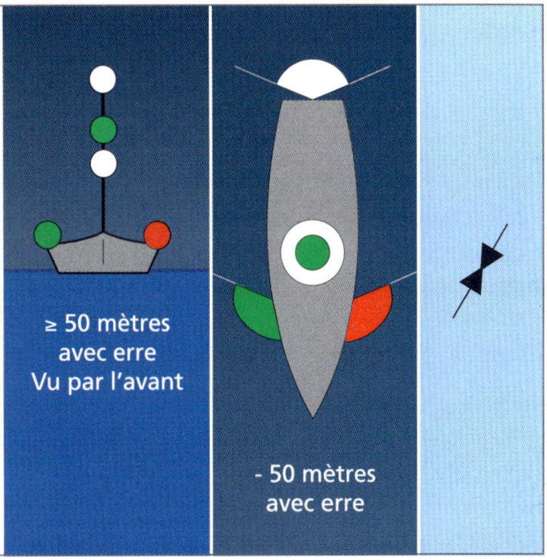

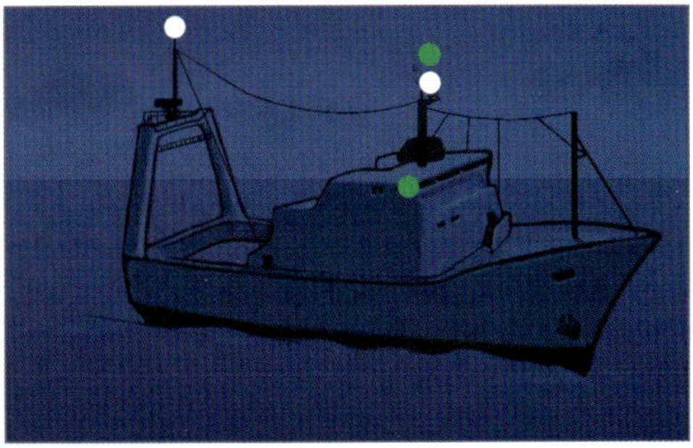

Chalutier de plus de 50 mètres, avec erre, vu par tribord.

La marque de jour (2 cônes opposés par la pointe) des navires de pêche.

Feux et marques de jour d'un navire en train de pêcher

(autre qu'un navire en train de chaluter).

Le pêcheur autre que chalutier se distingue par un feu rouge (et non pas vert) au-dessus du feu blanc, un signal indiquant un engin déployé sur plus de 150 mètres et pas de feu de tête de mât.

Ce navire doit montrer :

- 2 feux superposés : rouge sur blanc, visibles sur tout l'horizon ;

En plus, s'il a de l'erre :

- feux de côté rouge et vert (112,5°) ;
- feu de poupe blanc (135°) ;

DE JOUR : 2 cônes superposés opposés par la pointe.

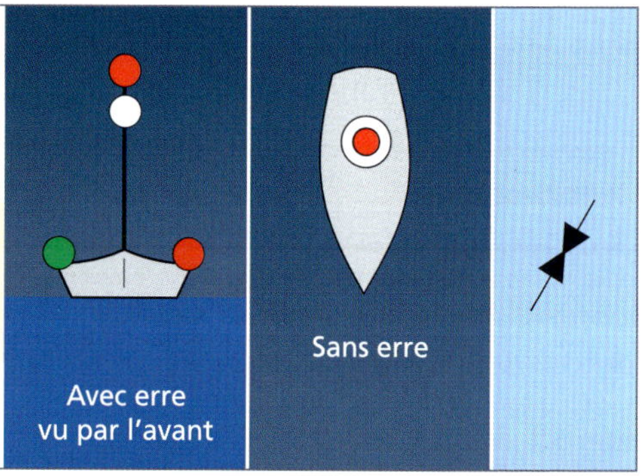

Si son engin est déployé sur une distance de plus de 150 mètres, il doit montrer :

- un feu blanc visible sur tout l'horizon, dans l'alignement de l'engin ;

DE JOUR : 1 cône pointe en haut dans l'alignement de l'engin.

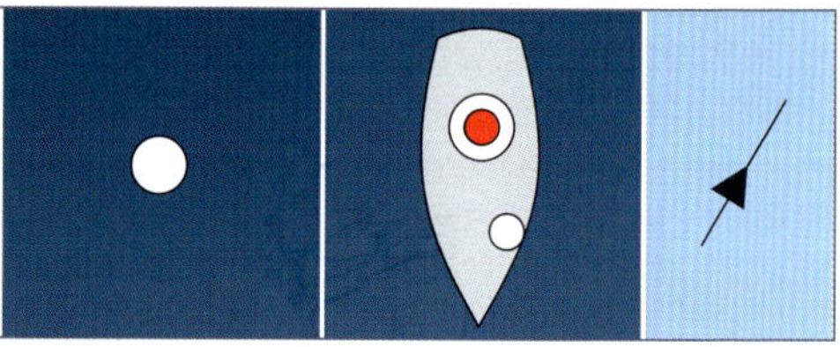

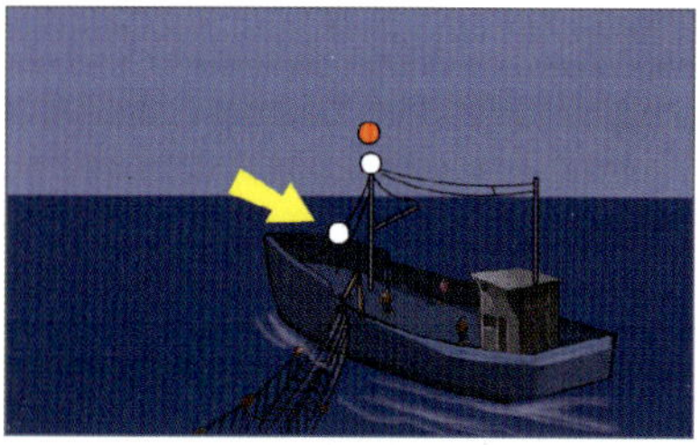

Un feu blanc (la nuit), le cône pointe en haut (le jour) dans l'alignement de l'engin. À gauche, navire sans erre.

Signaux supplémentaires des navires de pêche pêchant à proximité les uns des autres

(annexe II).

Ces signaux supplémentaires doivent être placés plus bas que les feux de mâture vert-blanc ou rouge-blanc, être visibles sur tout l'horizon à un mille au moins (mais cette portée doit être inférieure à la portée des feux normaux du tableau de la page 71).

Chalutier (de moins de 50 mètres, avec erre, vu sur bâbord) en train de jeter son chalut :
2 feux blancs superposés.

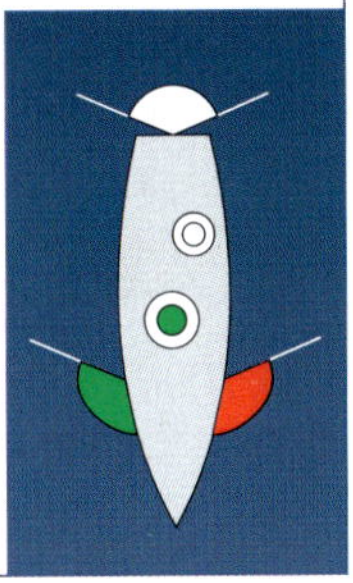

La disparition du panier

Jusqu'au 4 novembre 1995, les navires en action de pêche de moins de 20 mètres pouvaient montrer un panier à la place des 2 cônes opposés par la pointe. Mais une modification du Règlement international pour prévenir les abordages en mer a supprimé cette marque de jour depuis cette date. Ces navires sont donc astreints à montrer une marque biconique.

Les feux supplémentaires des chalutiers

En ce qui concerne les chalutiers, les feux supplémentaires des navires de pêche pêchant à proximité les uns des autres s'appliquent aux chalutiers de 20 mètres et plus. Mais les chalutiers de moins de 20 mètres ont la faculté de les montrer. C'est ce qu'on voit sur plusieurs croquis de cette page et de la page suivante.

FEUX SUPPLÉMENTAIRES (suite)

Chalutier (avec erre, vu sur tribord) en train de hisser son chalut : un feu blanc au-dessus d'un feu rouge.

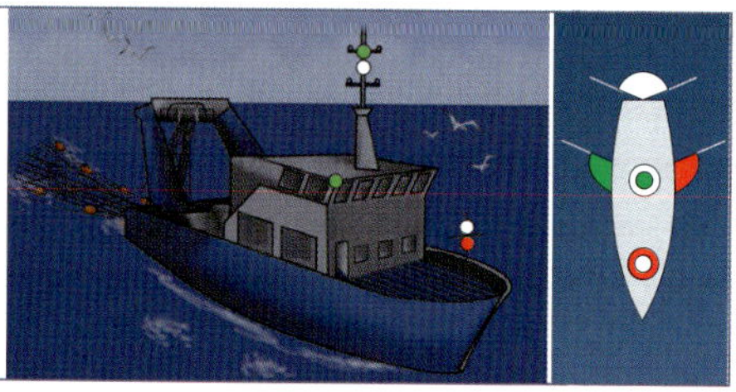

Chalutier (sans erre, vu sur tribord) avec train de pêche (chalut) retenu par un obstacle : 2 feux rouges superposés.

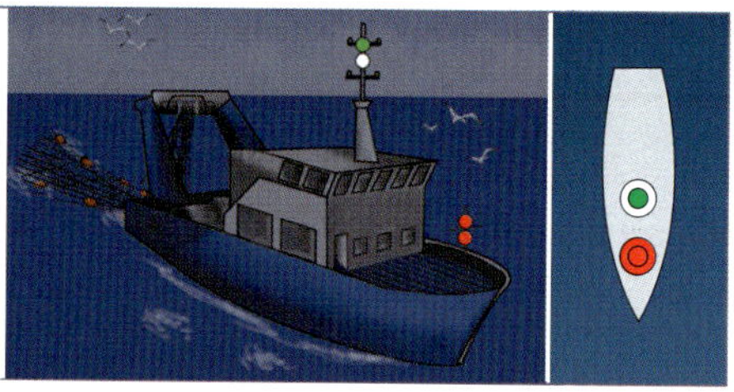

Les chalutiers pêchant en couple (« pêche au bœuf ») dirigent leur projecteur sur l'avant l'un de l'autre et montrent les mêmes feux supplémentaires selon le cas. Ci-contre, avec erre, halant leur chalut.

De jour, ils montrent la lettre T (Tango) du code international des signaux (voir pages 176 et 177).

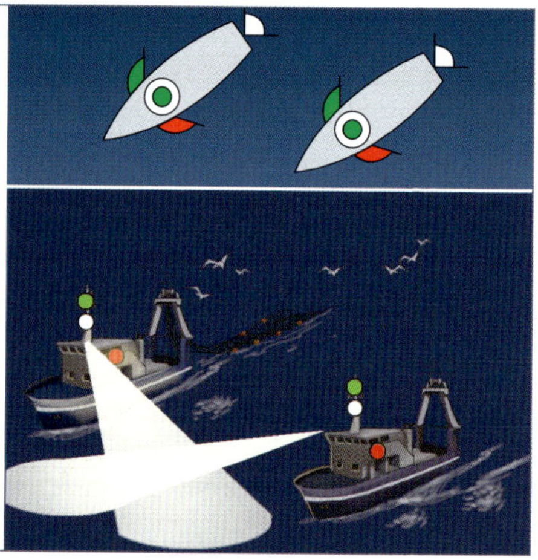

Les navires pêchant à la grande senne peuvent montrer deux feux jaunes superposés s'allumant alternativement toutes les secondes et isophases (durées de lumière et d'obscurité égales). Ils ne peuvent être montrés que lorsque le navire est gêné par ses apparaux de pêche.

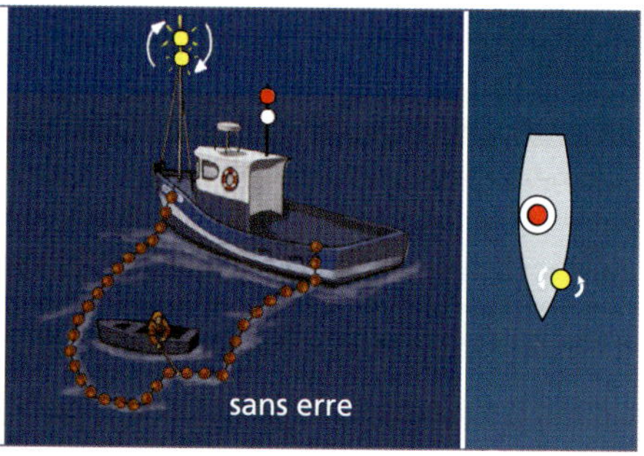

Navires à capacité de manœuvre restreinte

(autres que navires effectuant des opérations de déminage [règle 27]).

Les navires de moins de 12 mètres ne sont pas tenus de montrer les feux et marques prescrits, à l'exception de ceux participant à des opérations de plongée.

Un navire à capacité de manœuvre restreinte (qui, rappelons-le, ne peut manœuvrer en raison de ses travaux) doit montrer, quand il fait route :

- 3 feux superposés : rouge-blanc-rouge, visibles sur tout l'horizon ;

En plus s'il a de l'erre :

- 1 ou 2 feux de tête de mât blancs (225°), selon sa longueur (< 50 m ou ≥ 50 m) ;
- feux de côté rouge et vert (112,5°) ;
- feu de poupe blanc (135°).

DE JOUR : 3 marques superposées (boule-bicône-boule).

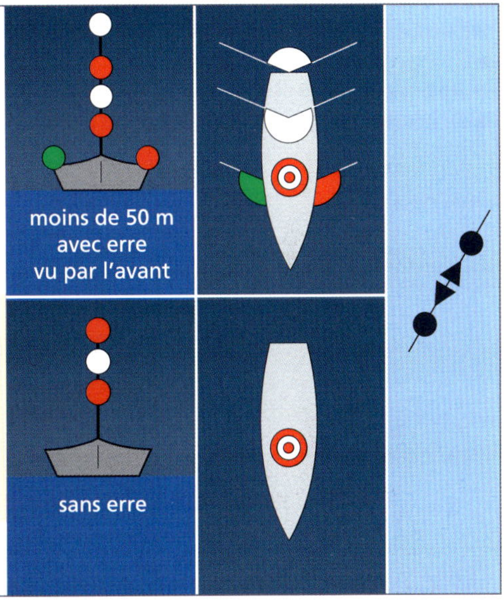

+ 50 mètres, avec erre, vu par bâbord.

De jour.

Au mouillage :

- 3 feux superposés : rouge-blanc-rouge, visibles sur tout l'horizon ;
- 1 ou 2 feux de mouillage blancs, selon la longueur du navire (<50 m ou ≥50 m), visibles sur tout l'horizon, disposés comme indiqué page 89.

DE JOUR :

- 3 marques superposées : boule-bicône-boule ;
- 1 boule de mouillage à l'avant.

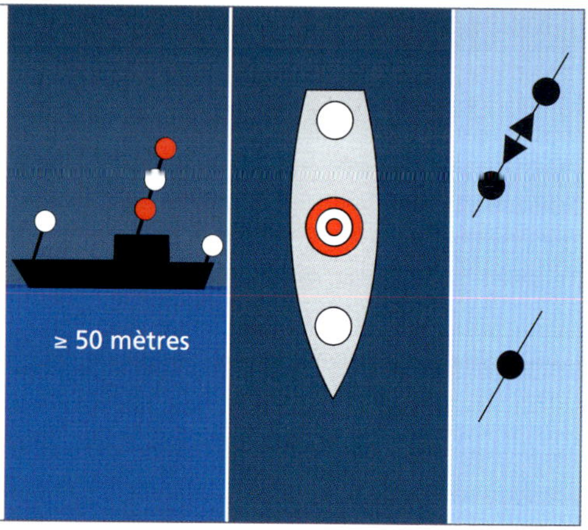

Au mouillage, de jour.

Plongée sous-marine

- 3 feux superposés : rouge-blanc-rouge, visibles sur tout l'horizon.

DE JOUR : 3 marques superposées boule-bicône-boule ou, si le navire ne peut montrer ces marques en raison de ses dimensions : le pavillon A du code international des signaux.

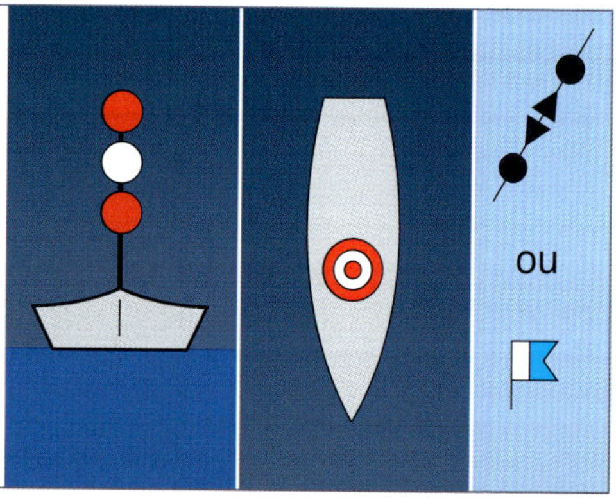

Pavillon A.

Avec obstruction

Lorsqu'il existe une obstruction, un navire à capacité de manœuvre restreinte en train de draguer (ou d'effectuer des opérations sous-marines) doit montrer, EN PLUS des feux et marques décrits aux pages 83 et 84 :

- 2 feux rouges superposés, visibles sur tout l'horizon, pour indiquer le côté où se trouve l'obstruction ;
- 2 feux verts superposés, visibles sur tout l'horizon, pour indiquer le côté sur lequel un autre navire peut passer.

DE JOUR :

- 2 boules superposées pour indiquer le côté de l'obstruction ;
- 2 bicônes superposés pour indiquer le côté libre.

AU MOUILLAGE, le navire ne montre que les feux et marques ci-dessus, à la place des feux et marques normaux de mouillage.

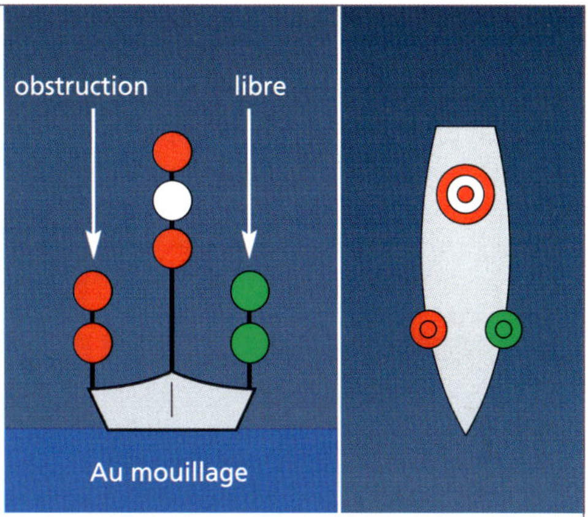

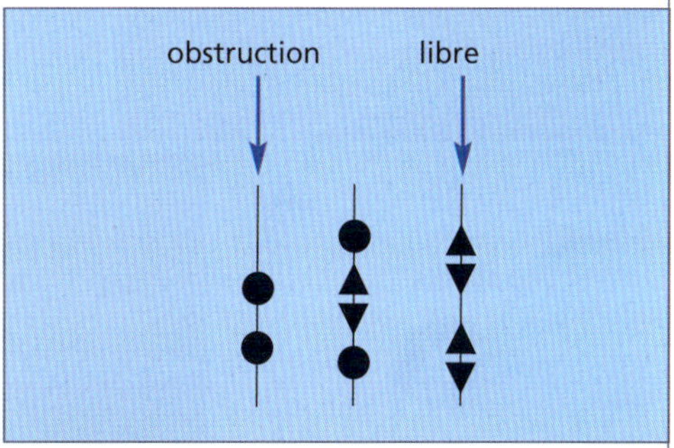

Navire en train d'effectuer une opération de remorquage qui rend difficile un changement de cap.

Il doit montrer, en plus des feux et marques de remorquage étudiés page 75, les feux et marques des navires à capacité de manœuvre restreinte.

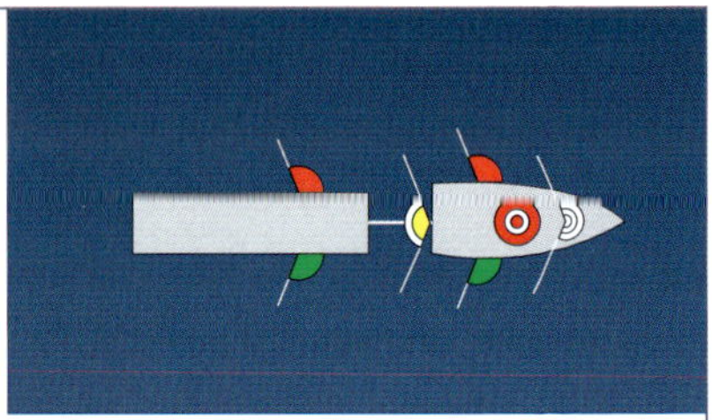

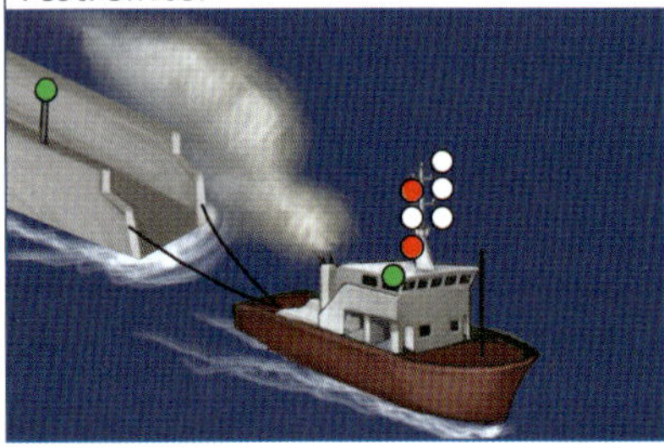

Navire en opération de déminage

Il doit montrer :

- 3 feux verts, visibles sur tout l'horizon, disposés à la tête du mât de misaine et à chaque extrémité de la vergue de misaine.

En plus, s'il a de l'erre :

- 1 ou 2 feux de tête de mât blancs (225°) selon sa longueur ;
- feux de côté, rouge à bâbord, vert à tribord (112,5°) ;
- feu de poupe blanc (135°).

DE JOUR : 3 boules disposées à la tête du mât de misaine et à chaque extrémité de la vergue de misaine.

AU MOUILLAGE : les 3 feu verts en triangle ou les 3 boules, en plus des feux et marques de mouillage (p. 89).

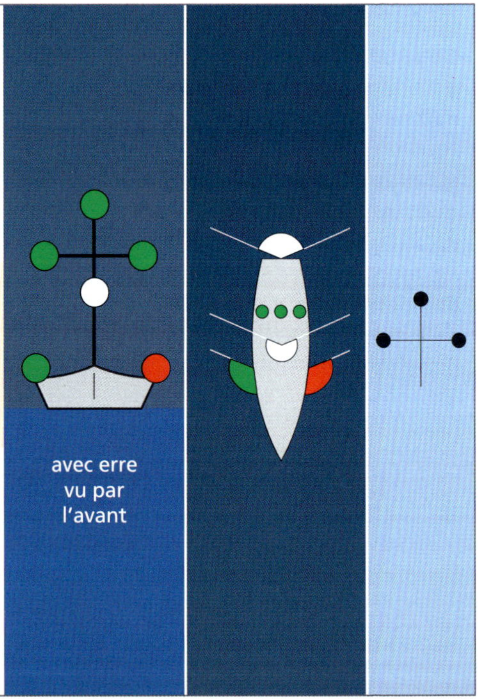

Danger !

Les feux et marques disposés à la tête et aux extrémités de la vergue du mât de misaine d'un navire effectuant des opérations de dragage de mines indiquent qu'il est dangereux de s'approcher à moins de 1 000 mètres de ce navire.

Navires non maîtres de leur manœuvre [règle 27]

Les navires de moins de 12 mètres ne sont pas tenus de montrer les feux et marques suivants.

Un navire non maître de sa manœuvre doit montrer :

- À l'endroit le plus visible, 2 feux rouges superposés, visibles sur tout l'horizon ;

En plus s'il a de l'erre :

- 2 feux de côté rouge et vert (112,5°) ;
- feu de poupe blanc (135°).

DE JOUR, à l'endroit le plus visible, 2 boules superposées ou marques analogues.

Notez bien que...

- **Un navire non maître de sa manœuvre peut fort bien avoir de l'erre.**
- **Quand il a de l'erre IL NE MONTRE JAMAIS DE FEU DE TÊTE DE MÂT mais uniquement feux de côté et de poupe, en dehors des deux feux rouges propres à ce type de navire.**

Navires handicapés par leur tirant d'eau [règle 28]

Vous avez appris (page 51) que le navire handicapé par son tirant d'eau (pétrolier à pleine charge, par exemple) peut difficilement modifier sa route lorsque la profondeur d'eau est faible. Des feux et des marques spéciaux peuvent le désigner à l'attention des autres navires.

Faisant route, un navire handicapé par son tirant d'eau peut montrer :

- À l'endroit le plus visible, 3 feux rouges superposés, visibles sur tout l'horizon ;

Il doit montrer également :

- 1 ou 2 feux de tête de mât blancs (225°), selon la longueur du navire (< 50 m ou ≥ 50 m) ;
- feux de côté rouge et vert (112,5°) ;
- feu de poupe blanc (135°).

DE JOUR, à l'endroit le plus visible, une marque cylindrique.

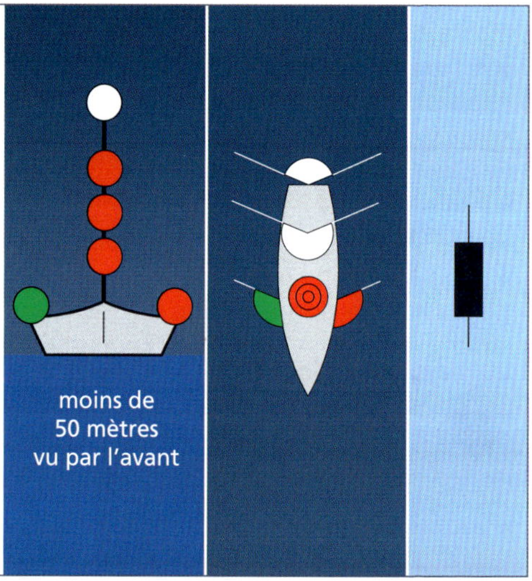

Plus de 50 mètres
(2 feux de tête de mât)

Plus de 50 mètres
(une marque cylindrique)

Navires au mouillage [règle 30]

Les navires de moins de 7 mètres, au mouillage, ne sont pas tenus de montrer les feux et marques de cette règle 30, sauf s'ils sont au mouillage dans un chenal étroit, une voie d'accès ou un ancrage, à proximité de ces lieux ou sur les routes habituellement fréquentées par d'autres navires.

Un navire au mouillage doit montrer, à l'endroit le plus visible :

- à l'avant, un feu blanc visible sur tout l'horizon ;
- à l'arrière ou près de l'arrière, plus bas que le feu blanc de l'avant, un autre feu blanc visible sur tout l'horizon.

DE JOUR : une boule à l'avant.

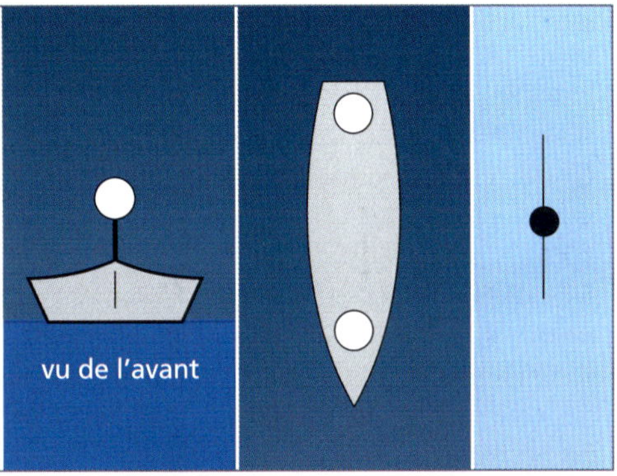

Nota : si le navire est d'une longueur égale ou supérieure à 100 mètres, ses ponts doivent être illuminés, la nuit.

Un navire de moins de 50 mètres au mouillage peut ne montrer qu'un seul feu blanc visible sur tout l'horizon.

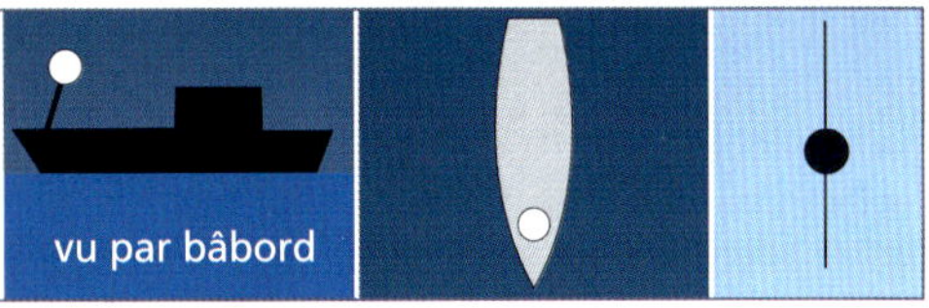

La boule de mouillage, à l'avant du navire.

Navires au mouillage [règle 30]

Un navire échoué doit montrer, à l'endroit le plus visible :

Ⓐ le ou les feux de mouillage (voir p. 89), c'est-à-dire :

- à l'avant, un feu blanc visible sur tout l'horizon ;
- à l'arrière ou près de l'arrière, plus bas que le feu de l'avant, un autre feu blanc visible sur tout l'horizon ;

Ⓑ deux feux rouges superposés, visibles sur tout l'horizon.

DE JOUR : 3 boules superposées.

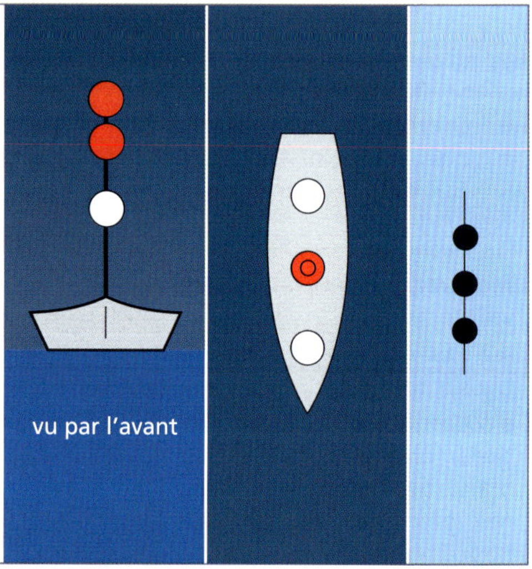

Un navire échoué de moins de 50 mètres peut ne montrer qu'un seul feu blanc visible sur tout l'horizon au lieu de deux.

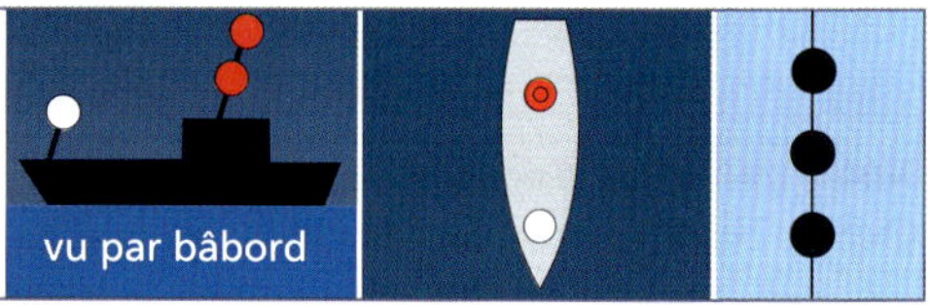

Les navires de moins de 12 mètres, échoués, ne sont pas tenus de montrer les 2 feux rouges superposés ou les 3 boules superposées.

Les feux et marques d'un navire échoué se composent des feux et marques :

- d'un navire mouillé et
- d'un navire non maître de sa manœuvre.

La nuit :

- 2 feux blancs (mouillage) + 2 feux rouges (non maître de sa manœuvre).

Le jour :

- 1 boule (mouillage) + 2 boules (non maître de sa manœuvre).

Bateaux-pilotes [règle 29] en service de pilotage

Un bateau-pilote en service de pilotage doit montrer :

- 2 feux superposés blanc sur rouge, visibles sur tout l'horizon ;

En plus s'il fait route :

- feux de côté rouge et vert (112,5°) ;
- feu de poupe blanc (135°).

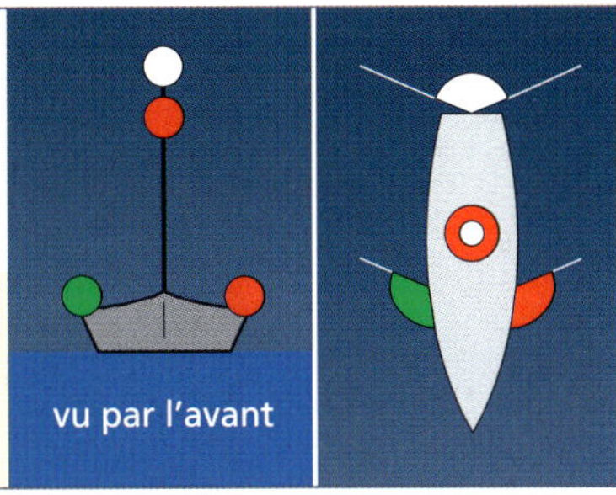

Pas de marque de jour

De jour, le navire peut montrer le pavillon H (« j'ai un pilote à bord ») du code international des signaux. Mais cette disposition ne figure pas à la règle 29 du Règlement international pour prévenir les abordages en mer.

Avec erre

Pavillon H

Au mouillage :

- 2 feux superposés blanc sur rouge, visibles sur tout l'horizon ;
- 1 ou 2 feux blancs de mouillage (selon la longueur du navire), visibles sur tout l'horizon.

- DE JOUR : une boule à l'avant.

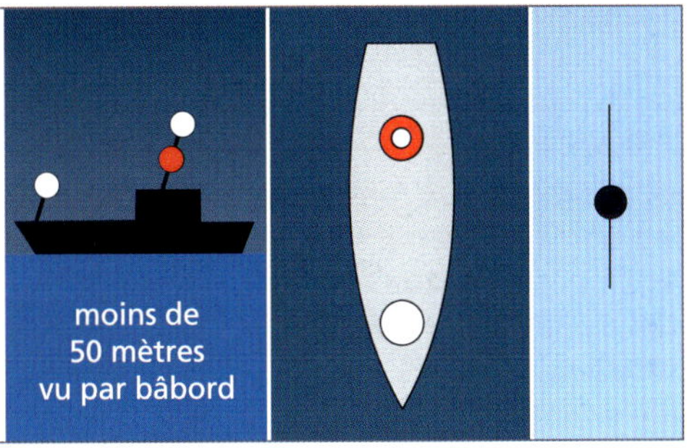

S'il n'est pas en service, il doit montrer les feux et marques prévus pour un navire à moteur de sa longueur.

Ne pas confondre :

- **les feux blanc sur rouge du bateau-pilote et**
- **les feux rouge sur blanc du navire de pêche autre que chalutier.**

Pas de feu à 225°

Le bateau-pilote en service ne montre jamais de feu de tête de mât blanc (à 225°).

Aéroglisseurs [rappel de la règle 23]

Exploités sans tirant d'eau, ils doivent, outre les feux des navires à propulsion mécanique, montrer un feu jaune à éclats, visible sur tout l'horizon.

Vu par bâbord

Sous-marins Français

Outre les feux des navires à propulsion mécanique, ils peuvent montrer un feu jaune scintillant, visible sur tout l'horizon.

Vu par bâbord

Hydravions [règle 31]

Ils montrent des feux ayant les mêmes couleurs, secteurs et disposition que les feux des navires à propulsion mécanique.

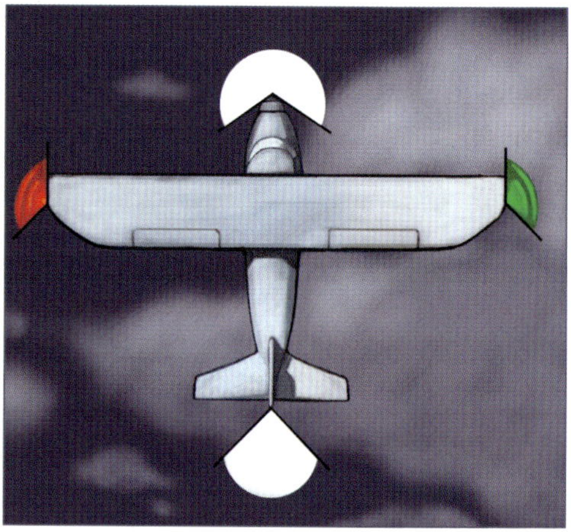

Navires transportant des matières dangereuses (hydrocarbures, etc.)

Ils peuvent montrer un feu rouge (la nuit) ou le pavillon rouge de la lettre B (le jour), dans le port ou en entrant au port, en fonction du règlement particulier du port.

De nuit :
un feu rouge visible sur tout l'horizon.

De jour :
le pavillon B du code international des signaux.

Mémorisation

A **2 FEUX SUPERPOSÉS EN MÂTURE, VISIBLES SUR TOUT L'HORIZON** remplacent le ou les feux de tête de mât blancs normalement prévus quand le navire a de l'erre.

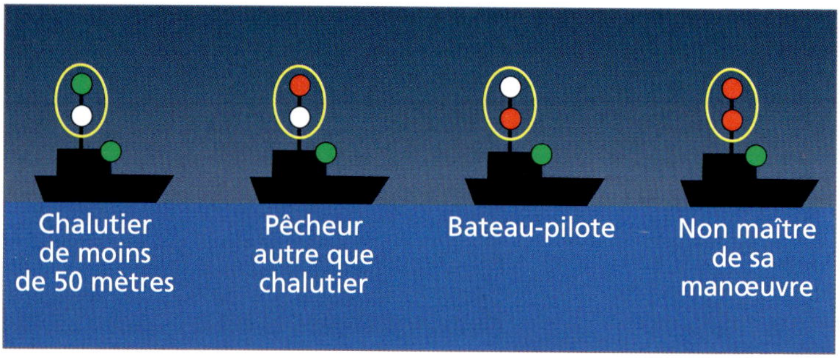

Observations :

1. Le chalutier de 50 mètres et plus doit montrer un feu de tête de mât.

2. Les 2 feux : rouge sur vert d'un voilier ne remplacent pas le feu de tête de mât puisque le voilier ne doit pas en montrer.

B **3 FEUX SUPERPOSÉS EN MÂTURE, VISIBLES SUR TOUT L'HORIZON** ne remplacent pas le ou les feux de tête de mât.

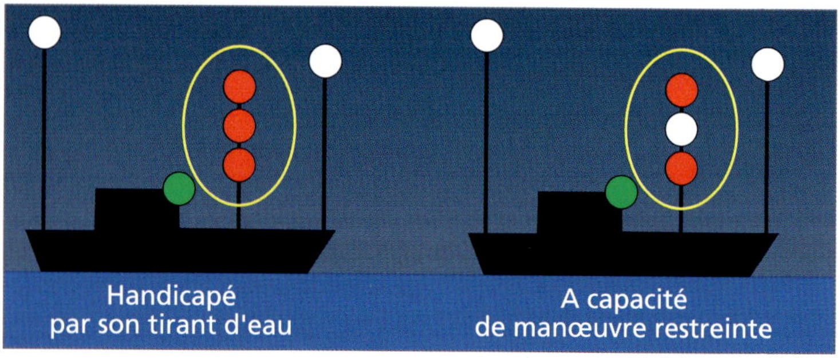

Rappel :

Les 2 ou 3 feux blancs en mâture d'un remorqueur sont des feux de tête de mât à 225° et non des feux visibles sur tout l'horizon.

Mémorisation

C

MARQUES DE JOUR : le nombre de boules superposées évolue dans le sens d'une situation de plus en plus grave.

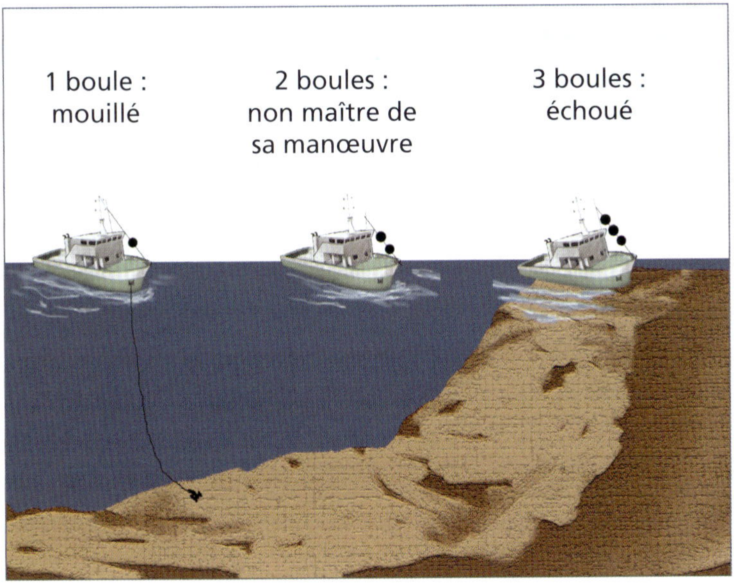

5. Règles de navigation et de sécurité applicables à la plaisance

Responsabilité du chef de bord

Par « chef de bord », on entend le capitaine du navire, celui qui en exerce le commandement et en assure les responsabilités.

Certains articles du code disciplinaire et pénal de la Marine Marchande sont applicables aux capitaines de navires de plaisance. Ceux qui concernent notamment :

- la police de la navigation, le Règlement international, les dispositifs de trafic, les feux à allumer la nuit, les signaux en temps de brume, la route à suivre en cas de rencontre ;
- les conditions pouvant conduire à un abordage, un échouement, une avarie grave ;
- le comportement manifesté lors du sauvetage d'un autre navire après abordage, autant qu'on peut le faire sans mettre en danger son propre navire et son propre équipage.

Une loi punit le délit de fuite après tout accident causé ou occasionné par un navire ou un engin flottant ou une personne remorquée.

En cas d'accident sérieux (notamment corporel), le chef de bord doit déposer un « rapport de mer » auprès des Affaires Maritimes.

En cas de perte du bateau (quelle qu'en soit la cause), il doit prévenir les Affaires Maritimes (et la Douane si le bateau est francisé).

Bien entendu, la responsabilité du chef de bord aura commencé avant l'appareillage, avec l'obligation :

- de s'assurer que toutes les conditions de sécurité sont remplies à bord (matériel de sécurité, état du moteur et du bâtiment, plein de carburant, nombre de passagers conforme à la plaque signalétique, etc.) ;
- de consulter la météo ;
- de prévenir quelqu'un à terre (capitainerie, famille, etc.) de ses intentions de sortir.

Limitations de la navigation

Les planches à voile ne peuvent s'éloigner à plus de 1 mille. Les dériveurs et les petites embarcations immatriculés ne peuvent s'éloigner à plus de 2 milles.

Les « véhicules nautiques à moteur » (scooters des mers, motos de mer, planches à moteur, etc.) ne peuvent évoluer que de jour. Leur navigation s'exerce en deçà de deux milles à compter de la limite des eaux pour les engins sur lesquels le pilote se tient en position assise et d'un mille pour les engins sur lesquels le pilote se tient en équilibre dynamique.

Zones interdites

Elles sont essentiellement de caractère local et le plaisancier devra se renseigner sur place. En général, il s'agit de :

- zones de tirs effectués par l'Autorité Militaire (pendant la durée de ces tirs seulement) ;
- zones interdites aux bateaux à moteur le long de plages (des couloirs balisés permettent d'accéder au rivage, voir plus loin) ;
- zones de mouillage interdit ;
- zones de sécurité autour des plates-formes de forage.

Limitation de vitesse

Limitation de vitesse

À l'intérieur d'une bande de 300 mètres à compter de la limite des eaux, la vitesse des bateaux à moteur (y compris les véhicules nautiques à moteur) est limitée à 5 nœuds (9 kilomètres à l'heure).

La bande des 300 mètres n'est pas toujours balisée. Sinon, elle est balisée par des bouées sphériques jaunes, espacées de 200 m les unes des autres et disposées parallèlement au rivage.

Des chenaux traversiers, qui peuvent atteindre 100 mètres de largeur, interdits aux baigneurs, peuvent être tracés à travers la bande littorale des 300 mètres pour l'accès au rivage des bateaux à moteur. S'ils sont réservés aux sports nautiques de vitesse (ski nautique), la limitation à 5 nœuds ne s'y applique pas, sauf décision contraire du préfet maritime.

À l'entrée des ports, la vitesse est réglementée et cette vitesse est, la plupart du temps, bien indiquée aux usagers (3 ou 5 nœuds, généralement).

Au-delà des 300 mètres, il existe de nombreuses zones à forte fréquentation où la vitesse est réglementée. Par exemple, en Méditerranée : archipel de Port-Cros, rade de Villefranche, îles de Lérins, baie de Cannes, golfe de Saint-Tropez, plages de Ramatuelle, où la vitesse est limitée à 5, 10 ou 12 nœuds selon le cas. Il convient de se renseigner sur place.

En dehors de la bande des 300 mètres et des zones à vitesse limitée, la vitesse est libre au large. Mais nous devons respecter les règles de barre et de route du Règlement international pour prévenir les abordages en mer et notamment celles qui concernent la conduite des navires par visibilité réduite (dans la brume, naviguer lentement, etc ; voir page 55).

Comment déterminer sa vitesse

Sans loch ni speedomètre, on peut s'habituer à déterminer la vitesse lorsqu'on passe près d'un **point fixe** tel qu'une bouée ou un **objet flottant** lancé à l'avant du navire. Il suffit de mesurer le temps T mis pour passer de toute la longueur L du navire devant la bouée **(Vitesse fond)** ou devant l'objet **(Vitesse surface)**. Cette vitesse V est égale à $\frac{L}{T} \times 3\,600$.

Elle est à transformer en nœuds (1 km/heure = 0,54 nœud).

Protection des plongeurs sous-marins

Un des dangers majeurs, qui fait des victimes chaque année, impose de connaître la signalisation des plongeurs sous-marins. Des questions sont posées à son sujet lors de chaque examen du permis.

Cette signalisation est assurée par le signal « Alfa » du code international des signaux ou par un pavillon rouge portant une croix de Saint-André blanche ou une diagonale blanche.

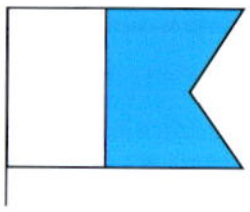

Signal « Alfa »

Seul signal figurant au Règlement international pour prévenir les abordages en mer.

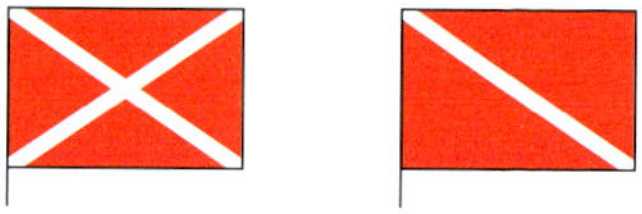

Pavillon rouge avec croix ou diagonale blanche

Signaux utilisés par les fédérations et associations de plongeurs. Sont souvent fixés par un flotteur que le plongeur entraîne avec lui. Mais on les trouve aussi sur les embarcations (photo ci-dessous).

Avec signal « Alfa »

Avec pavillon rouge à croix blanche

A la vue d'un de ces signaux, naviguer avec précaution et **passer à 100 mètres au moins du signal.** Méfiez-vous car un plongeur peut remonter à la surface assez loin du signal. Il convient donc d'exercer une veille attentive et se tenir prêt à passer au point mort. Certains navires, plus importants, utilisés pour la plongée peuvent montrer les feux et les marques des navires à capacité de manœuvre restreinte qui ont été étudiés page 84 :

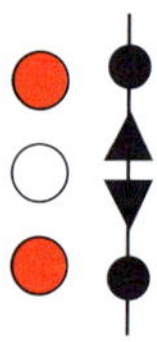

Ski nautique et autres formes de traction

Ski nautique

Deux personnes doivent obligatoirement se trouver à bord du canot tracteur et l'une de ces deux personnes doit se consacrer exclusivement à la conduite de l'embarcation.

Les personnes titulaires du Brevet d'État de ski nautique ne sont pas soumises à cette disposition.

Des couloirs balisés sont prévus pour les départs et arrivées, que les baigneurs et les autres embarcations ne doivent pas traverser.

Les canots tracteurs et les skieurs ne doivent pas s'approcher, lors de leurs évolutions, des baigneurs et des autres embarcations. Tenir compte que le skieur ne suit pas toujours la même trajectoire que le bateau qui le tire.

En cas de chute du skieur, le cordage de remorquage doit être récupéré rapidement. Un enrouleur automatique peut faciliter cette manœuvre.

Le pilote doit se diriger vers le skieur, stopper et débrayer l'hélice à proximité de celui-ci. Le skieur sera récupéré à bord et on pourra effectuer un nouveau départ. Comme il n'est pas question de laisser un skieur rentrer à la nage dans un couloir balisé, il pourra effectuer un nouveau départ ou devra être récupéré à bord.

Les couloirs balisés sont prévus et réservés aux départs et aux arrivées. Aucune embarcation ne doit traverser et la baignade y est strictement interdite.

Engins pneumatiques tractés

Deux personnes doivent se trouver à bord du navire tracteur, l'une se consacrant à la conduite et l'autre à la surveillance de l'engin tracté et au largage éventuel de la remorque.

Le remorqueur doit pouvoir larguer rapidement la remorque et doit arborer une flamme fluorescente orange de 2 mètres, très visible. L'engin tracté doit être d'une couleur vive, de même que la remorque flottante. Les personnes embarquées sur l'engin tracté doivent porter des gilets de sauvetage de couleur vive.

Le navire tracteur doit pouvoir embarquer à son bord la totalité des personnes transportées par l'engin tracté, en plus de son équipage, et disposer d'un moyen d'accès adéquat.

Véhicules nautiques à moteur

Les véhicules nautiques à moteur (scooters des mers, motos de mer, planches à moteur, d'une puissance propulsive de plus de 3 kilowatts, soit 4 CV) sont considérés comme des navires à propulsion mécanique pour les règles de barre et de route et doivent donc appliquer les règles de circulation propres aux navires à moteur, notamment observer les priorités dues par les navires à moteur.

Les véhicules nautiques à moteur ne peuvent évoluer que **de jour** : leur éloignement de la côte est limité suivant leur type : **deux milles** à compter de la limite des eaux pour les engins sur lesquels le pilote se tient en position assise et un mille pour les engins sur lesquels le pilote se tient en équilibre dynamique.

S'ils ont un moteur d'une puissance supérieure à 50 CV, leur pilote doit être titulaire du permis mer. Pour une puissance égale ou inférieure à 50 CV, la carte mer suffit.

Leurs conditions de navigation dans la bande littorale des 300 mètres sont réglementées par le Préfet Maritime. En Méditerranée, quand cette bande est balisée, il leur est interdit de naviguer à l'intérieur des zones délimitées à l'exception des chenaux d'accès aux ports et des zones ou chenaux prévus pour eux. En l'absence de balisage, ils ne peuvent non plus évoluer à l'intérieur de la bande des 300 mètres ; seul, le transit vers le large est autorisé, en ligne droite et continue et à 5 nœuds maximum.

Ils doivent posséder un anneau et un cordage permettant le remorquage, 2 feux automatiques à main produisant une lumière rouge, contenus dans un compartiment étanche et le dispositif de sécurité prévu en cas d'éjection du pilote.

Leurs utilisateurs doivent porter en permanence un gilet ou une brassière de sauvetage de couleur vive.

Les véhicules nautiques à moteur doivent être d'un modèle approuvé et être immatriculés. Ils doivent porter une marque extérieure d'identité avec des caractères d'une hauteur minimale de 30 millimètres.

Ils doivent observer des prescriptions d'insubmersibilité et de stabilité. L'hélice doit être carénée et un système de sécurité doit arrêter automatiquement la propulsion en cas d'éjection du pilote. Réserve de carburant permettant une autonomie minimum de 5 milles s'il n'y a pas de système de jauge. Le niveau sonore ne doit pas dépasser 80 décibels à une distance de 7,50 mètres.

Leurs utilisateurs doivent, lors de la location d'un véhicule nautique à moteur, signer une déclaration par laquelle ils s'engagent sur l'honneur à respecter la réglementation.

Planches à voile

En ce qui concerne les règles de barre et de route, les planches à voile sont assimilées aux voiliers et à elles s'appliquent donc les règles applicables aux voiliers. Elles sont privilégiées par rapport à votre bateau à moteur.

Leur usage est réglementé par les arrêtés des Préfets maritimes qui interdisent leur navigation au-delà d'un mille d'un abri.

Leur utilisation peut faire l'objet d'interdictions locales. Se renseigner.

Quelques recommandations pour les véliplanchistes :

- Vérifier la météo, les heures de marée.
- Pour quitter le rivage, utiliser les chenaux balisés, quand ils existent.
- Dans la zone des 300 mètres, ne pas dépasser 5 nœuds (9 km/h).
- Ne pas s'éloigner à plus de 1 mille d'un abri (1 852 mètres).
- Naviguer à deux ou plus. Rester visible.
- Ne jamais quitter la planche en cas de difficulté.
- Le gilet de sauvetage accroît votre sécurité.
- La planche doit être munie d'un système de remorquage à l'avant.
- Porter une combinaison isothermique.
- Le système d'attache du gréement à la planche doit être fiable. En cas de difficulté, ne dégréez pas votre voile pour essayer de rentrer ; laissez-la dans l'eau, elle fera office d'ancre flottante et ralentira votre dérive.

Calcul de l'autonomie en carburant

On n'appareille jamais sans connaître la quantité de carburant dans le réservoir, afin de faire le plein si nécessaire. Mesurez à la jauge avec le bateau droit, sans gîte, si votre installation n'est pas équipée d'une jauge électrique.

La consommation de carburant d'un navire se mesure à l'heure. L'autonomie est donc en rapport direct avec le temps nécessaire à couvrir une distance. Et ce temps est dépendant de la vitesse réelle du navire.

La consommation augmente avec la vitesse et on parcourt une distance plus petite avec la même quantité de combustible. Elle augmente aussi en naviguant contre le courant ou le vent. C'est pourquoi il faut toujours se réserver une marge se sécurité de 30 %.

Deux cas peuvent se présenter :

1. Quelle quantité de carburant faut- il embarquer pour un parcours

donné ?

2. Quelle sera l'autonomie pratique (= durée de navigation) en fonction de la quantité de carburant contenue dans le réservoir ?

Calcul du carburant nécessaire pour un parcours donné

On calcule la quantité de carburant en ajoutant une marge de sécurité de 30 %.

Exemple d'hypothèse

Vous voulez aller d'un port à un autre situé à 40 milles du premier. Votre vitesse sera de 10 nœuds et à cette vitesse votre consommation sera de 10 litres à l'heure. Combien emportez-vous de carburant si vous prenez 30 % de marge de sécurité ?

Résolution du problème

Pour faire 40 milles à 10 nœuds, il faut 4 heures, donc 40 litres. C'est la consommation théorique.

À celle-ci on ajoute la marge de sécurité de 30 %, soit 12 litres.

Je devrai donc emporter :

40 + 12 = 52 litres.

Calcul de l'autonomie pratique pour une quantité donnée de carburant

On calcule l'autonomie pratique en déduisant de la quantité initiale de carburant une marge de sécurité de 30 %.

Exemple d'hypothèse

Votre réservoir contient 100 litres de carburant. Votre moteur consomme 10 litres à l'heure. Quelle est votre autonomie pratique si vous prenez 30 % de marge de sécurité ?

Résolution du problème

Je déduis 30 % de 100 litres, soit 30 litres. Il reste 70 litres.

En consommant 10 litres à l'heure, ces 70 litres me permettent de naviguer 7 heures.

Nota : si on indique en plus la vitesse du navire (12 nœuds par exemple), on peut calculer l'autonomie en distance :

7 x 12 = 84 milles.

Certains questionnaires officiels utilisés dont s'inspirent les 2 exemples ci-dessus, font curieusement usage d'un mode de calcul de la marge de sécurité différent selon l'un ou l'autre cas. En effet :

- **pour le carburant nécessaire pour un parcours donné, il s'agit de 30 % de la quantité de carburant qui doit suffire normalement pour le trajet ;**
- **pour l'autonomie pratique, il s'agit de 30 % de la quantité de carburant contenue dans le réservoir.**

Pour les puristes, ce n'est pas la même chose !

Dans les précédentes éditions de ce livre, nous avions adopté le même mode de calcul pour les 2 types de problème. C'est ainsi que le 2e exemple (calcul de l'autonomie pratique) devait se résoudre ainsi :

- **si la consommation théorique strictement nécessaire est égale à 1, la marge de sécurité = 0,30, donc la quantité totale de carburant = 1,30.**
- **La consommation théorique sera de $\frac{100}{1,30}$ = 77 litres par excès. Marge de sécurité = 23 litres.**
- **Autonomie pratique : $\frac{77}{10}$ = 7,7 heures en décimal, soit 7 heures 42 min.**

Le marin pratique répond donc 7 heures alors que le théoricien dit 7 heures 42.

H. Vagnon, dans son livre *Celui qui faisait naviguer les autres* (Éditions Vagnon) revient sur ce problème que certains candidats ont du mal à appréhender.

Organisation du sauvetage en mer

Un navire de plaisance en détresse doit alerter le CROSS en premier.

Les CROSS (Centres régionaux opérationnels de surveillance et de sauvetage) sont au nombre de 5 (plus 2 Centres opérationnels Outre-mer). Leur liste est donnée à la page suivante.

Les CROSS assurent **la coordination** des opérations de sauvetage et en prennent la direction.

La réalisation des opérations de sauvetage est assurée, selon les circonstances et de façon ponctuelle, par des organismes très divers :

- la Société nationale de sauvetage en mer (SNSM) dont nous parlerons plus loin ;
- la Marine nationale (et l'aéronavale) ;
- la Gendarmerie nationale ;
- les Affaires maritimes ;
- La Protection civile, les Sapeurs-Pompiers ;
- les Douanes ;
- les CRS, etc.

L'alerte donnée, le CROSS déclenche l'opération de sauvetage en faisant intervenir, en fonction des circonstances, certains des personnels cités au début de ce chapitre, avec les moyens les plus divers passant du pneumatique à la vedette et au canot tous temps ou de l'hélicoptère à l'avion. Au large, les navires sur zone peuvent être également alertés.

Rappelons que le sauvetage en vies humaines est gratuit. Par contre, le sauvetage des biens peut donner lieu à rémunération.

Par ailleurs, l'enlèvement d'une épave de navire, dangereuse pour la navigation ou qui nuit à l'environnement, est à la charge du propriétaire.

Les fonctions du CROSS

Outre le sauvetage, les CROSS assurent :

- **la surveillance de la navigation maritime (constats d'infraction aux règles de la navigation, interventions éventuelles de remorqueurs de haute mer), fourniture d'informations nautiques et météorologiques aux navires) ;**
- **la surveillance des pêches maritimes ;**
- **la surveillance des pollutions maritimes permettant, le cas échéant, le déclenchement du plan POLMAR.**

Les CROSS sont dirigés par des administrateurs des Affaires maritimes assistés d'officiers des Affaires maritimes et leur personnel appartient à la Marine nationale.

Répartition des CROSS et des sous-CROSS

Mer du Nord et Manche, de la Belgique à l'estuaire de la Seine
CROSS Gris-Nez - Tel. : 03 21 87 21 87

Manche, de l'estuaire de la Seine au Mont Saint-Michel
CROSS Jobourg - Tel. : 02 33 52 72 13

Manche et Atlantique, du Mont Saint-Michel à la Pointe-du-Raz
CROSS Corsen - Tel. : 02 98 89 31 31

Atlantique, de la Pointe-du-Raz à l'Espagne
CROSS Etel (CROSSA) - Tel. : 02 97 55 35 35
Sous-CROSS Soulac, - Tel. : 05 56 73 31 31

Méditerranée
CROSS La Garde - (CROSSMED) - Tel. 04 94 61 71 10
Sous-CROSS Corse - Tel. 04 95 20 13 63
Sous-Cross Agde - Tel. 04 67 94 12 02 (été seulement)

Antilles - Martinique
COSMA (Fort-de-France) - Tel. 05 96 71 92 92

Océan indien
COSRU Océan indien - Tel. 02 62 43 43 43

La Société nationale de sauvetage en mer (SNSM)

À l'inverse des autres personnels qui assurent le sauvetage en mer, la SNSM est composée de bénévoles dont le dévouement n'en est que plus grand. La flotte de la SNSM se compose de canots tous temps, de vedettes, de pneumatiques, mais l'entretien et le renouvellement de cette flotte posent des problèmes financiers très graves à cette association philanthropique qui ne vit que de subventions et de dons. Les plaisanciers, pour qui les embarcations de la SNSM opèrent trois sorties sur quatre, devraient avoir à l'esprit cet état de choses et aider de leur mieux financièrement ces quelques milliers de sauveteurs bénévoles qui risquent leur vie pour eux.

Siège de la SNSM :
31 cité d'Antin, 75009 Paris
Tél. 01 56 02 64 64
Fax. 01 56 02 64 63

LES SIGNAUX DE DÉTRESSE ont été étudiés aux pages 40 à 43, dans le chapitre des signaux. S'y reporter.

Catégories de conception

Les bateaux mis pour la première fois sur le marché européen depuis le 16 juin 1996 (avec une période transitoire qui s'est étendue jusqu'au 16 juin 1998) sont construits en fonction **d'une catégorie de conception.** Cette catégorie est basée sur la capacité du bateau à résister à un état de la mer défini par la force maximale du vent (sur l'échelle de Beaufort, page 124 de ce code) et la hauteur significative des vagues (en mètres).

Ces catégories sont au nombre de quatre :

CATÉGORIE	Force du vent (échelle de Beaufort)	Hauteur significative des vagues
A (en haute mer)	plus de 8 à l'échelle de B.	vagues de plus de 4 mètres
B (au large)	jusqu'à 8 compris	jusqu'à 4 mètres compris
C (à proximité de la côte)	jusqu'à 6 compris	jusqu'à 2 mètres compris
D (en eaux protégées)	jusqu'à 4 compris	jusqu'à 0,3 mètre compris

Ces dispositions sont applicables à tous les bateaux définis ci-dessus de 2,50 mètres à 24 mètres, à l'exception des bateaux de compétition, les canoës kayaks, pédalos, planches à voile et à moteur, les aéroglisseurs, les sous-marins, etc. Elles visent également certains éléments ou pièces d'équipement, tant avant qu'après leur installation.

Ces bateaux neufs doivent porter un marquage « CE » prouvant leur conformité aux normes européennes. Un document, la « déclaration écrite de conformité » atteste cette conformité et accompagne obligatoirement le bateau.

Éloignement d'un abri

Depuis le 1er janvier 2005, les **6 catégories de navigation** ont été supprimées et remplacées par le critère de l'éloignement d'un abri. Cette distance d'un abri détermine désormais le matériel de sécurité nécessaire à bord (voir pages suivantes).

Deux distances d'éloignement sont maintenant prises en compte :

Inférieure à 6 milles et supérieure à 6 milles.

Rappelons que sont considérés comme « abris » les ports ou plans d'eau où le navire peut facilement trouver refuge et où les personnes embarquées peuvent être mises en sécurité.

Matériel de sécurité à bord des navires de plaisance de 2,50 a 24 mètres

Tous les navires de plaisance, à l'exception des embarcations légères de plaisance et des véhicules nautiques à moteur (scooters) doivent disposer à bord du matériel d'armement et de sécurité, selon la distance d'éloignement effectif d'un abri.

Le matériel à embarquer sera donc moins important si l'on navigue à moins de 6 milles d'un abri que si l'on navigue au-delà de 6 milles.

Les embarcations légères de plaisance et les véhicules nautiques à moteur (voir leur définition pages 182 et 183) bénéficient d'un matériel de sécurité plus réduit, qu'on trouvera à la page 114 ci-après. Car pour les embarcations légères de plaisance, l'éloignement maximal depuis un abri est limité à 5 milles et pour les véhicules nautiques à moteur, il est de 2 milles ou de 1 mille à compter de la limite des eaux (voir page 102).

Pour certaines pièces de ce matériel obligatoire, comme les apparaux de mouillage, les moyens de communication, les documents nautiques, le plaisancier pourra choisir parmi les différentes solutions proposées par les fabricants.

Ces dispositions en vigueur depuis le 1er janvier 2005 visent donc à responsabiliser le chef de bord.

Elles responsabilisent également les fabricants puisque ce sont eux qui décident de la durée de vie, de la périodicité des contrôles de certains matériels comme les extincteurs, les radeaux de survie, etc.

Ce nouveau texte prévoit un recours systématique aux normes européennes et internationales qui sont applicables à tous les constructeurs, professionnels ou amateurs.

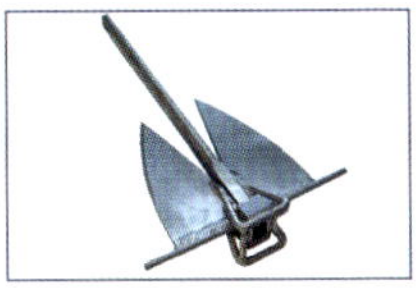
Ancre

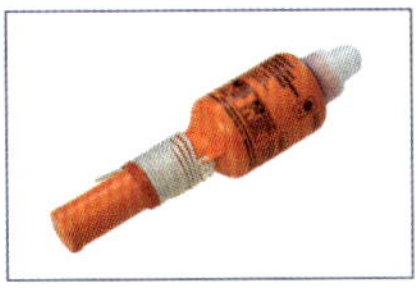
Feu à retournement

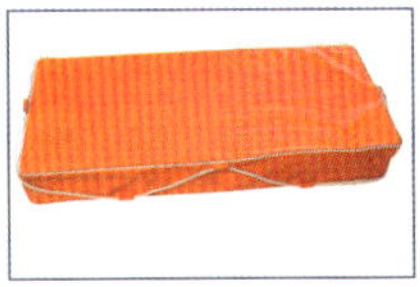
Engin flottant

Bouée

Feux automatiques

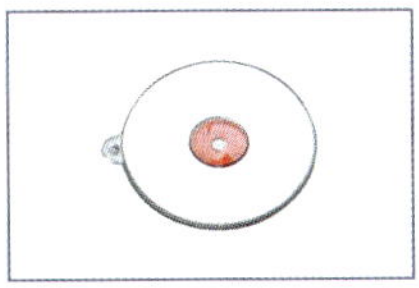
Miroir de signalisation

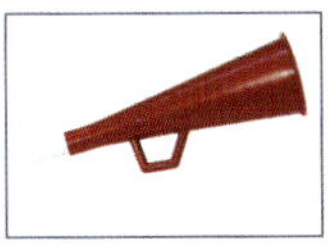
Corne

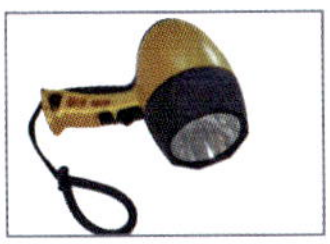
Lampe étanche

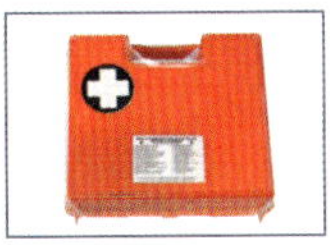
Dotation médicale

Extincteur

Matériel de sécurité pour une distance d'éloignement inférieur à 6 milles d'un abri

Liste mise à jour par l'arrêté du 7 mars 2005.

- Équipements conformes aux dispositions du Règlement international pour prévenir les abordages en mer.
- 1 pavillon national.

- 1 moyen permettant la remontée à bord, conforme à la norme EN ISO 15 085.
- 1 bouée de sauvetage avec feu de retournement **(1)**.
- 1 aide à la flottabilité ou 1 gilet de sauvetage par personne présente à bord **(2)**.

- 3 feux rouges automatiques à mains conformes à la division 311.
- 1 miroir de signalisation.
- 1 lampe électrique étanche.
- Flottabilité totale de 142 newtons par personne, assurée par un ou plusieurs équipements **(4)**.

- 1 dotation médicale dont le contenu est recommandé **(5)**.
- 1 seau rigide.
- 1 système permettant d'obturer un trou dans la coque.
- 1 système de protection contre l'incendie **(6)**.
- Outillage et matériel permettant d'opérer petits dépannages et notamment pouvoir purger un décanteur ou réamorcer un moteur diesel.
- 1 système de pompage conforme à la norme ISO 15 083.

- 1 ancre et 1 ligne de mouillage adaptées au navire et au lieu de navigation **(7)**.

- 1 sonde à main ou tout autre moyen permettant de mesurer la profondeur d'eau.
- 1 compas magnétique conforme à une des normes suivantes : ISO 613 – ISO 10 316 ou ISO 14 227, pour une navigation au-delà de 2 milles d'un abri.

- Règlement international pour prévenir les abordages en mer **(8)**.
- Livre des feux.
- Annuaire des marées ou équivalent (sauf en Méditerranée).
- Carte(s) papier et/ou électronique de la région fréquentée.

Les informations nautiques doivent être à jour.

Tout ou une partie des documents ci-dessus peuvent être rassemblés dans un ouvrage tenu à jour.

(1) (2) (3) *etc. : explication des renvois page 111.*

Renvois des pages 110 et 112.

(1) Bouée conforme aux dispositions des paragraphes 2, 3.1 et 3.2 de l'annexe 224-A4, équipée d'un feu de retournement conforme à la division 311.

(2) Gilet approuvé dans l'un des pays de l'Union Européenne ou d'un modèle conforme aux normes EN 393 ou 395 ou 396 ou 399 ou conforme à la division 311. Les modèles à gonflage buccal seul ne sont pas acceptés. Les gilets intégrés à un vêtement sont autorisés s'ils répondent aux exigences d'une de ces normes (sauf la 393 pour les moins de 6 milles). Une combinaison d'une flottabilité maximum de 50 newtons dispense d'emporter un gilet.

(3) Les harnais intégrés à un gilet ou à un vêtement sont autorisés s'ils répondent à la norme EN 1095.

(4) Ces équipements peuvent être :

- Une annexe gonflable ou rigide, conforme au chapitre 224-4 ou marquée « CE », permettant d'emporter le nombre de personnes présentes à bord.
- Un ou des engins flottants pouvant supporter les personnes se trouvant à bord et répondant à l'annexe 224-A4.

Les bateaux marqués « CE », conformes aux normes EN ISO 12 217 pour bateaux rigides et EN ISO 6185 pour pneumatiques ne sont pas tenus d'embarquer ce matériel.

(5) Jusqu'à 6 milles d'un abri :

- 12 sachets poudre pour solution buvable paracétamol,
- 1 flacon spray trinitrine 0,15 mg,
- 30 sachets poudre pour solution buvable acide acétylsalicylique,
- 10 unidoses chlorexidine aqueuse,
- 1 rouleau sparadrap,
- 10 compresses stériles,
- 20 pansements adhésifs stériles 4 côtés,
- 1 couverture de survie.

(6) Durée de vie des extincteurs et périodicité des contrôles fixées par le fabricant.

(7) La ligne de mouillage doit être fixée au navire.

(8) Le texte complet du Règlement international pour prévenir les abordages en mer figure dans le volume 1 du « Code Vagnon de la mer – Permis côtier ». Pour qu'il soit à jour, utilisez le livre de code de l'année.

(9) Permettant de retracer les éléments essentiels de la navigation (composition de l'équipage, heure d'appareillage, prévisions météo et temps observé, position, cap suivi et vitesse à intervalles réguliers, consommation et réserve de carburant, tout incident, panne ou avarie à bord).

Matériel de sécurité pour une distance d'éloignement supérieur à 6 milles d'un abri

Liste mise à jour par l'arrêté du 7 mars 2005.

- Équipements conformes aux dispositions du Règlement international pour prévenir les abordages en mer.
- 1 pavillon national.

- 1 moyen permettant la remontée à bord, conforme à la norme EN ISO 15 085.
- 1 bouée de sauvetage avec feu de retournement **(1)**.
- 1 aide à la flottabilité ou 1 gilet de sauvetage par personne présente à bord.
- 1 harnais conforme à la norme EN 1095 par personne présente à bord pour les voiliers **(3)**.
- 1 harnais norme 1095 par embarcation pour les navires à moteur **(3)**.

- 3 feux rouges automatiques à mains conformes à la division 311.
- 1 miroir de signalisation.
- 1 lampe électrique étanche.
- 3 fusées à parachute conformes à la division 311.
- 2 fumigènes conformes à la division 311.
- 1 radeau de sauvetage de classe II ou V « Plaisance », conforme au chapitre 333-2, pouvant être remplacé par une annexe gonflable par bouteille, certifiée « CE », conforme à la norme ISO 6185-1.
- 1 dotation médicale dont le contenu recommandé est décrit à l'annexe 224-A5.
- 1 couverture de survie.

- 1 seau rigide.
- 1 système permettant d'obturer un trou dans la coque.
- 1 système de protection contre l'incendie **(6)**.
- Outillage et matériel permettant d'opérer petits dépannages et notamment pouvoir purger un décanteur ou réamorcer un moteur diesel.
- 1 système de pompage conforme à la norme EN ISO 15 083.

- 1 ancre et 1 ligne de mouillage adaptées au navire et au lieu de navigation **(7)**.

- 1 sonde à main ou tout autre moyen permettant de mesurer la profondeur d'eau.
- 1 compas magnétique conforme à une des normes suivantes : ISO 613 – ISO 10 316 ou ISO 14 227.
- Le matériel permettant de faire le point, de tracer et de suivre une route.

- 1 dispositif permettant de recevoir les prévisions météorologiques à bord.

- Règlement international pour prévenir les abordages en mer **(8)**.
- Livre des feux.
- Annuaire des marées ou équivalent (sauf en Méditerranée).
- Carte(s) papier et/ou électronique de la région fréquentée.

Les informations nautiques doivent être à jour.

Tout ou une partie des documents ci-dessus peuvent être rassemblés dans un ouvrage tenu à jour.

- Un journal de bord **(9)**.

(1) (2) (3) *etc. : explication des renvois page 111.*

Utilisation de certains équipements de sécurité

Les brassières de sauvetage doivent être approuvées dans l'un des pays de l'Union Européenne ou être d'un modèle conforme aux normes.

Les feux rouges automatiques à main émettent une lumière rouge comme un feu de Bengale.

Il faut tenir l'engin incliné vers l'extérieur, **sous le vent**. De préférence, se protéger la main d'un chiffon sec.

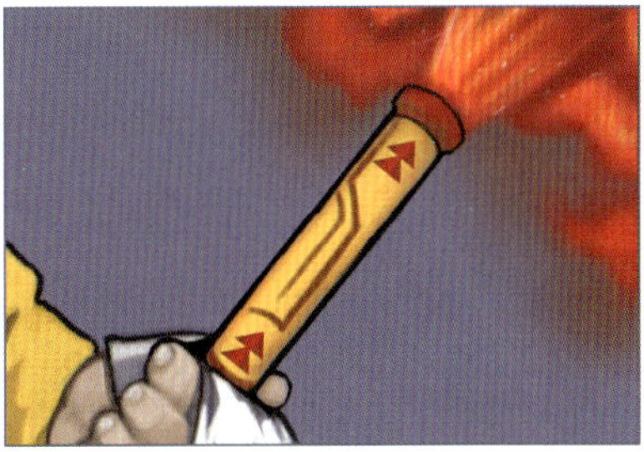

Ancre ou grappin. Pour mouiller, il est préférable que votre bateau recule doucement. Laisser filer le câblot pour que la chaîne ne tombe pas en tas sur l'ancre et stoppez l'erre du bateau au taquet.

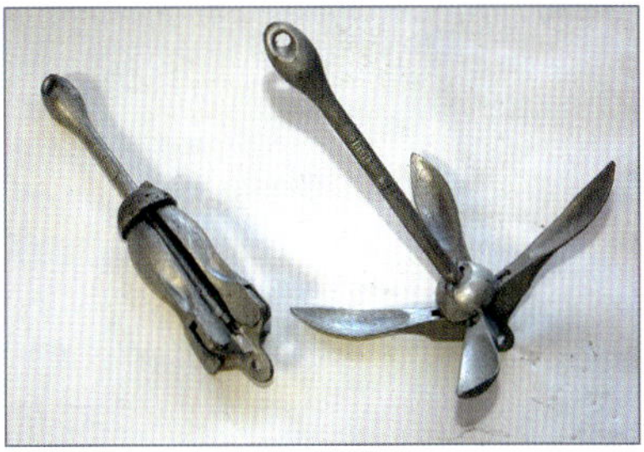

Le dispositif de sécurité (appelé souvent « coupe-circuit ») se compose d'un bracelet au poignet du pilote, qui est relié au moteur ou au tableau de bord par un cordon muni d'un embout qui se décroche en cas d'éjection du pilote et provoque l'arrêt instantané du moteur.

Autres embarcations
Matériel d'armement

Embarcations légères de plaisance

- 1 gilet ou brassière de sauvetage par personne.
- 1 extincteur (norme ISO 9094 -1) si moteur intérieur.
- 1 écope.
- 1 ligne de mouillage.
- 1 paire d'avirons ou 1 pagaie ou 1 godille.
- 1 dispositif de sécurité (coupe-circuit) si moteur supérieur à 6 chevaux.
- 1 chaumard ou 1 taquet, pour remorquage.
- 1 moyen lumineux de repérage.

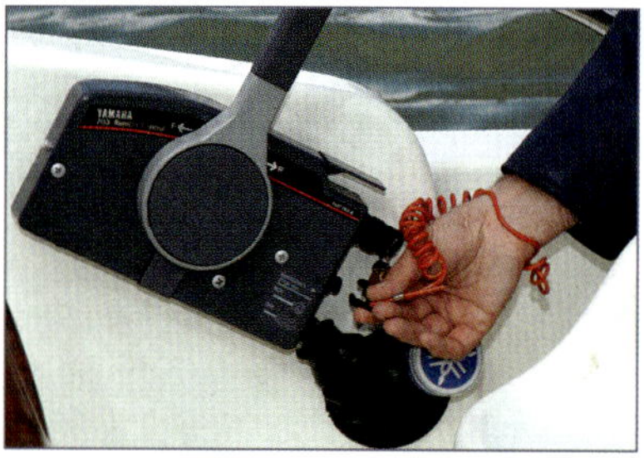

Dispositif de sécurité

En plus, pour une embarcation allant au-delà de 2 milles :

- 3 feux rouges automatiques à main.
- 1 corne de brume.
- 1 compas magnétique conforme à une des normes suivantes : ISO 613 – ISO 10 316 ou ISO 14 227.

Taquet

Anneau de remorquage

Véhicules nautiques à moteur (scooters)

- Système de sécurité en cas d'éjection du pilote.
- 1 brassière de sauvetage par personne.
- 2 feux automatiques à main dans un compartiment étanche.
- 1 anneau et 1 cordage permettant le remorquage.

Homologation et plaque signalétique

L'homologation et le marquage « CE »

L'homologation des séries de navires de plaisance était faite par la Commission Nationale de Sécurité qui tenait compte des caractéristiques techniques du navire pour l'affecter à telle ou telle catégorie de navigation. Ne pas le « bricoler » sans en avertir l'Administration !

Mais depuis le 16 juin 1998, tous les navires neufs mis sur le marché à partir de cette date doivent être marqués « CE » (normes européennes) sous la responsabilité du constructeur. Ils sont donc soumis à un autre système. Ils comportent un numéro de coque (dit numéro HIN), différent pour chaque navire et comprenant 15 caractères dont un tiret.

La plaque signalétique

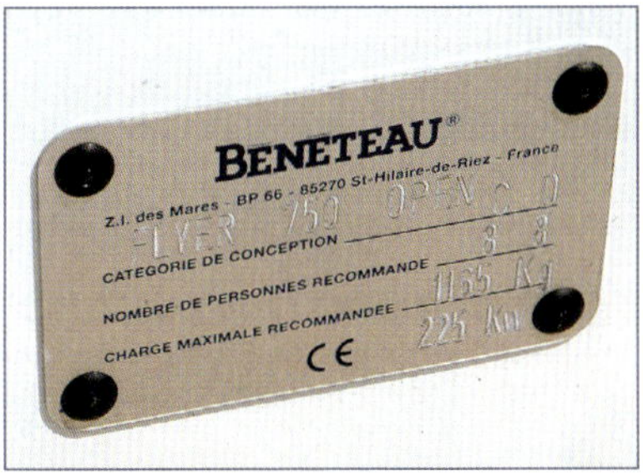

La plaque signalétique que le constructeur ou l'importateur doit apposer à l'intérieur de chaque navire comporte les indications que l'on peut lire sur la photo ci-dessus et qui reprennent certains éléments de la déclaration écrite de conformité.

Les bateaux construits avant 1998 conservent leur plaque signalétique, d'un modèle un peu différent.

L'approbation des navires avant le 1er janvier 2005 sur la base des catégories de navigation avait, entre autres conséquences, celle de préciser sur la plaque signalétique le nombre maximum de personnes pouvant être embarquées par catégorie.

Jusqu'à 6 milles, le plaisancier devra respecter le nombre de passagers fixé antérieurement en 5e catégorie et, au-delà de 6 milles, le nombre indiqué sur la plaque sera une référence pour le chef de bord.

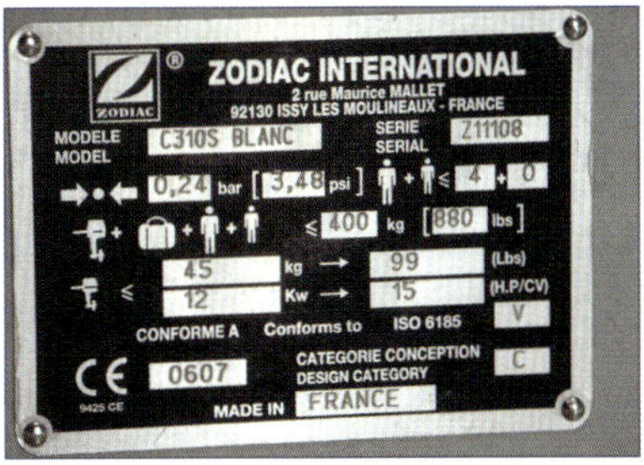

Pièces administratives à posséder a bord d'un navire de plaisance à moteur

■ **Le titre autorisant la conduite du navire :**

- la carte mer ou le permis mer (ou l'ancien permis A, B ou C), selon les caractéristiques du navire et le type de navigation que vous effectuez ;

■ **Le titre de navigation du navire :**

- carte de circulation (de couleur bleue) si la jauge brute du navire est égale ou inférieure à 3 tonneaux ;
- ou le document commun « acte de francisation - titre de navigation » (à couverture orange) si elle est supérieure à 3 tonneaux ;

ce document commun est également exigible (à la place de la carte de circulation) pour les navires de 3 tonneaux et moins qui se rendent à l'étranger par la voie maritime ;

■ **Pour les navires marqués « CE » :**

- manuel du propriétaire, établi par le constructeur ;

■ **Certificat restreint de radiotéléphoniste et licence d'exploitation radio** (si votre navire a la VHF ou la BLU) ;

■ **Contrat de location** (si le navire est loué) **ou attestation du propriétaire** (si le navire est prêté) ;

■ **Permis de navigation** (pour les navires à utilisation collective, dits NUC) ;

■ **Passeport** (pour les étrangers ayant leur résidence principale en France).

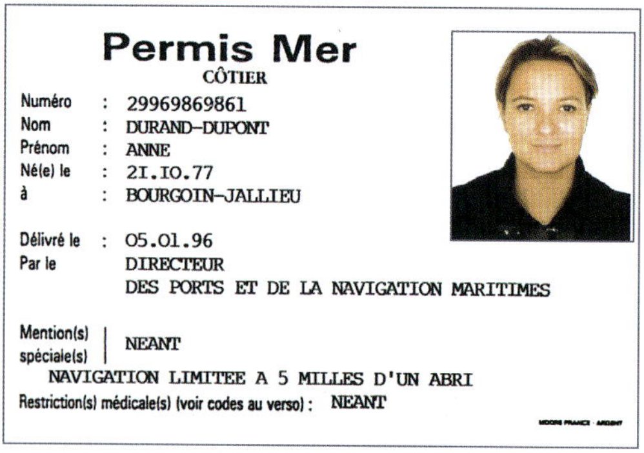
Permis Mer
CÔTIER
Numéro : 29969869861
Nom : DURAND-DUPONT
Prénom : ANNE
Né(e) le : 21.10.77
à : BOURGOIN-JALLIEU
Délivré le : 05.01.96
Par le DIRECTEUR DES PORTS ET DE LA NAVIGATION MARITIMES
Mention(s) spéciale(s) : NEANT
NAVIGATION LIMITEE A 5 MILLES D'UN ABRI
Restriction(s) médicale(s) (voir codes au verso) : NEANT

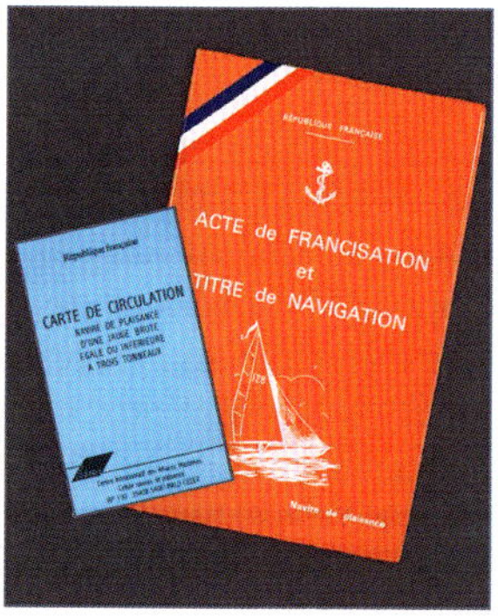

6. Météo

L'arrivée du mauvais temps coïncide, en général, dans l'hémisphère Nord et dans nos latitudes, avec le passage d'une dépression.

L'air continental, d'origine polaire, est froid, sec et dense. Au contraire, l'air chaud et humide d'origine tropicale maritime est moins dense. À la rencontre de ces deux masses d'air, le mélange se fait difficilement. L'air froid lourd s'engage sous la masse d'air chaud et s'enroule en raison du mouvement terrestre. Le front froid ainsi créé provoque la condensation de l'air humide et entraîne des pluies abondantes.

Les perturbations plus ou moins fortes peuvent devenir de véritables ouragans (cyclones).

Un observateur fixe verra se succéder des nuages caractéristiques au passage d'une dépression. C'est le moyen de prévoir à court terme et localement le temps qu'il va faire.

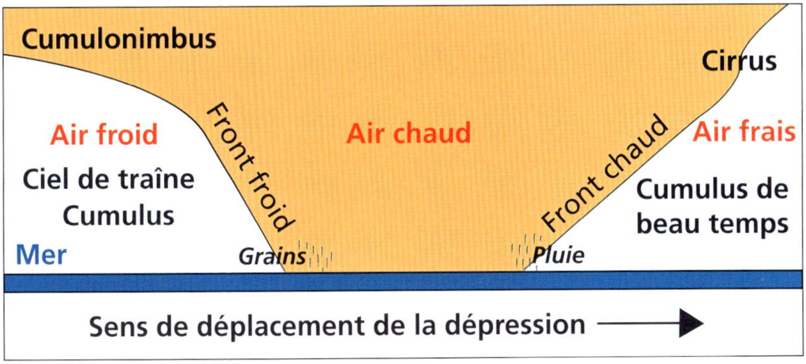

Passage d'une dépression

Tout le monde connaît, grâce notamment aux bulletins météo de la télévision, les anticyclones (abréviation : **A**), synonymes de hautes pressions atmosphériques donc de beau temps stable, et les dépressions (abréviation : **D**), synonymes de basses pressions et donc de mauvais temps, particulièrement redoutable à la mer.

La météo est, par conséquent, d'une importance capitale pour le navigateur qui s'apprête à prendre la mer. Il n'est pas possible de donner, d'une façon exhaustive, les signes annonciateurs de mauvais temps, qui dépendent de la mer fréquentée et des conditions locales.

Citons néanmoins :

■ la chute rapide des pressions (l'unité de mesure est l'hectopascal : hPa) observée sur un baromètre (voir page 120),

■ le vent qui change d'orientation : par exemple, le matin du sud-ouest et le soir du nord-ouest,

■ une visibilité qui s'améliore : on distingue tous les détails sur l'horizon,

■ dans le ciel, l'arrivée et le passage de nuages caractéristiques :

Cirrus - Filaments blancs semblables aux traînées des avions à réaction. Vents très forts en altitude. Beau temps.

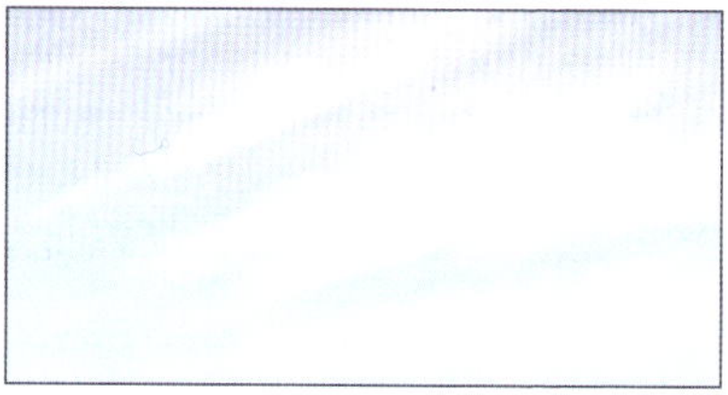

Altostratus - Ciel plombé, nuages bas, le soleil est voilé. Annonce le mauvais temps.

Cumulonimbus - Nuage impressionnant, souvent en forme d'enclume. Il peut créer des tourbillons et des rafales redoutables. Attention en dessous : grêle, tempête et fortes pluies se succèdent.

Cumulus - En forme de choux-fleurs ou de paquets de coton blanc.
Ils suivent la perturbation et caractérisent souvent un ciel de traîne.

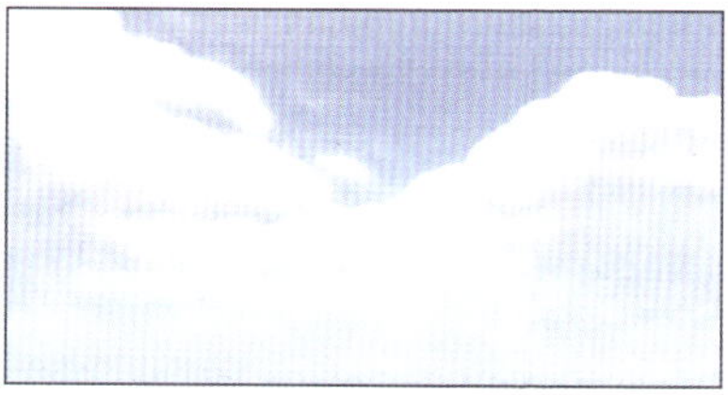

Il y a bien d'autres signes annonciateurs. Mais il importe avant tout de se procurer les prévisions météo où elles sont diffusées (voir page 120).

Signaux météo

Signaux visuels internationaux d'avis de tempête

Le signal de grand frais toute direction s'applique au vent de force 7 Beaufort (de 28 à 33 nœuds).

De jour : une boule noire.

De nuit : 2 feux superposés, blanc au-dessus du vert.

Autres signaux météo

SIGNAUX DE JOUR | **SIGNAUX DE NUIT**

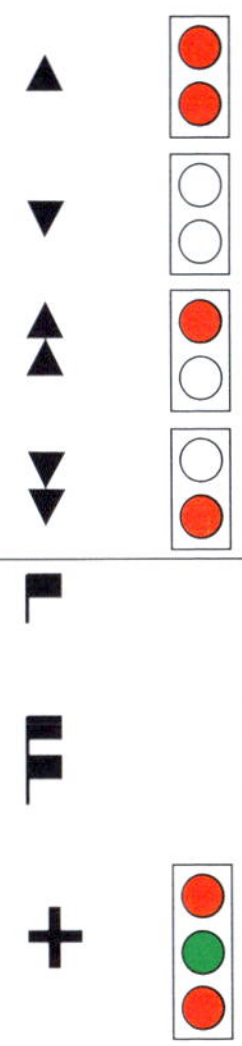

- Coup de vent ou tempête commençant dans le quadrant Nord-Ouest
- Coup de vent ou tempête commençant dans le quadrant Sud-Ouest
- Coup de vent ou tempête commençant dans le quadrant Nord-Est
- Coup de vent ou tempête commençant dans le quadrant Sud-Est
- Saute de vent (changement de direction dans le sens des aiguilles d'une montre).
- Saute de vent (changement de direction dans le sens contraire des aiguilles d'une montre).

Les pavillons peuvent être de toute couleur appropriée.

- Ouragan (ou synonyme local) avec vent de force Beaufort 12 (64 nœuds et plus) dans toutes directions.

Comment mémoriser les 4 signaux du coup de vent ?

Cône pointe en haut : Nord.

Cône pointe en bas : Sud.

1 cône = W = feux 1 couleur.

2 cônes = E = feux de 2 couleurs.

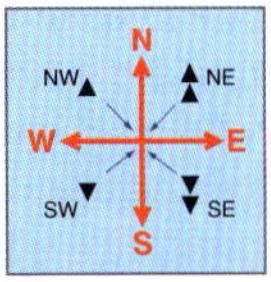

Comment se procurer les prévisions météo

1. Avis de coup de vent

Ils sont affichés dans les bureaux de port, les capitaineries, les Affaires maritimes, les sémaphores.

2. Bulletins météo

Ils sont donnés par les quotidiens locaux ou régionaux et par les radios locales diffusant en FM. Notamment France Inter (toutes zones vers 20 h 03) et France Bleu (vers 6 h 40).

3. Répondeurs téléphoniques

Ils vous donnent les prévisions pour une zone concernée.

Le nouveau numéro court 3250 vous permet d'obtenir les prévisions sur l'ensemble des communes de France métropolitaine.

Le 0 892 68 02 suivi du numéro minéralogique d'un département (exemple : le 0 892 68 02 76 pour la Seine-Maritime) propose :

- un bulletin « rivage », bulletin de prévision à 7 jours pour le littoral du département concerné ;
- ou un bulletin « côte » couvrant une bande côtière large de 20 milles dans la zone couvrant ce département.

Le 0 892 68 02... peut être appelé de toute la France métropolitaine (0,34 € la minute).

4. Minitel et site internet

Pour le minitel, faire 3615 MÉTÉO puis MER (bulletins « large », « côte » et « rivage »). Quant au site internet de Météo France, il est le suivant :
http://www.meteofrance.com/FR/mer/index.jsp

5. Baromètre

Cet instrument peut paraître superflu alors qu'il est si facile de se procurer les prévisions ou d'écouter la météo à la radio. Cependant, le temps peut évoluer plus rapidement que prévu et le baromètre, par la baisse rapide de quelques hectopascals (ou millimètres), indiquer la **tendance** et inciter, sur une petite unité, à se mettre à l'abri sans tarder, à écourter une sortie ou à prendre quelques précautions de nature à limiter les conséquences d'une aggravation des conditions météorologiques. Rappelons que nous sommes en régime dépressionnaire en dessous de 1 013 hPa.

6. VHF

Émetteurs des CROSS (la diffusion du bulletin météo est toujours précédée d'une annonce sur canal 16).
Les avis de grand frais (BMS - côte) sont diffusés toutes les heures à partir de H + 03 sur tous les émetteurs concernés. Comme la diffusion simultanée sur tous les émetteurs est impossible, celle-ci se fait émetteur par émetteur, à suivre.

7. Les marins du coin...

Leur jugement est sûr, en général.

Les zones

Les zones indiquées dans les bulletins radio sont les suivantes (après modifications des zones Manche/Atlantique et leurs nouvelles dénominations, en vigueur depuis le 4 février 2002) :

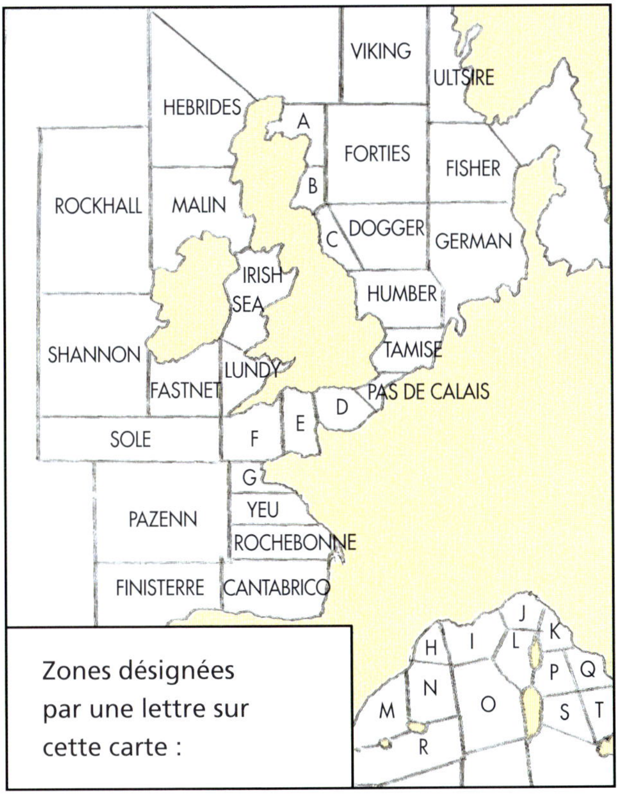

A - CROMARTY
B - FORTH
C - TYNE
D - ANTIFER
E - CASQUETS
F - OUESSANT
G - IROISE
H - LION
I - PROVENCE
J - LIGURE
K - ELBE
L - CORSE
M - BALÉARES
N - MINORQUE
O - SARDAIGNE
P - MADDALENA
Q - CIRCEO
R - CABRERA
S - CARBONARA
T - LIPARI

Échelle Beaufort pour le vent

	Termes descriptifs	Vitesse moyenne*		Aspect de la mer
		en nœuds	en km/h	
0	Calme	< 1	< 1	Comme un miroir
1	Très légère brise	1 - 3	1 - 5	Quelques rides
2	Légère brise	4 - 6	6 - 11	Vaguelettes ne déferlant pas
3	Petite brise	7 - 10	12 - 19	Les moutons apparaissent
4	Jolie brise	11 - 16	20 - 28	Petites vagues, nombreux moutons
5	Bonne brise	17 - 21	29 - 38	Vagues modérées, moutons, embruns
6	Vent frais	22 - 27	39 - 49	Lames, crêtes d'écume blanche, embruns
7	Grand frais	28 - 33	50 - 61	Lames déferlantes, traînées d'écume
8	Coup de vent	34 - 40	62 - 74	Tourbillons d'écume à la crête des lames, traînées d'écume
9	Fort coup de vent	41 - 47	75 - 88	Lames déferlantes, grosses à énormes, visibilité réduite par les embruns
10	Tempête	48 - 55	89 - 102	Lames déferlantes, grosses à énormes, visibilité réduite par les embruns
11	Violente tempête	56 - 63	103 - 117	Lames déferlantes, grosses à énormes, visibilité réduite par les embruns
12	Ouragan	≥ 64	≥ 118	Lames déferlantes, grosses à énormes, visibilité réduite par les embruns

** Les vitesses se rapportent au vent moyen et non aux rafales.*

État de la mer

Code	Termes descriptifs	Hauteur des vagues (en mètres)
0	CALME (sans rides)	0
1	CALME (ridée)	0 à 0,1
2	BELLE (vaguelettes)	0,1 à 0,5
3	PEU AGITÉE	0,5 à 1,25
4	AGITÉE	1,25 à 2,5
5	FORTE	2,5 à 4
6	TRÈS FORTE	4 à 6
7	GROSSE	6 à 9
8	TRÈS GROSSE	9 à 14
9	ÉNORME	dépassant 14

HOULE
- petite < 2 m
- modérée 2 à 4 m
- grande > 4 m

Lecture des cartes météo

Il est important de savoir déchiffrer une carte météo telle qu'elle est affichée parfois ou publiée par les organes de presse ou diffusée (sous une forme variable) à la télévision. Elle procure des renseignements très précieux sur l'évolution de la situation.

Une précision, tout d'abord, sur le sens général du vent.

■ Sens général du vent dans l'hémisphère Nord

Il est donné par la loi de Buys Ballot qui énonce que les vents tournent autour d'une dépression dans le sens inverse des aiguilles d'une montre. La direction du vent tend à rentrer dans la dépression. La pression diminue à mesure qu'on se rapproche du centre.

Inversement, autour d'un anticyclone, les vents tournent dans le sens des aiguilles d'une montre. La direction du vent tend à s'écarter du centre de l'anticyclone et la pression augmente en allant de l'extérieur vers le centre de l'anticyclone.

Lorsque l'on fait face au vent, on a la dépression à droite et l'anticyclone à gauche.

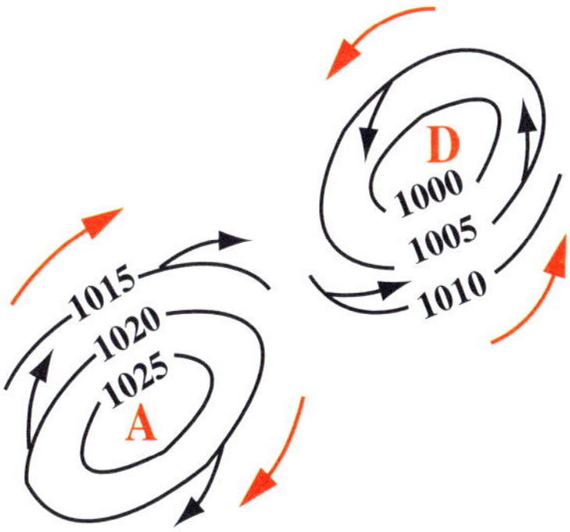

■ Quelques symboles météo

Sens du déplacement..............................

Front chaud..

Front froid..

Vitesse du vent....................................

Direction et vitesse...............................

Brume (visibilité comprise entre 1000 et 5000 m)...

Brouillard (visibilité < 1000 m).......................

Neige...

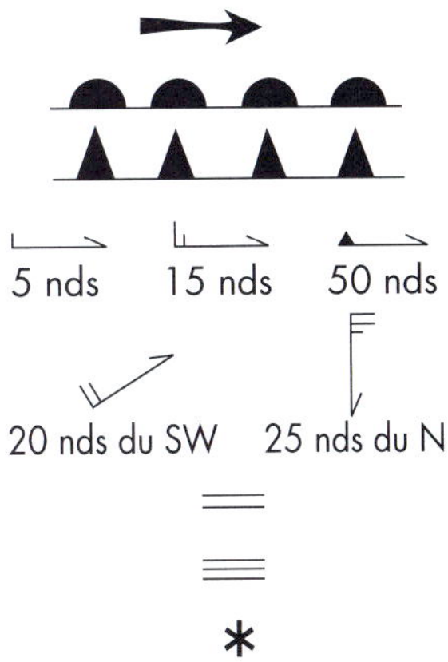

Exemple de lecture de la carte météo

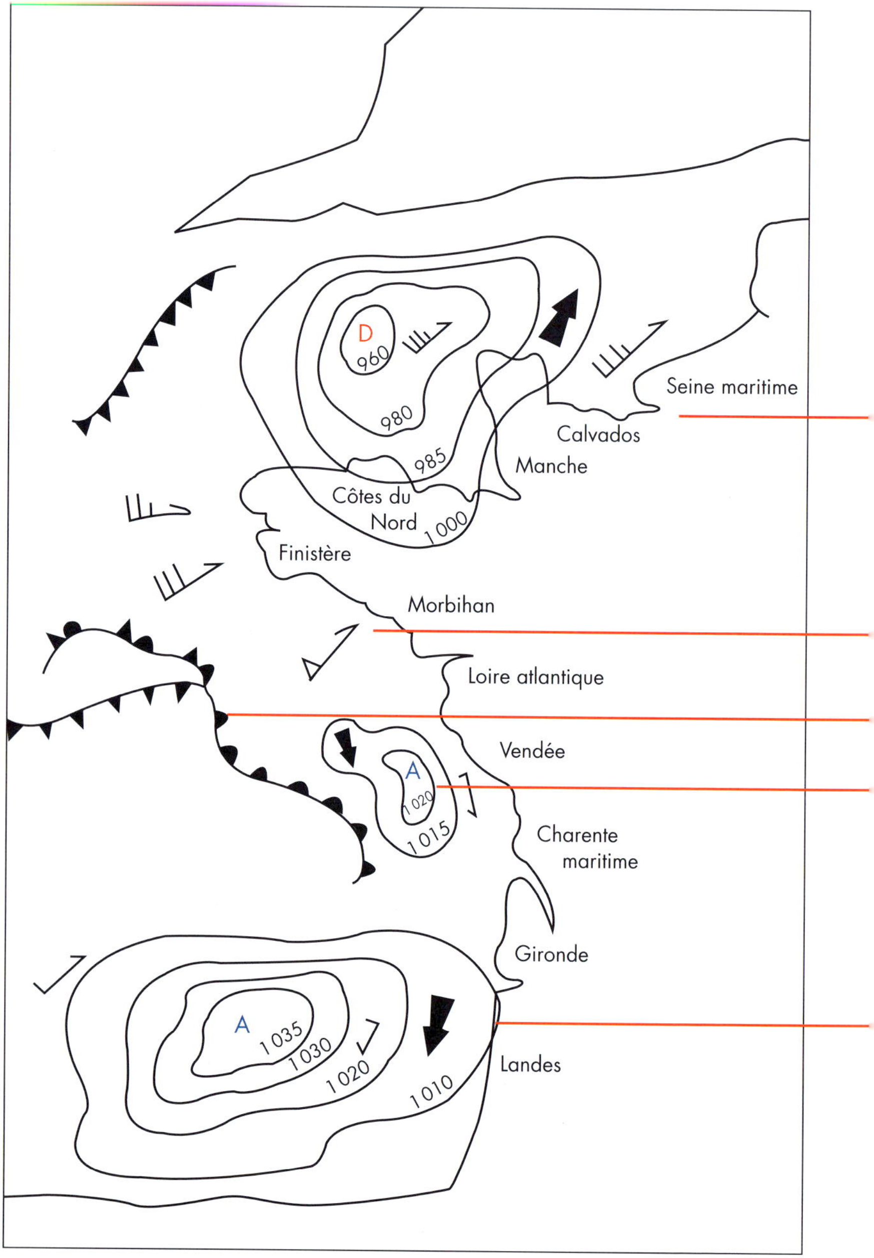

→ Un régime dépressionnaire s'étend des côtes du Nord à la Seine-Maritime. La dépression varie de 960 hPa à 1 000 hPa. Elle se déplace vers le Nord. Le vent atteint 35 nds.

Un front froid se situe au Nord-Ouest de la pointe de Bretagne.

Des vents de 25 à 30 nds frappent le Finistère.

Nous sommes dans des conditions dégradées.

→ Un vent de 50 nds souffle sur le Morbihan.

→ Un front occlus se tient au large des côtes Atlantiques.

→ Un anticyclone est situé au large de la Vendée.

Il se dirige vers le Sud, accompagné d'un vent de 5 nds soufflant vers le Sud. La pression varie de 1 020 à 1 015 hPa.

→ Au large des Landes, un bel anticyclone est constitué. Il se dirige vers le Sud. Sa pression varie de 1 035 à 1 010 hPa. Le vent n'excède pas 5 nds. Les conditions sont favorables pour un départ de l'estuaire de la Gironde en direction du Sud - Sud-Ouest.

7. Environnement et protection de la mer, pêche de loisir

La mer devient de plus en plus une poubelle et les côtes de France offrent souvent un aspect affligeant. Les navigateurs - et au premier chef les plaisanciers - sont directement intéressés dans cette protection de la mer et de l'environnement.

Ne rien jeter à la mer

Parmi les objets sans nombre atterrissant sur nos rivages figurent d'abord les bouteilles en plastique ayant contenu des matières consommables (eau, vin, huile, etc.) mais aussi des produits industriels ou d'entretien (huiles moteur, essences, javel et lessives, etc.). Ajoutons-y les papiers, les sacs en plastique, les débris et déchets imputrescibles. Des récipients en verre, telles les canettes de bière, les bouteilles de vin ou d'alcool jonchent surtout le fond de la mer, des rades et des zones de mouillage et corps morts ainsi que les postes d'amarrage, quais, pontons. C'est le triste spectacle que chacun peut contempler.

Les riverains (baigneurs, etc.) ont peut-être une petite part de responsabilité mais la majorité de ces déchets provient des bateaux, qu'ils soient de commerce ou de plaisance.

Chez les plaisanciers une prise de conscience s'impose. Les candidats au permis côtier risquent d'être interrogés, à l'examen, sur la protection du milieu marin.

Sachez donc que vous ne devez rien jeter à la mer, et notamment :

- les emballages imputrescibles de vos produits consommables, en les mettant dans des sacs en plastique que vous déposerez à votre retour au port. Dans chaque port, il existe des poubelles ;
- les huiles usées qui doivent être, elles aussi, déposées au port dans les bacs prévus à cet effet (photo ci-dessous) ;
- les produits chimiques (décapants, etc.) ;
- les batteries ;
- les filets et palangres, usagés ou non, imputrescibles eux aussi et qui viendront se prendre dans les hélices des navires ;
- et, d'une manière générale, toutes les matières dont la durée de vie est excessivement longue.

Bac de récupération d'huiles usées dans un port de plaisance.

Règles relatives à l'évacuation des ordures en mer dans les zones spéciales (mer du Nord, Manche, Méditerranée)

Matières plastiques dont cordages et filets de pêche synthétiques et sacs à ordures en matière plastique.	**Evacuation interdite**
Fardage et matériaux de revêtement et d'emballage flottant.	**Evacuation interdite**
Papiers, chiffons, verres, métaux, bouteilles, vaisselle et rebuts de même nature.	**Evacuation interdite**
Toutes autres ordures broyées ou concassées.	**Evacuation interdite**
Déchets alimentaires non broyés ou concassés.	**Plus de 12 milles**
Déchets alimentaires broyés ou concassés.	**Plus de 12 milles**
Mélange de plusieurs types d'ordures.	**Prendre les dispositions les plus rigoureuses des types d'ordures du mélange**

Le milieu marin - La posidonie

La mer est un milieu fragile. Il s'agit de respecter la végétation et la vie des micro-organismes, des coquillages, des alevins et de tout ce qui est indispensable aux poissons, aux crustacés et aux produits de la mer en général. Ne rien faire qui puisse nuire à la flore et à la faune sous-marine.

En conséquence :

- ne pas mouiller n'importe où, là où la nature des lignes de mouillage, le raguage des fonds par les chaînes et l'évitage des navires peuvent démolir l'environnement.

C'est vrai par exemple en Méditerranée où la posidonie (cet herbier qui fait vivre la mer) se raréfie dangereusement.

C'est en Méditerranée aussi que se propage la *Caulerpa taxifolia*, une algue tueuse. On estime qu'elle s'est propagée essentiellement par les chaînes d'ancre, après un mouillage. En conséquence, il est souhaitable de rincer les lignes de mouillage après les avoir remontées.

- Utiliser des antifoulings non toxiques, à base de silicone ou de polymères ne contenant pas d'étain.
- Respecter les espaces de protection de la vie sous-marine et la réglementation de la chasse sous-marine.
- Noter que les rejets d'hydrocarbures et produits de même nature sont passibles de sanctions (mais qu'on ne pourra, hélas, empêcher que des mammifères marins, des tortues par exemple, meurent d'avoir ingéré les autres produits).
- Alerter immédiatement les autorités maritimes (le CROSS en l'occurrence) de la découverte de toute zone polluée.

Chacun devrait comprendre qu'en faisant un léger effort on limiterait une pollution suicidaire pour l'avenir de nos fonds marins.

L'éventualité d'exiger un broyeur sur les gros navires de plaisance pourrait être également envisagée.

Pratique de la pêche de loisir

Au sens de la réglementation, est considérée comme pêche maritime de loisir la pêche dont le produit est destiné à la consommation exclusive du pêcheur et de sa famille. Ce produit ne peut en aucun cas être vendu.

La pêche de loisir est soumise aux mêmes dispositions que celles applicables aux pêcheurs professionnels en ce qui concerne la taille minimale des captures autorisées, les caractéristiques et les conditions d'emploi des engins de pêche utilisés. Le plaisancier pratiquant la pêche de loisir doit de plus respecter les arrêtés de pêche, les zones et les périodes réglementées.

Pratique de la pêche sous-marine

L'exercice de la pêche sous-marine est interdit aux personnes âgées de moins de 16 ans. L'exercice de la pêche sous-marine est soumis à une déclaration annuelle auprès des services concernés des Affaires maritimes exceptée pour les titulaires d'une licence délivrée par une fédération sportive agréée.

L'usage pour la pêche sous-marine de loisir de tout équipement respiratoire autonome ou non permettant à une personne immergée de respirer sans revenir à la surface est interdit. La détention simultanée à bord d'une embarcation d'un appareil respiratoire et d'un appareil spécial pour la pêche sous-marine est interdite.

Les engins de pêche sous-marine dont la force propulsive est due à la détonation d'un mélange chimique ou à la détente d'un gaz comprimé sont interdits sauf si la compression de ce dernier est obtenue par un mécanisme manœuvré par l'utilisateur.

Toute personne pratiquant la pêche sous-marine doit signaler sa présence par une bouée appropriée permettant de repérer sa position.

Il est interdit aux pêcheurs sous-marins :

- d'exercer entre le coucher et le lever du soleil,
- de s'approcher à moins de 150 mètres des autres embarcations ou des engins de pêche signalés par un balisage apparent,
- de capturer des animaux pris dans des engins de pêche placés par d'autres pêcheurs,
- de faire usage d'un foyer lumineux,
- de tenir chargé hors de l'eau un appareil spécial,

- d'utiliser un appareil spécial pour la capture des crustacés.

Suite du programme du permis p.134

PRÉPARATION RAPIDE À L'ÉPREUVE THÉORIQUE

RÉVISION D'AVANT-EXAMEN

mémento

Balisage

Les marques latérales
(pages 9 à 12 du code)

Les marques latérales indiquent les côtés bâbord et tribord de la route à suivre. Il en est ainsi dans un chenal.

Elles sont définies selon **le sens conventionnel :** en venant du large et en rentrant au port.

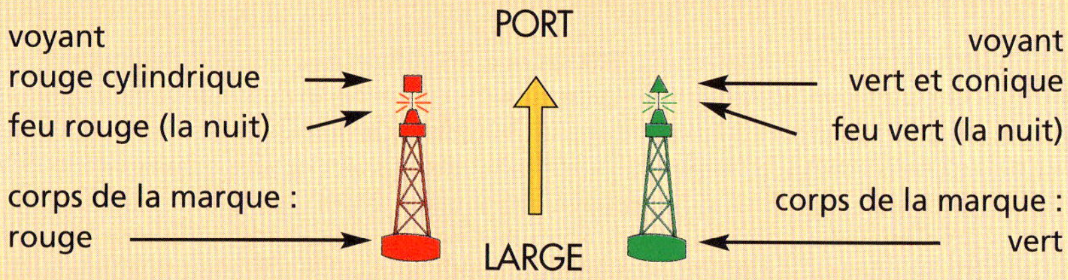

■ Formule mnémotechnique :
BAS SI ROUGE et TRI COT VERT
(BAbord - CYlindre - ROUGE et TRIbord - CÔne - VERT)

Les feux des marques latérales ordinaires sont à un rythme quelconque (sauf 2 éclats groupés suivis d'un éclat isolé).

Les marques de chenal préféré qui sont aussi des marques latérales sont utilisées lorsque le chenal se divise en 2 chenaux. Elles indiquent le chenal à emprunter de préférence.

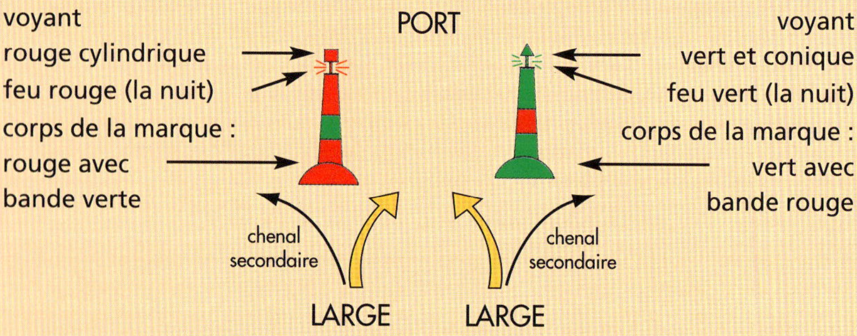

Les feux des marques de chenal préféré sont au rythme de 2 + 1, c'est-à-dire 2 éclats groupés suivis d'un éclat isolé.

EN RÉSUMÉ :
En entrant au port (sens conventionnel), on laisse :
- à bâbord, une marque rouge et cylindrique - ou un feu rouge;
- à tribord, une marque verte et conique - ou un feu vert.

En sortant du port, inversement on laissera :
- à bâbord, une marque verte et conique - ou un feu vert;
- à tribord, une marque rouge et cylindrique - ou un feu rouge.

Les marques d'eaux saines
(page 13 du code)

Elles indiquent que les eaux sont sans danger (saines) tout autour d'elles.

voyant : sphère rouge

corps de la marque : bandes verticales rouges et blanches

feu blanc :
- isophase

ex. : 

- ou à occultations
- ou à 1 éclat long

toutes les 10 secondes

Les marques spéciales
(page 14 du code)

Elles indiquent :
- présence de câble ou d'oléoduc;
- orifice d'égout ou de canalisation;
- zone réservée (plaisance, aéroglisseur, pilotes, etc.);
- séparation de trafic;
- zone d'exercices militaires, etc.

voyant : X jaune

corps de la marque : jaune

feu jaune, au rythme quelconque (sauf les rythmes utilisés pour les feux blancs)

ex. : 

Les marques spéciales mises occasionnellement n'ont pas de voyant.

Les marques de danger isolé
(page 15 du code)

Ces marques sont érigées sur un danger isolé au milieu d'eaux saines. S'en écarter.

voyant : 2 sphères noires superposées

corps de la marque : noir avec bandes horizontales rouges

feu blanc, à 2 éclats groupés

ex. : 

Les marques cardinales
(pages 16 à 20 du code)

Les marques cardinales indiquent la route à suivre pour éviter un danger, en se basant sur un des 4 points cardinaux. Il convient de passer dans le quadrant dont la marque porte le nom. Exemple : passer au Nord d'une cardinale Nord.

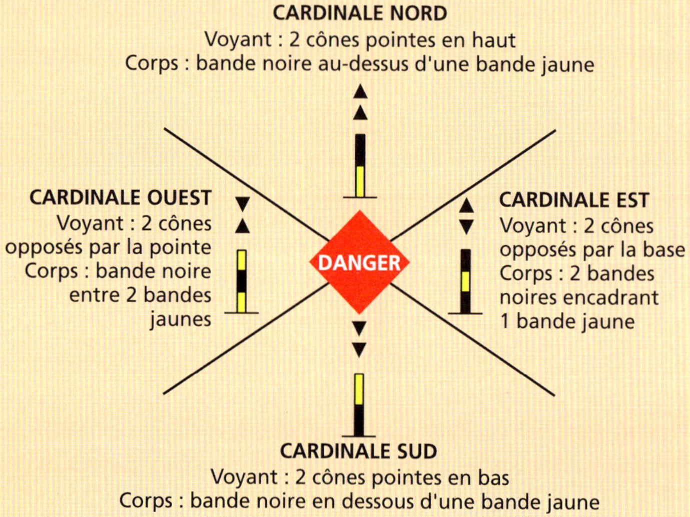

■ Les cônes des voyants sont noirs. La direction de leurs pointes suggère la position du noir sur le corps de la marque. Exemple d'une cardinale Est : le noir est rejeté de part et d'autre du jaune.

Les feux des marques cardinales sont blancs et scintillants.

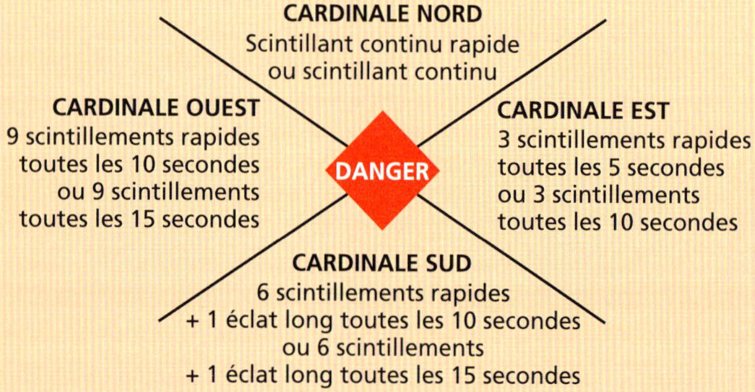

■ Associez le nombre de scintillements à l'idée d'un cadran d'horloge :

- **Est :** 3 scintillements comme 3 heures;
- **Sud :** 6 scintillements (puis 1 éclat long) comme 6 heures;
- **Ouest :** 9 scintillements comme 9 heures.

Danger nouveau (page 21 du code)

Un « danger nouveau » est une obstruction découverte récemment (épave, banc de sable, etc.), qui n'est pas encore portée sur les cartes marines.

On le balise par une marque latérale ou cardinale. Si le danger est grave, on mouille deux marques identiques.

Feu scintillant rapide ou scintillant, correspondant au type de la ou des marques, latérales ou cardinales.

Balisage des plages et des 300 mètres (pages 24 à 26 du code)

- Limite de la bande des 300 mètres (où la vitesse est limitée à 5 nœuds) : bouées sphériques jaunes espacées.
- Limite de zone de baignade : collier de bouées sphériques jaunes serrées.
- Chenaux traversiers : bouées cylindriques et coniques jaunes, celles d'entrée du chenal étant plus grosses.
- Pictogrammes. En bleu : autorisation.

Blanc et rouge : interdiction.

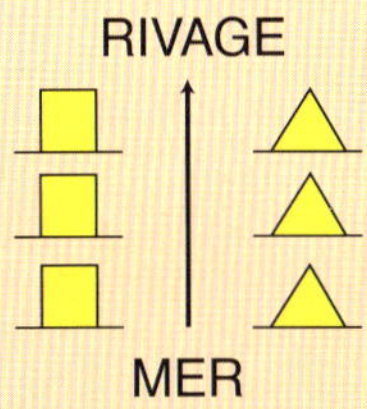

Bâtiments motorisés — *Planche à voile* — *Ski nautique* — *Scooters des mers*

(Voir les autres pictogrammes, page 26 du code).

Signaux

Signaux sonores de manœuvre (page 33 du code)

● Je viens sur tribord (sur la droite).

● ● Je viens sur bâbord (sur la gauche).

● ● ● Je bats en arrière.

Signaux sonores d'avertissement (pages 34 et 35 du code)

● ● ● ● ● (au moins) Attention ! Je suis privilégié

▬ Attention ! (à l'approche d'un coude sans visibilité)

▬ ▬ ● Je compte vous rattraper sur votre tribord

▬ ▬ ● ● Je compte vous rattraper sur votre bâbord

▬ ● ▬ ● Accord du rattrapé.

Signaux sonores par visibilité réduite (brume) (pages 36 à 38 du code)

▬ Toutes les 2 minutes. Navires à moteur avec erre

▬ ▬ Toutes les 2 minutes. Navires à moteur faisant route mais stoppé et sans erre.

▬ ● ● Toutes les 2 minutes. Navire privilégié.

▬ ● ● Toutes les 2 minutes. Remorqueur.

▬ ● ● ● Toutes les 2 minutes. Navire remorqué.

🔔 ∿∿∿ Toutes les minutes. Navire mouillé (+ coup de gong si plus de 100 mètres).

● ▬ ● Navire mouillé (en plus et à la suite de la cloche).

🔔 🔔 🔔 + 🔔 ∿∿∿ + 🔔 🔔 🔔 Toutes les minutes.
Navire échoué (3 coups de cloche séparés + sonnerie de cloche + 3 coups de cloche séparés).

● ● ● ● Navire pilote attirant l'attention d'un navire.

Signaux de détresse

(pages 40 à 43 du code)

- Feu automatique à main.
- Fusée à parachute.
- Fumigène orange.
- Mouvements lents et répétés de haut en bas des bras étendus de chaque côté du corps.
- Son continu d'une sirène, d'une corne de brume, etc.
- Signal NC du code international des signaux :

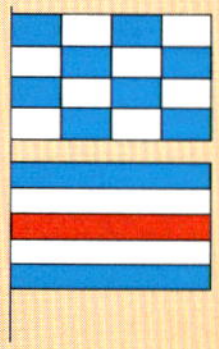

- Signal « MAYDAY » (3 fois) en radiotéléphonie.
- S.O.S en morse.
- Appels par miroir de signalisation.
- Pavillon carré de couleur indifférente au-dessus ou en-dessous d'une boule.

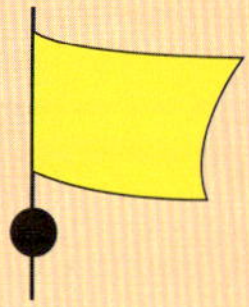

Signaux portuaires (pages 44 à 48 du code)

Sauf le signal de danger grave, tous ces feux sont fixes ou à occultations lentes.

Danger grave (feux à éclats) — Autorisation de passer — Interdiction de passer — Passage à double sens

Attendre instructions

(Feu jaune **à gauche** des 3 feux) : les navires naviguant hors du chenal peuvent passer.

(Feux blancs ou jaunes **à droite** des 3 feux) : informations complémentaires.

Signaux météo (pages 124 et 125 du code)

Signal de grand frais toute direction (vent de force 7 Beaufort). Il faut rentrer au port.

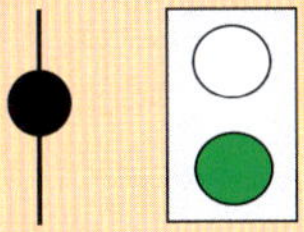

(Jour) (Nuit)

Coups de vent et tempête

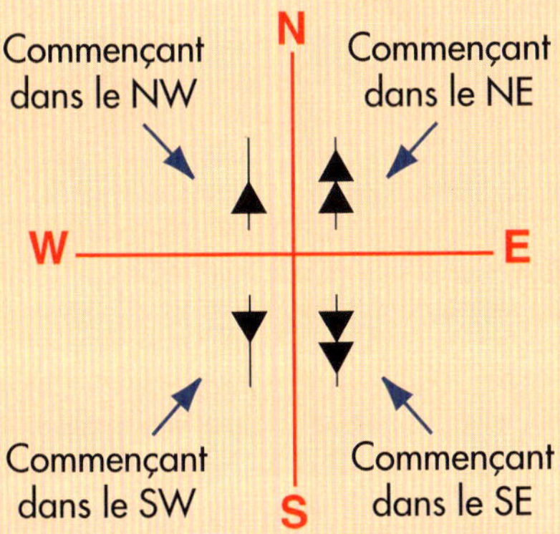

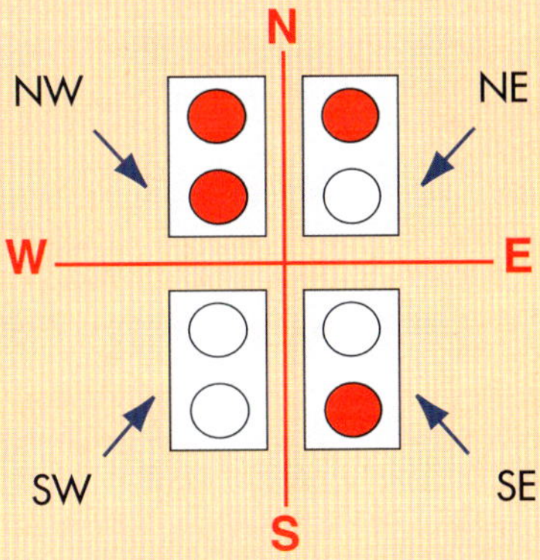

- Cône pointe en haut = Nord.
- Cône pointe en bas = Sud.
- 1 seul cône = Ouest = feux d'une seule couleur.
- 2 Cônes = Est = feux composés de 2 couleurs.

Règles de barre et de route

Risque d'abordage (page 52 du code)

Il y a risque d'abordage si le relèvement au compas (ou bien le gisement) d'un navire qui s'approche ne change pas d'une manière appréciable.

Relèvement : angle formé par la direction du Nord avec la direction du navire qui s'approche.

Gisement : angle formé par l'axe longitudinal du navire avec la direction du navire qui s'approche.

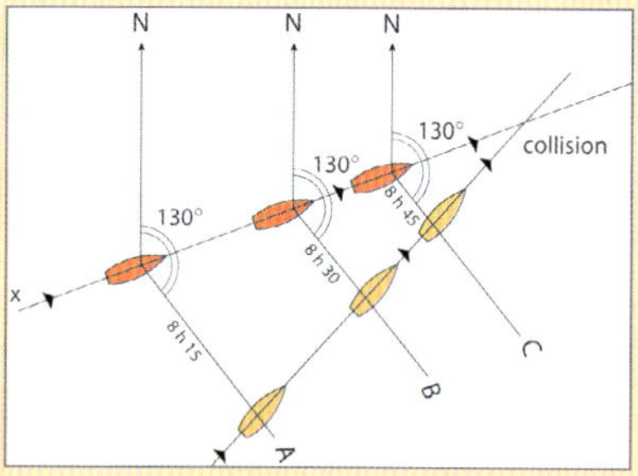

Relèvement constant

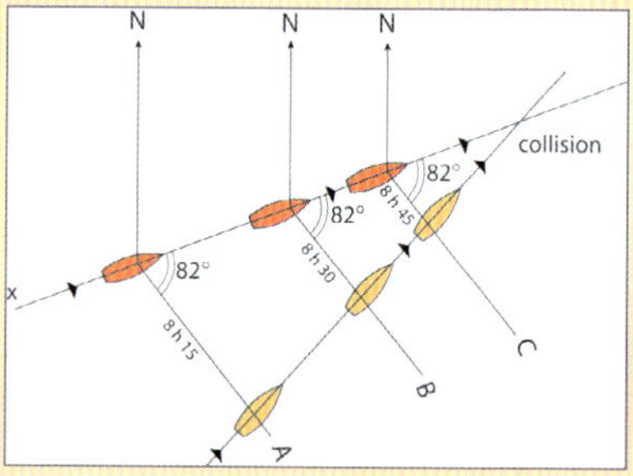

Gisement constant

Rencontre de deux navires à moteur (page 54 du code)

Si les deux navires font des routes directement opposées, chacun vient sur tribord pour se croiser bâbord sur bâbord.

Si les deux routes se croisent, le navire A qui voit le navire B sur tribord doit s'écarter de la route de B, si possible, passer derrière lui.

Le navire B ne change rien à sa route. S'il a des doutes sur les intentions de A, il émet une série de 5 sons brefs au moins.

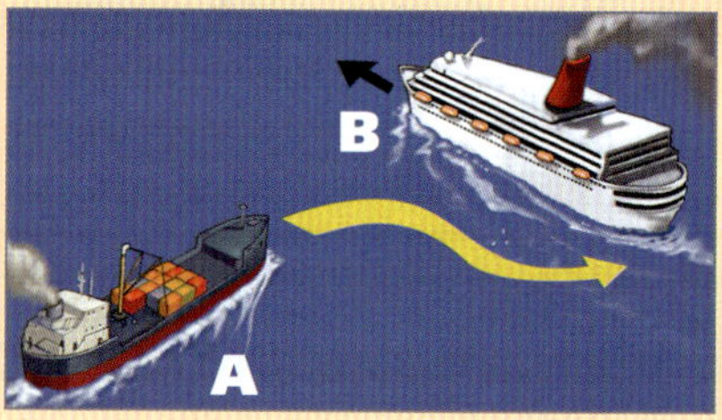

Navire qui en rattrape un autre

(pages 56 et 57 du code)

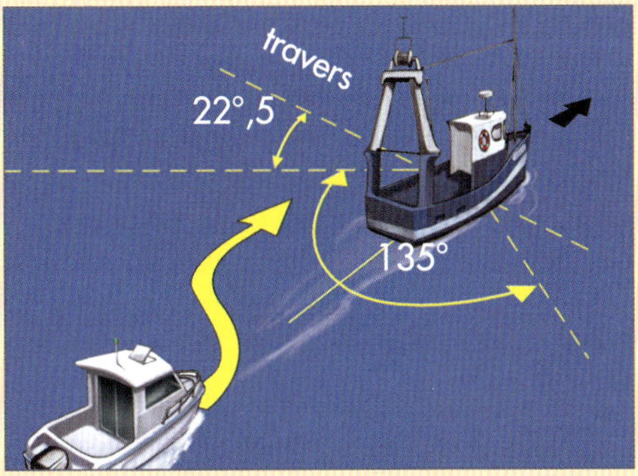

Est considéré comme rattrapant tout navire qui se rapproche d'un autre en venant d'une direction de plus de 22,5 degrés sur l'arrière du travers de ce dernier. Autrement dit, tant qu'il n'apercevrait pas, de nuit, un de ses feux de côté.

C'est le rattrapant qui doit manœuvrer.

Le navire ci-dessus est rattrapant en A, il l'est encore en B. C'est lui qui manœuvre. Le navire rattrapé ne change rien à sa route.

Mais, même après avoir franchi la position B, puis dépassé l'autre navire, le rattrapant reste soumis à l'obligation de s'écarter tant qu'il ne l'aura pas suffisamment distancé.

Navigation dans les chenaux étroits (pages 64 et 65 du code)

Dans un chenal étroit, une voie d'accès, naviguer aussi près que possible de la limite extérieure droite du chenal.

Les navires de moins de 20 mètres et les voiliers ne doivent pas gêner les navires qui ne peuvent naviguer en toute sécurité qu'à l'intérieur du chenal.

Pour un dépassement dans un chenal étroit, utiliser s'il le faut, les 3 derniers signaux sonores de la page V de ce mémento ou, mieux encore, ceux détaillés à la page 34 du code.

■ Ne pas confondre :
- un chenal étroit (ou une voie d'accès) où les plaisanciers ne doivent pas gêner les navires ;
- et le large où le navire qui rattrape doit s'écarter.

■ Un voilier rattrapant un navire à moteur doit, lui aussi, s'écarter (page 56 du code).

■ Un navire qui « fait route » n'est ni à l'ancre, ni amarré à terre, ni échoué. Il peut être stoppé et sans erre...

Rencontre navire à moteur/voilier
(page 63 du code)

Si le voilier est propulsé uniquement par ses voiles (la nuit, il ne montre pas de feu blanc en mâture), le navire à moteur doit s'écarter de sa route, que le voilier soit vu par bâbord ou par tribord. Planche à voile assimilée au voilier.

Si le voilier est propulsé par ses voiles et son moteur (de jour, il montre un cône pointe en bas et, de nuit, un feu blanc en mâture), il est assimilé à un navire à moteur et, dans ce cas, c'est la priorité au bateau tribord-amures qui joue (voir page VIII de ce mémento et page 54 du code).

Rencontre navire à moteur/navire privilégié

Certains navires sont handicapés par une perte de leur capacité de manœuvre due à leurs caractéristiques, à des incidents ou à la nature de leurs travaux. Ils sont dits « privilégiés » et un navire à moteur doit s'écarter de leur route, qu'ils soient vus par bâbord ou tribord.

Mais cette règle n'est pas valable lors d'un dépassement.

Hiérarchie des navires privilégiés
(pages 59 à 62 du code)

Une hiérarchie réside entre navires privilégiés, certains étant eux-mêmes privilégiés par rapport à d'autres. En voici la liste, du plus privilégié au moins privilégié.

1. Navire non maître de sa manœuvre.

2. Navire à capacité de manœuvre restreinte.

(Les navires 3, 4 et 5 ci-après doivent éviter de gêner un navire handicapé par son tirant d'eau).

3. Navire en action de pêche.

4. Voilier (marchant uniquement à la voile).

5. Navire à moteur, non compris dans les cas 1 à 3.

Exemples :

- un navire en action de pêche doit s'écarter de la route d'un navire à capacité de manœuvre restreinte ;
- un voilier doit s'écarter de la route d'un navire en action de pêche.

Feux et marques des navires

Feux d'un navire à moteur en route (page 70 du code)

Feu de tête de mât Avant
Couleur : blanc
Secteur : 225°

Feu de côté bâbord
Couleur : rouge
Secteur : 112,5°

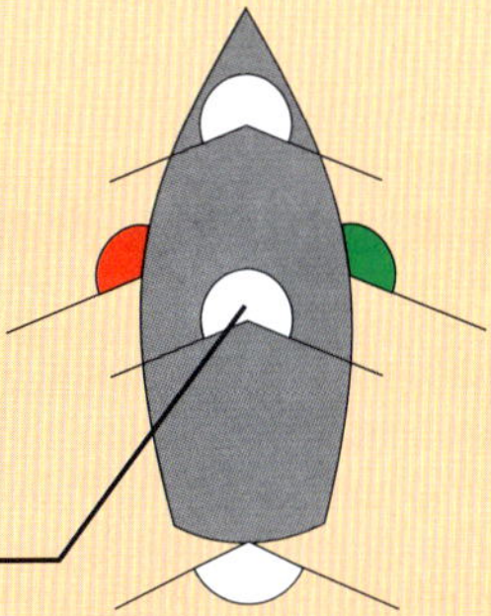

Feu de côté tribord
Couleur : vert
Secteur : 112,5°

Feu de tête de mât Arrière
Couleur : blanc
Secteur : 225°

Feu de poupe
Couleur : blanc
Secteur : 135°

Les portées de ces feux sont variables (de 6 milles à 1 mille), selon leur nature et la longueur du navire.
Un navire de moins de 50 mètres peut ne montrer qu'un seul feu de tête de mât.

Autres feux admis

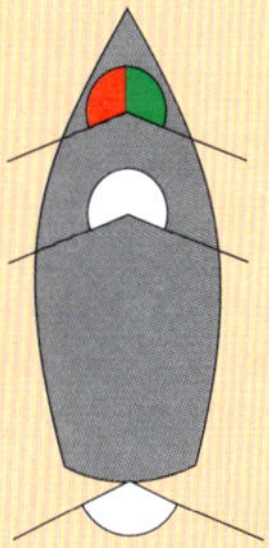

Moins de 20 mètres : feux de côté dans un fanal unique.

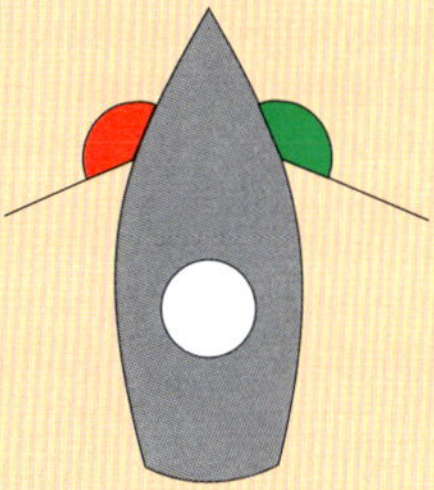

Moins de 12 mètres : feu blanc visible sur tout l'horizon (= feu de tête de mât + feu de poupe).

Moins de 7 mètres et moins de 7 nœuds : feu blanc visible sur tout l'horizon.

Feux d'un voilier (page 74 du code)

marchant uniquement à la voile.

Pas de feu de tête de mât.

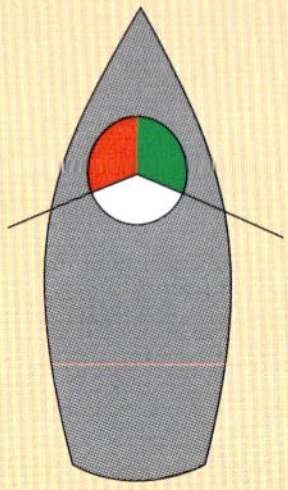

Moins de 20 mètres : possibilité des 3 feux dans un même fanal.

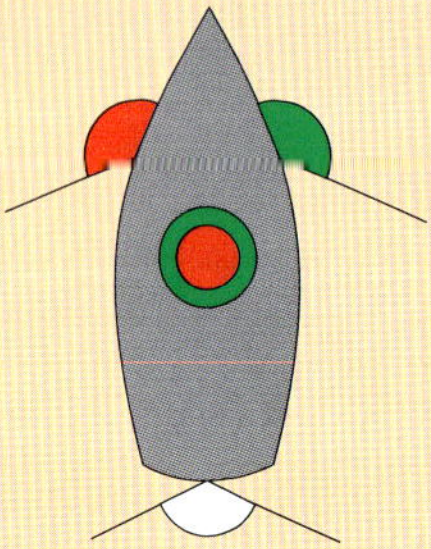

- Feux rouge sur vert superposés (360°).
- Feux de côté.
- Feu de poupe.

Les secteurs sont les mêmes que ceux des navires à moteur.

Feux d'un navire à l'aviron et d'un voilier de moins de 7 mètres (page 74 du code)

Feux de côté et de poupe mais possibilité de ne montrer qu'un feu blanc (lampe électrique ou fanal).
Feux et marques des navires privilégiés
(les marques de jour sont noires).

Feux et marques des navires privilégiés

JOUR	NUIT

Navire mouillé (page 89 du code)

1 boule

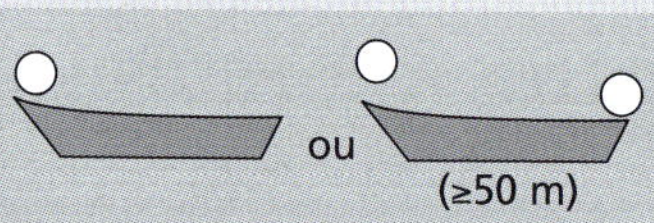

Navire non maître de sa manœuvre (page 87 du code)

2 boules

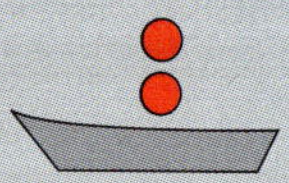

Navire échoué (page 90 du code)

3 boules

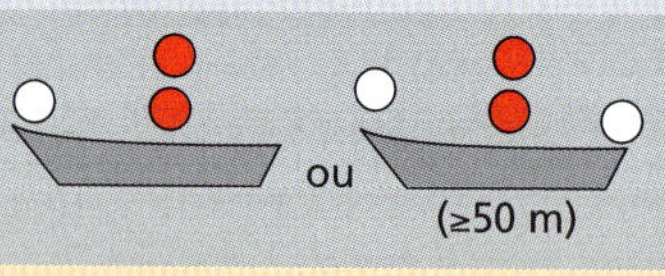

JOUR	NUIT

Remorqueur (page 75 du code)

JOUR	NUIT
Bicône (si remorque de plus de 200 mètres)	2 feux de tête de mât (225°) ou 3 feux de tête de mât (225°) si remorque + de 200 mètres Feu de poupe : jaune sur blanc (135°)

Remorqué (page 75 du code)

JOUR	NUIT
Bicône (si remorque de plus de 200 mètres)	

Navire de pêche (pages 79 à 82 du code)

JOUR	NUIT
2 cônes opposés par la pointe	Chalutier Autre que chalutier
Cône pointe en haut si engin + 150 mètres	Feu du côté de l'engin de + 150 mètres

Navire à capacité de manœuvre restreinte (pages 83 à 86 du code)

JOUR	NUIT
Boule, bicône, boule	
En plus, si obstruction :	En plus, si obstruction :
Passe libre / Passe interdite	Passe libre / Passe interdite

Dragueur de mines (page 86 du code)

JOUR	NUIT
3 boules en triangle	3 feux verts en triangle

- Sauf exceptions indiquées, tous ces feux sont visibles sur tout l'horizon.
- À ces feux s'ajoutent les feux de route quand le navire a de l'erre.

JOUR	NUIT

Navire handicapé par son tirant d'eau (page 88 du code)

Cylindre

Bateau-pilote (page 91 du code)

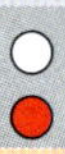

Navigation et sécurité

Limitations de la vitesse (pages 98 et 99 du code)

- À l'entrée des ports, généralement 3 ou 5 nœuds.
- À l'intérieur de la bande des 300 mètres : 5 nœuds.
- Dans certaines zones très fréquentées : 5, 10, 12 nœuds, etc. (Se renseigner sur place).

Plongeurs sous-marins (page 100 du code)

À la vue d'un des 3 pavillons ci-dessous, naviguer avec précaution et passer à 100 mètres au moins du signal.

Véhicules nautiques à moteur (page 102 du code)

(Scooters des mers, motos des mers, d'une puissance réelle de plus de 4 CV).

- Navigation de jour exclusivement à 1 mille ou 2 milles selon le type.
- Carte mer ou permis mer obligatoire, selon la puissance.
- Assimilés aux navires à moteur pour les règles de route.
- Doivent être munis de : anneau et cordage pour le remorquage, 2 feux automatiques à main et dispositif de sécurité (coupe-circuit).
- Gilet ou brassière de sauvetage de couleur vive pour l'utilisateur.
- Réserve de carburant permettant autonomie d'au moins 5 milles.
- Niveau sonore maximum : 80 décibels à une distance de 7,50 m.

Ski nautique (page 101 du code)

- 2 personnes à bord du canot tracteur, l'une d'elles se consacrant uniquement à la conduite de l'embarcation (sauf moniteurs titulaires du Brevet d'État de ski nautique).
- Utiliser les couloirs balisés.
- Ne pas s'approcher des baigneurs et autres embarcations.
- Rentrer la corde immédiatement en cas de chute.

Engins pneumatiques tractés (page 101 du code)

- 2 personnes à bord du canot tracteur qui doit montrer une flamme fluorescente orange de 2 mètres.
- Engin tracté de couleur vive, ainsi que la remorque.
- Les personnes remorquées doivent porter un gilet de couleur vive.

Planches à voile (page 103 du code)

- Utiliser les chenaux balisés (quand ils existent).
- Dans la zone des 300 mètres, ne pas dépasser 5 nœuds.
- Ne pas s'éloigner à plus de 1 mille.

Autonomie en carburant (pages 104 et 105 du code)

A - Carburant nécessaire pour un parcours donné

On ajoute une marge de sécurité de 30 %

1. $\frac{\text{Distance prévue}}{\text{vitesse horaire}}$ = heures de navigation

2. Heures de nav. x consomm. horaire = carburant minimum

3. Carburant minimum x 30 % = réserve à emporter

4. Carburant minimum + réserve = carburant à emporter

B - Autonomie pratique (en temps ou en distance) pour une quantité donnée de carburant

On déduit de la quantité initiale de carburant une marge de sécurité de 30 % (restent 70 %)

1. Quantité initiale x 70 % = carburant consommable

2. $\frac{\text{Carbur. consommable}}{\text{consommation horaire}}$ = heures de navigation possibles

3. Heures nav. poss. x vitesse = autonomie en distance

(Voir aussi l'encadré page 105)

Documents à posséder à bord (page 116 du code)

- Permis mer ou ancien permis A, B ou C.
- Titre de navigation du bateau :
  - carte de circulation si la longueur est inférieure ou égale à 7 mètres ;
  - document commun « Titre de navigation — acte de francisation » si la longueur est supérieure à 7 mètres.

Catégories de conception

(page 108 du code)

- A (haute mer) : plus de 8 à l'échelle de Beaufort et vagues > 4 m.
- B (au large) : jusqu'à 8 Beaufort et vagues jusqu'à 4 mètres.
- C (proximité côte) : jusqu'à 6 Beaufort et vagues jusqu'à 2 mètres.
- D (eaux protégées) : jusqu'à 4 Beaufort et vagues jusqu'à 0,3 mètre.

Distance d'éloignement

(page 108 du code)

- Moins de 6 milles d'un abri.
- Plus de 6 milles d'un abri.

Matériel obligatoire

(pages 109, 110 et 112 du code)

Pour une navigation à moins de 6 milles d'un abri

- Équipements conformes au Règlement international.
- Pavillon national.
- 1 bouée de sauvetage avec feu.
- 1 gilet de sauvetage par personne.
- Système permettant la remontée à bord d'une personne tombée à l'eau.
- 3 feux automatiques à main.
- 1 miroir de signalisation.
- 1 lampe-torche étanche.
- Flottabilité totale de 142 newtons.
- 1 seau rigide.
- Système d'obturation d'un trou dans la coque.
- Extincteur(s).
- Outillage et matériel pour petites réparations.
- Système de pompage.
- 1 ancre et 1 ligne de mouillage.
- 1 sonde à main.
- 1 compas de route.
- « Règlement international pour prévenir les abordages en mer ».
- « Livre des feux ».
- « Annuaire des marées » (sauf Méditerranée).
- Carte(s) papier ou électronique.
- Dotation médicale (boîte de secours).

Responsabilité du chef de bord

(page 97 du code)

- Avant l'appareillage, consulter la météo, vérifier si conditions de sécurité sont remplies, prévenir du départ quelqu'un à terre.
- En mer, obligation d'observer le Règlement pour prévenir les abordages en mer, suivre évolution de la météo.
- En cas d'abordage, employer tous les moyens pour sauver l'autre navire et son équipage.
- Délit de fuite réprimé.
- Si accident sérieux, faire un rapport de mer auprès des Affaires maritimes.
- En cas de perte du bateau, prévenir Affaires maritimes et Douanes.

Navigation et sécurité

Sujets hors-programme mais pouvant néanmoins être rencontrés à l'examen.

Marques hors - AISM (page 27 du code)

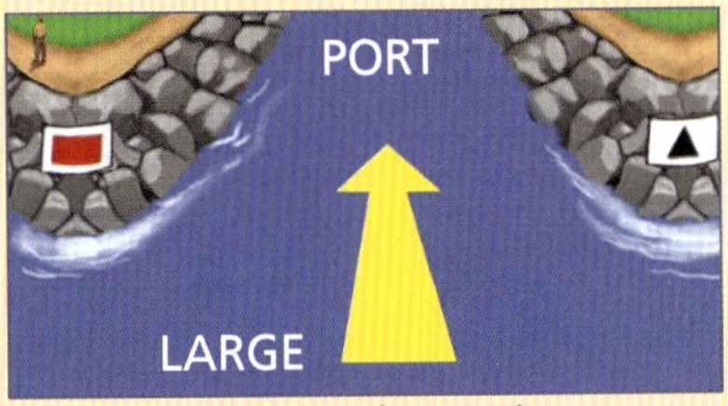

Marques de musoir

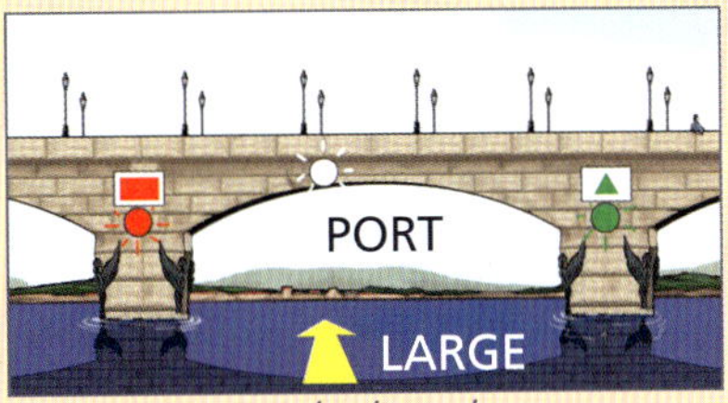

Pont sur les bras de mer

Signaux de marée (page 49 du code)

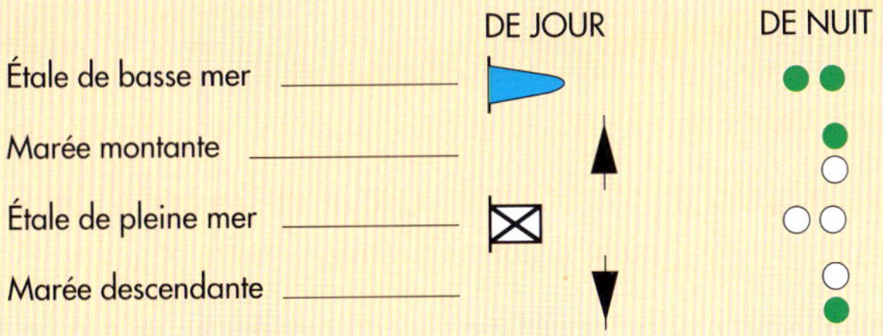

Signaux de hauteurs d'eau (page 49 du code)

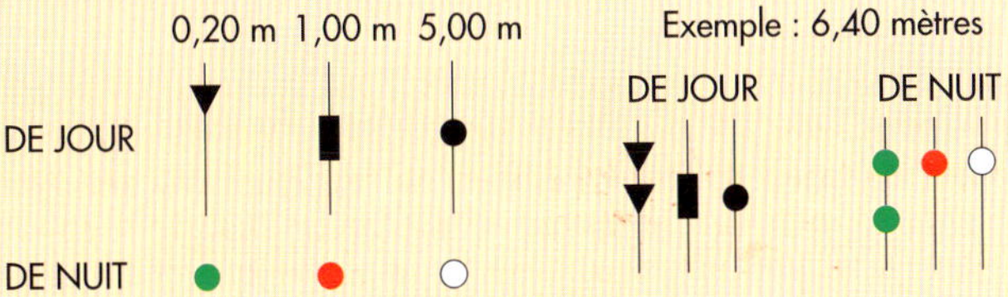

Portées des feux de navires (page 71 du code)

	Secteurs	Navires de moins de 12 m
Feu de tête de mât	225°	2 milles
Feu de côté	112°5	1 mille
Feu de poupe	135°	2 milles
Feu de remorquage	135°	2 milles
Feu visible sur tout l'horizon	360°	2 milles

Charte pour la mer et les rivières

L'eau est un milieu vivant, fragile.
C'est aussi une ressource précieuse.

Pour protéger ce milieu,

- Je respecte la mer et les rivières, je n'aborde pas les sites protégés, je limite ma pêche aux espèces et tailles autorisées, j'observe les animaux sans les toucher ni les déranger.

- Avant de mouiller, je m'informe de la nature du fond pour éviter sa dégradation. De préférence, j'utilise les bouées d'amarrage.

- Je dépose mes déchets ménagers dans les containers et mes déchets toxiques, solides et liquides à la déchetterie portuaire.

- J'utilise les installations sanitaires portuaires. Je vidange mon bac à eaux noires dans les stations de pompage. J'utilise les produits détergents les plus respectueux de l'environnement.

- Je m'assure que toute opération d'entretien (bateau, matériel, équipement) est effectuée dans le respect de l'environnement. Je manipule avec précaution tous les liquides susceptibles de polluer lors de leur transvasement.

- Je respecte la tranquillité du site et le voisinage.

Décembre 1999

Réalisée sous l'égide du Conseil supérieur de la navigation de plaisance et des sports nautiques.
Avec trois partenaires :

FÉDÉRATION DES INDUSTRIES NAUTIQUES

FONDATION NICOLAS HULOT POUR LA NATURE ET L'HOMME
SOS MER PROPRE

Permis de l'éco-conduite en mer

« *On n'est pas marin, on le devient.*

Si la mer est dure,
apprends la souplesse pour t'y glisser.

Si la mer est profonde, fais-toi léger
comme un fétu pour y flotter.

Si la mer est secrète,
apprends l'humilité et la patience
pour la comprendre.

Si la mer est infinie,
sois nomade pour la découvrir.

Si la mer est riche,
accepte d'être marin économe
pour qu'elle le reste.

Puisque la mer a tant à t'offrir,
accorde lui ton respect
et ta bienveillance.

N. Gérardin »

Port-Cros Parc National | Porquerolles Conservatoire Botanique National Méditerranéen

Total Fondation d'entreprise Pour la biodiversité et la mer

Le permis de conduire les navires en mer vous ouvre un espace infini de littoraux ou de grand large. Les deux tiers de la surface de notre planète «Terre» sont en effet couverts par les mers et les océans. Cette immensité ne doit cependant pas masquer la fragilité et la précarité des grands équilibres qui conditionnent l'ensemble des formes de la vie marine. Qu'elle soit ronds dans l'eau ou voyage au long cours, la navigation de plaisance exige de celui qui la pratique, le sens profond du respect et de la responsabilité. Il est la légitime contrepartie de son aspiration à la liberté...

L'environnement marin

L'environnement marin est un ensemble complexe qui comprend la surface, les masses d'air qui l'animent, la masse d'eau, les fonds, le littoral. Ensemble dynamique et changeant, il héberge 75 % de la biodiversité connue de notre planète. La vie marine est concentrée pour une part importante sur les plateaux continentaux (entre la surface et des fonds de l'ordre de – 200 m qui bordent les côtes), là où les pressions des activités humaines sont les plus fortes et les plus variées.

Les autorités en mer

La loi de février 2004 désigne le Préfet maritime comme le représentant de l'Etat en mer. Son autorité recouvre notamment le domaine de la protection de l'environnement marin. Les compétences en matière de réglementation et de police en mer sont déléguées, selon leur nature, à plusieurs autorités distinctes.

Des règles particulières sont applicables dans les espaces naturels marins protégés, Parcs nationaux, Réserves marines, Réserves cantonnements, Parcs marins. Renseignez-vous auprès de leurs responsables ou de leurs personnels de terrain.

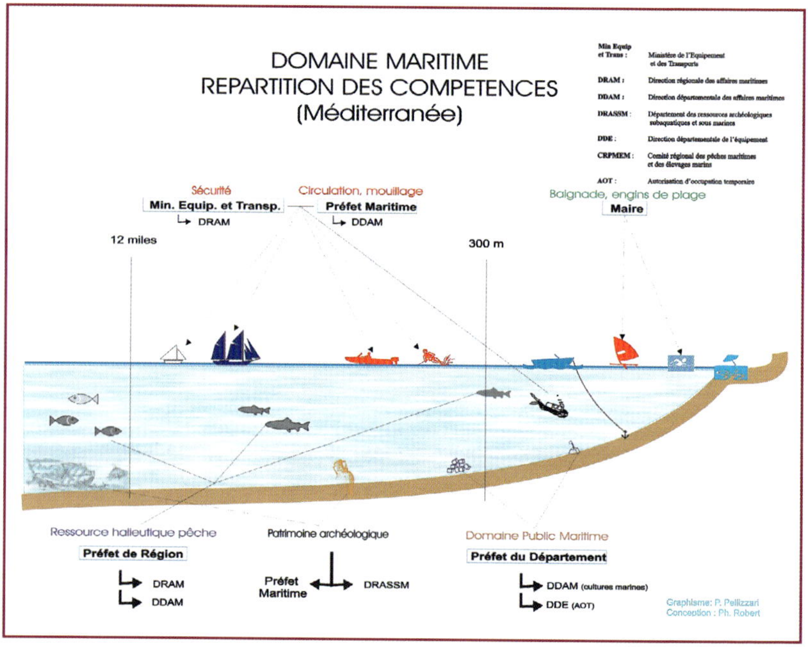

Les espèces et les habitats

La diversité des espèces et des habitats fait la richesse et l'identité des paysages marins et sous-marins de nos côtes. Des plus petites aux plus imposantes, les espèces marines animales et végétales peuvent surprendre par leurs différences de taille, de forme ou de couleur. On distingue deux grandes catégories d'espèces en fonction du milieu où elles évoluent :

- les espèces benthiques qui vivent sur ou à proximité immédiate du fond,
- les espèces pélagiques qui évoluent en pleine eau.

Par extension, on peut assimiler les oiseaux marins et les espèces animales et végétales de la ceinture littorale, aux espèces marines qui méritent toute votre attention.
Les habitats marins présentent une variété comparable à celle des habitats terrestres. Ils se distinguent par la diversité de leurs configurations et des communautés animales et végétales qui les composent.
La nature du sol sous-marin, la profondeur qui détermine la quantité d'énergie lumineuse dont ils bénéficient ou encore, les conditions hydrologiques et la température de l'eau, sont les paramètres prépondérants de la répartition des grands écosystèmes marins.

Coralligène méditerranéen
© M. Poulain

Prairie atlantique à laminaire
© ???

Zone halophile
© L. Gaignerot

Les espèces protégées

Attention ...! espèces protégées - ne pas toucher

Les espèces peuvent être protégées

- **au niveau mondial** : *Listes rouges mondiales*
- **au niveau européen** : *Convention de Berne du 19 septembre 1979*
- **au niveau national** : *Listes nationales*
- **au niveau régional** : *Arrêtés du Directeur Départemental des Affaires Maritimes*

La loi du 10 juillet 1976, relative à la protection de la nature, modifiée par **la loi 95 101 du 2 février 1995**, définit les conditions de la protection des espèces animales et végétales en France.

La capture, le transport, la détention et la commercialisation des espèces intégralement protégées sont interdits en tous temps et en tous lieux. Certaines espèces bénéficient de protections partielles ou font l'objet d'autorisations de capture particulières. Dans le doute, renseignez-vous.

Quelques espèces protégées emblématiques des eaux françaises.

Mérou brun, *Epinephelus marginatus* (Serranidés),

Il bénéficie d'une protection particulière en Méditerranée continentale par l'arrêté régional 2002/1113 du 30 décembre 2002). Espèce sédentaire, le mérou est un poisson de grande taille dont le poids peut avoisiner 50 kg. Curieux, il se laisse assez facilement approcher, ce qui lui vaut une réputation de poisson débonnaire. Il affectionne les éboulis rocheux et les cavités dans lesquels il trouve refuge. Traqué par les pêcheurs et les chasseurs sous-marins, ses effectifs avaient considérablement décru jusqu'aux années 80. Grâce à la protection dont il fait l'objet, la population de cette espèce est en progression régulière.

Barbe de Jupiter, *Anthyllis barba-jovis* (Légumineuses)

Espèce protégée par l'arrêté national du 31 août 1995 (annexe I). Inscription au Livre rouge national, futur tome 2.
En France, la barbe de Jupiter est localisée dans le Var, les Alpes-Maritimes, la Corse-du-Sud et l'Hérault. Elle se développe bien sur les côtes exposées aux vents mais souffre du piétinement. En raison de sa bonne adaptation aux conditions difficiles, elle est utilisée comme matériel végétal pour la reconstitution de milieux littoraux dégradés.

Oursin diadème, *Centrostephanus longispinus* (Echinodermes)

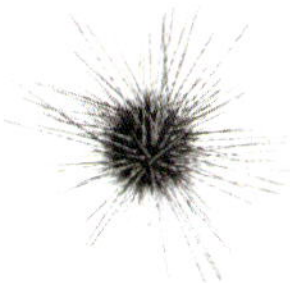

Espèce protégée par l'arrêté national du 20 décembre 2004. Cet oursin aux longs piquants, qui peuvent atteindre 7 cm, est présent dans tout le bassin méditerranéen mais très rare en Méditerranée occidentale. On le trouve habituellement sur les substrats rocheux, où il se loge dans des anfractuosités, au pied des tombants, jusqu'à des profondeurs de 200m. Il se nourrit de débris d'éponges et de bryozoaires. Malgré sa protection, il reste menacé par la destruction accidentelle, le chalutage, le mouillage et l'altération de la qualité des eaux littorales.

Grande nacre, *Pinna nobilis* (Mollusques)

Espèce protégée par l'arrêté national du 20 décembre 2004. Ce coquillage bivalve est l'un des plus grands du monde. Il peut atteindre jusqu'à 1m de haut. Il affectionne les fonds calmes jusqu'à des profondeurs de 35 à 40 m où il est communément associé à l'herbier de posidonie. Ce coquillage filtreur, qui vit planté verticalement dans le sédiment, consomme les nutriments en suspension dans l'eau. Sa protection passe par le respect très strict des zones d'interdiction de mouillage et par le recours au mouillage sur orin. En évitant de mouiller dans les posidonies vous sauvegardez aussi la grande nacre.

Illustrations : N. Müller-Sbriglio

NB : Toutes les espèces d'oiseaux marins et de cétacés sont protégées ainsi que la Posidonie.

La pêche - « Pour bien pêcher, ne pêchez pas par ignorance »

La pêche plaisancière embarquée ou à pied est encadrée par une réglementation générale complétée par des dispositifs propres à chaque région maritime.
La liste des apparaux de pêche autorisés est fixée par arrêté des Directeurs des Affaires Maritimes. Cette liste figure en dernière page de votre acte de francisation (pour les embarcations qui y sont assujetties).
La pêche et la cueillette de certaines espèces sont soumises à un calendrier particulier. La liste de ces espèces, les dates d'ouverture et de fermeture, ainsi que les conditions particulières d'exercice de ces pratiques sont redéfinies annuellement.
Ces informations sont disponibles auprès des services régionaux et départementaux des Affaires Maritimes, ainsi que dans les ports, auprès des Syndics des Gens de Mer.

La pêche sous-marine

La pratique de la pêche sous-marine est soumise à une demande préalable d'autorisation auprès du Directeur départemental des Affaires Maritimes dans lequel vous pratiquez ou à l'obtention d'une licence de la Fédération Française d'Etudes et des Sports Sous-Marins (FFESSM).
La détention simultanée d'un scaphandre autonome et d'un fusil harpon à bord de votre bateau est strictement interdite.

La pollution

Ce n'est pas le produit qui fait le poison, c'est la quantité qu'on administre.

Avec l'augmentation des activités nautiques, les rejets de déchets et substances polluantes en mer sont à l'origine de pollutions visuelle, bactériologique et chimique importantes. Elles affectent aussi bien les fonds, la masse d'eau, que la ceinture émergée du littoral selon leur nature.
Les rejets de matières polluantes, objets solides, eaux souillées, sont interdits.
Loi n° 83-583 du 5/7/83 réprimant la pollution de la mer par les hydrocarbures.
Une première réglementation réservant l'accès des eaux du Parc national de Port-Cros aux bateaux propres (équipés de cuves de rétention des eaux noires, eaux de cale, eaux de lavage et eaux de WC) a été prise en juin 2004. Cette réglementation sera progressivement étendue à l'ensemble des eaux françaises.
Les produits lubrifiants et les hydrocarbures flottent. Interrompez les pompages d'eaux de cale avant que ces substances ne soient évacuées à la mer. Ecopez les derniers litres, stockez-les dans un bidon et videz-les dans les bacs à vidange en passant au port.
Conservez vos déchets ménagers et déposez-les à terre dans les conteneurs prévus à cet effet.

Le feu

Pendant l'été, la végétation littorale des côtes méditerranéennes est très vulnérable aux incendies. L'utilisation de barbecues et de tous feux ouverts à moins de 300 m de la forêt est interdite. Fumer sur la plage représente un danger réel de départ de feu et une nuisance de par la multiplication des mégots dans le sable. Abstenez-vous !
En mouillage forain, soyez particulièrement attentifs à respecter ces règles. Pour les mêmes raisons, ne tirez pas vos fusées de détresses périmées le 14 juillet et le 15 août.
Avant de débarquer pour une éventuelle randonnée à terre, renseignez-vous sur les possibles limitations d'accès aux massifs forestiers.

Le mouillage, l'échouage

Le mouillage et l'échouage sont susceptibles, par leur répétition, d'occasionner des dommages sur les communautés végétales et animales des petits fonds. Pour en limiter les impacts :

- Choisissez si possible un fond vierge de végétation.
- Oringuez votre ancre*.
- Mouillez une longueur de chaîne suffisante pour éviter de chasser.
- Ne culez pas plus que nécessaire pour crocher sans endommager le fond.
- Relevez votre mouillage par l'orin*, pour décrocher l'ancre, sans arracher les végétaux du fond.

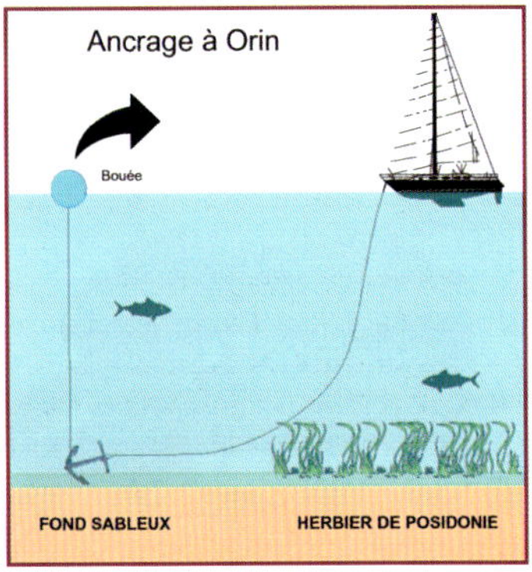

8. Notions sur la communication La VHF

■ Le téléphone portable GSM

Facile d'emploi, le téléphone portable peut rendre des services et il serait dommage de le laisser à terre. Il peut notamment permettre de communiquer avec ses proches. En situation de détresse sur les côtes métropolitaines il est possible de joindre directement le CROSS en composant le 1616.

Toutefois le GSM présente des limites : Portée en mer limitée au mieux à 10 M, souvent beaucoup moins. Impossible d'établir un contact avec d'autres bateaux. Impossible d'assurer la veille de sécurité, de suivre l'évolution d'une coordination d'intervention des sauveteurs ou de se faire localiser par relèvements gonio en cas d'insertitude de position.

■ La VHF (*Very High Frequency*)

Cet instrument, moins simple que le GSM, présente toutes les possibilités de communications maritimes. Ses inconvénients (minimes) se limitent à la réglementation de son installation à bord et le paiement d'une taxe annuelle. Par ailleurs, il faut respecter une procédure lors des communications. La connaissance et le respect de cette procédure garantissent la pleine efficacité de ce moyen de communication entre tous les usagers. Une personne à bord doit être titulaire du certificat restreint de radiotéléphonie (CRR) délivré par l'Agence nationale des fréquences (ANFR) après réussite à un examen.

La VHF portable offre des aspects pratiques notamment de transport mais sa portée est plus limitée. Comptez 6 milles pour communiquer entre 2 VHF portables, et de 10 à 12 milles entre VHF portable et une VHF fixe. Une VHF fixe peut porter jusqu'à 50 milles, parfois plus. Au-delà on fait appel au radiotéléphone BLU.

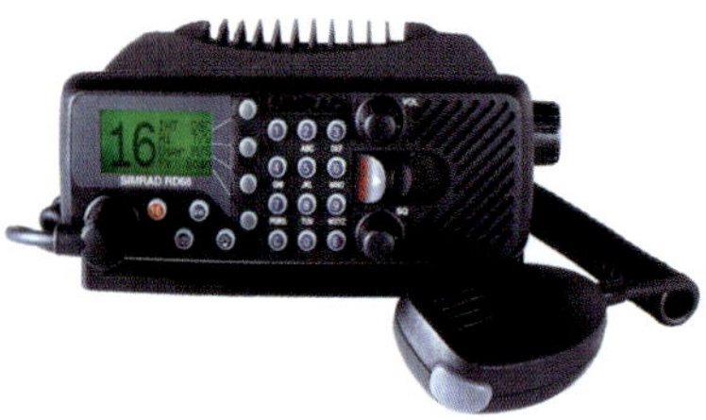

■ Usage de la communication VHF

Connaissant le numéro identifiant d'un autre bateau ou d'une station côtière (MMSI), il est possible d'établir un contact sélectif *via* le canal 70. La conversation sera poursuivie sur un canal de dégagement. La VHF permet également de suivre les bulletins météo diffusés par les CROSS.

En terme de sécurité, la VHF est un outil majeur en cas de situation d'urgence. Le canal 16 est dédié aux situations d'urgence. **L'appel de sécurité** est informatif, du type Sécurité, Sécurité, Sécurité... Les CROSS l'utilisent pour transmettre une alerte météo, un **appel de détresse** sera également lancé sur le **16**, sous la forme Mayday, Mayday, Mayday... Un tel message correspond à une situation de danger pour la vie humaine. Pour une situation ne mettant pas en péril la vie humaine mais nécessitant un besoin d'assistance ce sera un **appel d'urgence** du type Pan, Pan, Pan..., exemple pour une avarie grave.

9. Moteur, incendie, envahissement par l'eau

Notions sur le fonctionnement du moteur

Les moteurs utilisés sur les navires de plaisance sont à explosion (moteurs à essence) ou à combustion interne (moteurs Diesel).

Selon leur conception, ces moteurs fonctionnent à 2 ou à 4 temps

Ils se classent en trois catégories :

1. les moteurs fixes ;

2. les moteurs hors-bord ;

3. les moteurs Z drive, qui sont une combinaison du moteur fixe et du moteur hors-bord.

Principe de fonctionnement

Il consiste à faire exploser ou à brûler un carburant dans un cylindre, l'énergie dégagée entraînant alternativement un ensemble piston-bielle - vilebrequin et arbre rotatif muni d'une hélice propulsive.

Le moteur à explosion

Le moteur à explosion 2 temps

Il fonctionne sans soupapes, celles-ci étant remplacées par des lumières d'admission d'air carburé et d'échappement des gaz brûlés.

Combustible : essence et huile. L'explosion de l'air carburé s'effectue grâce à une bougie.

Le moteur à explosion 4 temps

Il possède soupapes d'aspiration et d'échappement. Les 4 temps sont **l'aspiration** d'air/essence provenant du carburateur, la **compression** de l'air carburé, **l'explosion** des gaz par l'intermédiaire de la bougie, et **l'échappement** des gaz brûlés.

Organes essentiels

Un **carburateur** qui distribue, par le **gicleur** qui la diffuse, une quantité d'air/essence qui explose dans le cylindre, grâce à l'étincelle produite à la bouqie par une **bobine d'allumage** qui délivre un courant de très haute tension.

Le moteur Diesel

Le cycle du moteur Diesel 4 temps

1. Soupape admission d'air ouverte. Le piston aspire l'air pur.

2. Soupape admission fermée. Le piston comprime l'air jusqu'à une pression de 35 à 40 bars et 600 degrés.

3. Injection du combustible par l'injecteur et combustion instantanée. Détente. Piston refoulé. C'est le temps moteur.

4. Échappement des gaz brûlés par le piston qui remonte.

Dans ce type de moteur, il n'y a ni carburateur ni allumage électrique comme dans les moteurs à essence.

C'est une pompe à injection qui projette le combustible, par l'injecteur qui le pulvérise dans l'air fortement comprimé et chauffé.

Organes essentiels

La **pompe d'injection** qui propulse le combustible à travers **l'injecteur** est, soit placée en charge, soit aspirante et refoulante. Une injection parfaite est indispensable. Le combustible est aspiré à travers un **filtre à combustible** dont la **cartouche filtrante** doit être vérifiée régulièrement. La commande des **soupapes d'admission** et **d'échappement** s'effectue par l'intermédiaire d'un **arbre à cames.**

Éléments mécaniques importants

Le bon fonctionnement du groupe propulseur est un gage de sécurité. Une panne moteur en mer signifie la perte du contrôle de l'embarcation : livré aux éléments, vent et courant, le bateau dérive et peut heurter un rocher. C'est ainsi que d'une simple panne, facile à prévenir avant le départ, on arrive à une situation d'urgence.

Voici quelques points essentiels à vérifier avant l'appareillage, sachant que la sécurité de l'équipage en dépend.

Les niveaux

- **Niveau du combustible.** Placé sur la cuve, le tube doit être transparent.
- **Niveau d'huile moteur.** Se mesure par la jauge mini/maxi. Sur le réservoir incorporé, dans le cas du système autolube (à lubrification automatique).
- **Niveau d'eau** de refroidissement de l'eau douce. Se mesure sur l'échangeur.

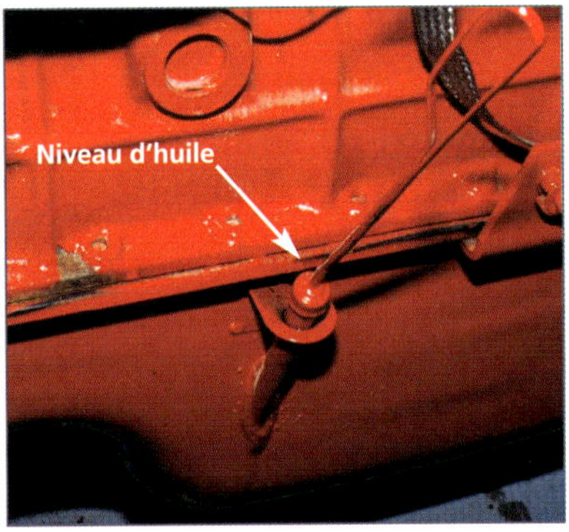

Coupe-batterie

Il permet de couper l'alimentation électrique de démarrage du moteur et de la charge de la batterie sur les deux circuits : le positif (+) et le négatif (-). Certaines installations comportent des robinets directement placés sur les bornes de la batterie.

Courroie d'alternateur

Généralement placée sur la face opposée à la transmission et entraînée par la poulie motrice, elle permet une bonne régularité de l'alternateur et de l'alimentation électrique et aussi l'entraînement de la pompe à eau douce de l'échangeur. Il faut toujours en avoir une de rechange.

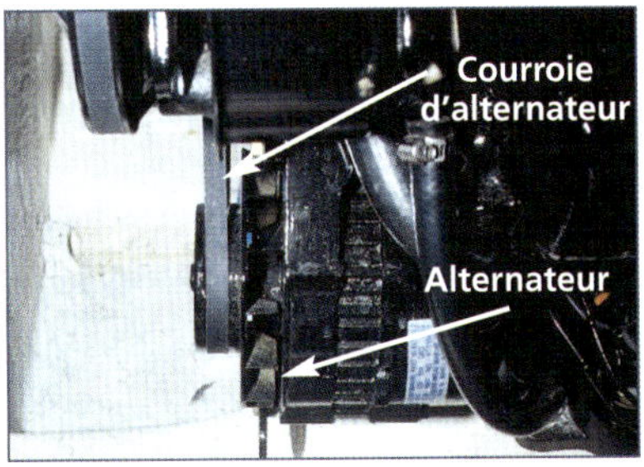

Sortie d'eau

■ Vérifier le bon giclement de l'eau.

■ S'assurer à la main que la température de sortie n'est pas excessive.

■ En cas d'écoulement insuffisant, diminuer l'allure du moteur, vérifier le bon état de la courroie de la pompe de circulation, des durites. La crépine d'aspiration peut être obstruée (goémon, déchets divers, etc.).

■ Si sortie de vapeur au lieu d'eau tiède : stopper d'urgence.

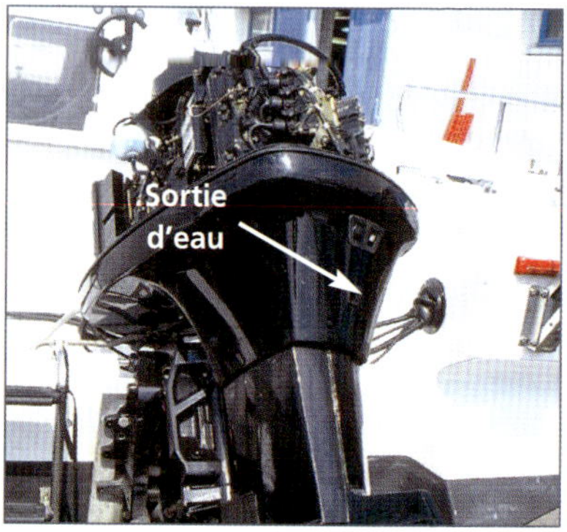

Vanne de coque

Situer intérieurement celle du circuit d'eau de refroidissement du moteur et aussi celles des WC de sortie de l'eau de l'évier et du lavabo. Les vannes d'aspiration à la mer doivent être fermées quand on quitte le bord.

Bougie

Fournit l'étincelle nécessaire au démarrage du moteur. Vérifier si les électrodes sont propres (absence de tartre), correctement écartées (5 à 6/10 de mm). Les remplacer si le pôle + est très diminué.

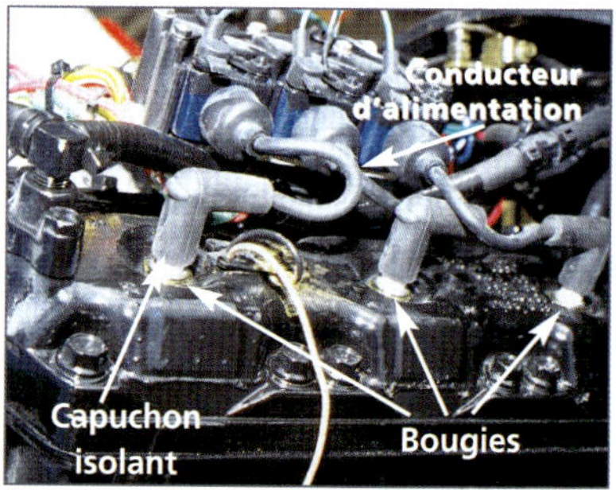

Injecteur

Pièce maîtresse du moteur diesel.

Vissé sur le porte-injecteur, il permet la projection du combustible sous forte pression. Doit être réglé et taré uniquement par un spécialiste.

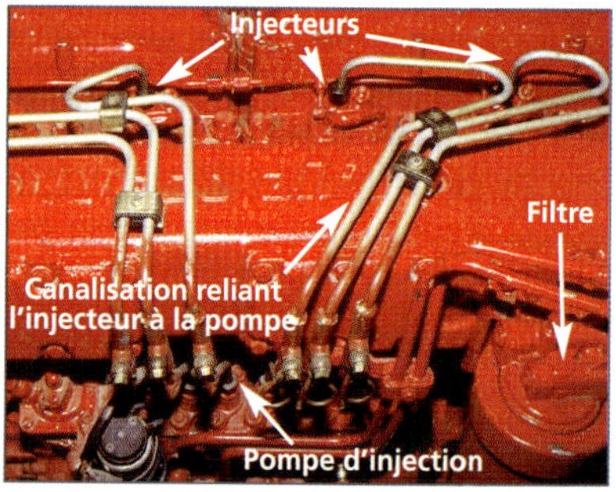

Les principales pannes et avaries - leur solution

Défauts d'allumage

Le démarreur ne tourne pas. Le moteur ne part pas ou ne tourne pas rond.

- Batterie mal chargée.
- Bougies encrassées, mal réglées (en débranchant les bougies l'une après l'autre, on reconnaît celle qui est défectueuse en ce que le fait de l'enlever ne modifie pas le régime du moteur).
- Fil de bougie coupé, porcelaine fendue, fil à la masse par humidité.
- Mauvais écartement des vis platinées.
- Bobine haute tension claquée.
- Cosses de batterie mal serrées.
- Avance mal réglée.
- Stop d'urgence débranché.

Pour éviter la plupart de ces inconvénients ou y remédier :

- Tenir le moteur propre et sec, surtout le circuit électrique et en particulier les bougies.
- Tenir la batterie suffisamment chargée.
- Vérifier que les fils de courant de la batterie sont bien serrés sur leurs bornes et que les fils du circuit ne sont pas débranchés.
- Vérifier que le courant alimente bien les bougies.
- Vérifier l'état du contact des vis platinées.
- Avoir à bord, en plus de l'outillage nécessaire, bougies, clef à bougies, fils de bougies, condensateur et bobine de rechange.
- L'allumage électronique nécessite l'intervention d'un spécialiste.

Défauts d'injection

Le moteur cogne et fume.

- Injecteurs mal tarés, bouchés ou encrassés.
- Remontée d'huile.

Défauts d'alimentation

Moteur à essence

- S'assurer d'abord qu'il y a bien de l'essence et vérifier le dégagement d'air du réservoir (ce petit orifice étant souvent bouché).
- Veiller à ce qu'il n'y ait pas d'eau dans le réservoir. Dans ce cas, décanter au maximum.
- S'assurer que l'essence arrive bien au carburateur. Pour cela, desserrer le raccord de la conduite d'essence à l'arrivée du carburateur et pomper à la main (pompe d'appel). L'essence doit couler.
- Si elle ne coule pas, inspecter la conduite d'essence et ses raccords, visiter les filtres ainsi que la crépine du tube plongeur du réservoir. Les défauts d'alimentation sont parfois dus à un écrasement du circuit (coudes, raccords, joints), aux filtres encrassés et à la pompe défectueuse (membrane).
- Vérifier pointeau et flotteur du carburateur, ainsi que le gicleur. La cuve peut être sale, le flotteur crevé ou alourdi.

Les plaisanciers qui désirent utiliser l'essence sans plomb doivent s'assurer, auprès de leur concessionnaire, que ce carburant est adapté au moteur du navire.

En début de saison, vidanger le réservoir en faisant bouger le bateau et remplacer le combustible de l'année précédente, que ce soit du gazole ou de l'essence.

Moteur Diesel

Le circuit d'alimentation aspire de l'air (pulvérisation molle).

Dans ce cas, de nombreux points de purge d'air permettent d'éliminer l'air enfermé dans le circuit. Faire tourner le moteur, écrou d'arrivée de gazole à l'injecteur desserré, pour éliminer l'air se trouvant dans le tuyautage d'alimentation. Resserrer l'écrou lorsque le combustible arrive.

Vérifier aussi, comme un moteur à essence, les réservoirs, les canalisations et le filtre à combustible.

Défauts de graissage

- Quantité d'huile insuffisante dans le carter (niveau trop bas).
- Huile devenue à l'usage trop épaisse et malpropre (ne se laisse plus aspirer et colmate la crépine d'aspiration).
- Le filtre à huile bouché.
- La pompe à huile avariée, régulateur de pression déréglé.
- Rupture d'un des tuyaux de graissage ou raccords desserrés à l'intérieur du moteur.
- Présence d'eau dans l'huile possible par suite de défectuosité du joint de culasse par exemple.

Défauts de refroidissement

On les remarque par une température élevée en sortie d'eau du moteur, le rejet d'eau fume ou vaporise au toucher. Les causes peuvent être :

- Manque de débit de circulation d'eau de refroidissement des cylindres.
- Manque de graissage.
- Freinage de l'hélice engagée dans un filin ou autre obstacle, en particulier du goémon assez fréquemment.

Il faut vérifier que :

- La prise d'eau est bien ouverte en grand.
- La crépine n'est pas bouchée par les algues, des herbes, un chiffon, etc.
- La courroie d'entraînement de la pompe n'est pas détendue ou cassée.
- Le filtre à eau est propre.
- Les durites ne sont pas crevées ou un joint mal serré.

On peut remédier à une avarie de pompe de circulation en branchant provisoirement la pompe de cale sur le circuit (prévoir les durites en conséquence).

Se rappeler que l'eau de refroidissement peut pénétrer à l'intérieur du moteur par le joint de culasse en mauvais état ou par la culasse qui peut être fêlée (cas rare). On peut, à l'inverse, en cas de voie d'eau, faire aspirer cette eau par la pompe de circulation.

Risques d'incendie, d'explosion et d'asphyxie et protection contre ces risques

Ces risques sont grands, à bord d'un navire, dus principalement à la manipulation et au stockage de l'essence ou du fuel. Il convient de les connaître et de prendre les précautions nécessaires.

Manipulation et stockage des combustibles liquides

Procéder au transvasement dans des endroits aérés ou ventilés. Arrêter le moteur. Couper la batterie. Éteindre tous les feux qui brûlent à bord.

Ne pas fumer, ni s'éclairer d'un feu à flamme et avoir à sa portée un extincteur portatif.

Utiliser pour opérer le transvasement (surtout d'essence) des ustensiles (entonnoir, bec verseur, etc.) non ferreux. Essuyer immédiatement les débordements et jeter les chiffons d'essuyage.

Ne jamais tolérer la présence de combustible au fond de la cale, même en très petite quantité.

Les réservoirs à combustibles doivent être conformes aux prescriptions de l'arrêté du 23.11.87, ainsi, par exemple, être placés dans des lieux aérés et aisément accessibles.

La ventilation du compartiment moteur

Elle est indispensable avant le départ.

Accumulateurs et électricité

Les batteries sont dangereuses car elles dégagent de l'hydrogène, explosif, pendant leur recharge. Le liquide qu'elles contiennent est très corrosif. En conséquence, elles doivent être logées dans des coffrets étanches en matière inattaquable aux acides. Ces coffrets doivent être fixés bien droits afin d'éviter qu'ils ne se renversent au roulis et être placés dans des endroits aérés.

Les batteries doivent comporter sur les deux bornes un coupe-batterie.

Le réseau électrique doit être fait de fils de bonne qualité et placé sous gaine protectrice bien assujettie aux cloisons. Il doit être protégé par des fusibles calibrés.

Ne pas attendre pour isoler un fil dénudé.

Éviter les installations de fils volants provisoires.

Ne jamais surcharger un fusible sous prétexte qu'il fond trop souvent ; en rechercher plutôt les causes.

Périodiquement, vérifier le bon serrage des connexions, nettoyer les contacts, et contrôler l'isolement général avec un appareil de mesure.

Les pièces tournantes

Tout ce qui est en mouvement dans le moteur constitue un grave danger. Citons aussi l'hélice qui doit être débrayée dès qu'un nageur ou un plongeur est à proximité.

Gaz butane. La cuisine

Ne jamais stocker les bouteilles de butane de plus de 3 kg de gaz à l'intérieur des locaux. Celles de moins de 3 kg, à l'intérieur, doivent être fixées directement sur les appareils. Les appareils à veilleuse (frigo, chauffage) doivent avoir une sécurité de flamme et une cheminée d'évacuation.

On choisira des ustensiles profonds et stables pour éviter des débordements pouvant éteindre le gaz (qui continue à se répandre) ou les causes d'incendie par huile de friture. Les ustensiles du type auto-cuiseur (cocotte-minute, par exemple) sont recommandés.

Enfin, l'équipage devra être sensibilisé à tous les risques qui viennent d'être cités. Le matériel devra être rangé correctement à bord et les extincteurs facilement accessibles. On évitera également de faire sécher du linge (torchons de cuisine), chaussons mouillés ou cirés au-dessus du réchaud.

Les extincteurs portatifs

Les extincteurs portatifs peuvent être :

- à mousse (pour tous les feux).
- à poudre (pour les feux d'hydrocarbures et électriques et tous feux si poudre polyvalente).
- à CO_2 (pour les feux d'hydrocarbures et électriques).

Le plus petit extincteur est du type 21B. Il couvre de 1 à 150 kW (200 CV).

Les moyens pour éteindre les feux à bord sont :

- les extincteurs portatifs (voir un modèle page 153) ;
- les couvertures mouillées ;
- le jet d'eau pour éteindre le feu des corps solides comme : bois, cordages, étoffes.

Ne jamais utiliser l'eau pour éteindre un feu d'hydrocarbures.

La lutte contre un début d'incendie

Ne jamais s'affoler et l'attaquer franchement en s'approchant le plus possible.

Diriger le jet sortant de l'extincteur à la base des flammes.

Supprimer au maximum les arrivées d'air (manches, capots, écoutilles, hublots) et orienter le navire de manière à ce que l'incendie soit sous-venté.

Couper la batterie, fermer le carburant mais laisser tourner le moteur qui videra ainsi le contenu de ses canalisations.

Éteindre le feu à l'aide d'extincteurs, de couvertures ou de vêtements mouillés.

Si le moteur est un hors-bord, le jeter à l'eau (avec un bout pour le récupérer).

Éloigner toute bouteille de gaz ou s'en débarrasser ainsi que la boîte de secours dans laquelle peut se trouver éther ou alcool.

Tenir les signaux de détresse et les engins de sauvetage prêts à servir en cas de non-possibilité d'extinction. Les écarter du local incendié.

Foyers fréquents

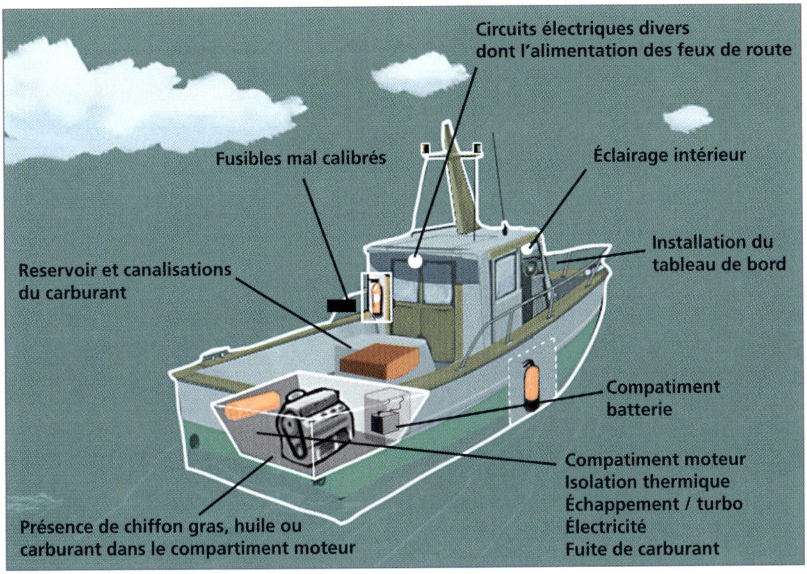

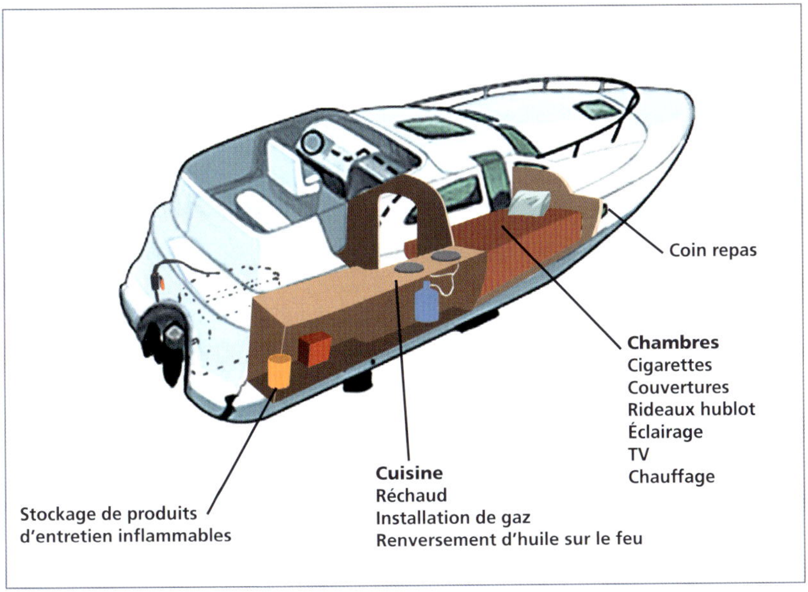

Les risques d'envahissement par l'eau et la protection contre ces risques

Une voie d'eau peut se produire

- par une déchirure ou dislocation de la coque, sous la ligne de flottaison ;
- par toutes les prises d'eau à la mer (moteur, WC, etc.) ;
- par les tuyauteries et durites du circuit d'eau de refroidissement du moteur ;
- par le presse-étoupe arrière du passage de l'arbre porte-hélice ;
- par les ouvertures mal fermées, en cours de mauvais temps, tels que hublots, manches à air, panneaux, etc.

Moyens que l'on doit avoir à bord pour épuiser l'eau de la cale

- la pompe de secours à main ;
- la pompe de cale attelée au moteur ;
- les seaux, les écopes et tout autre récipient ;
- parfois, la pompe de refroidissement qu'on peut disposer par un jeu de robinets et de durites pour aspirer la cale.

La lutte contre l'envahissement par l'eau

Lorsqu'on s'aperçoit d'une présence anormale d'eau dans la cale, immédiatement mettre la pompe d'épuisement en action et rechercher l'origine de cette entrée d'eau.

On peut diminuer l'entrée d'eau en mettant le navire à la gîte du bord opposé ou sur le nez pour réparer à l'arrière. Une réparation de fortune peut alors suffire pour regagner un abri et mettre le navire sur une plage. Il suffit parfois d'objets aussi peu encombrants qu'un jeu de pinoches de plusieurs tailles pour obturer de manière satisfaisante une avarie peu importante sur une vanne qui, sous l'effet de la pression de l'eau, peut cependant amener la perte d'un bateau.

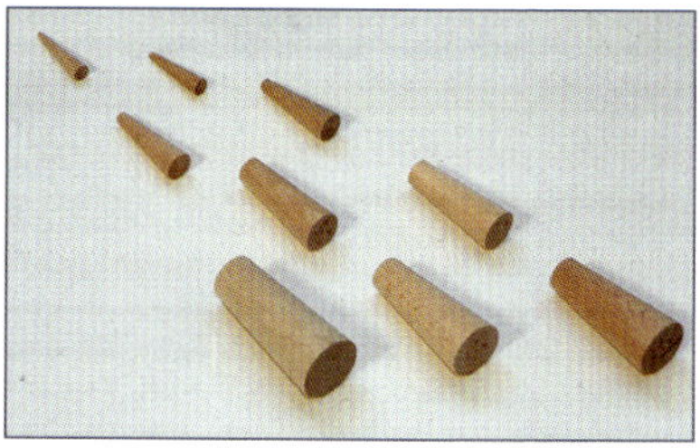

Jeu de pinoches.

Voies d'eau fréquentes

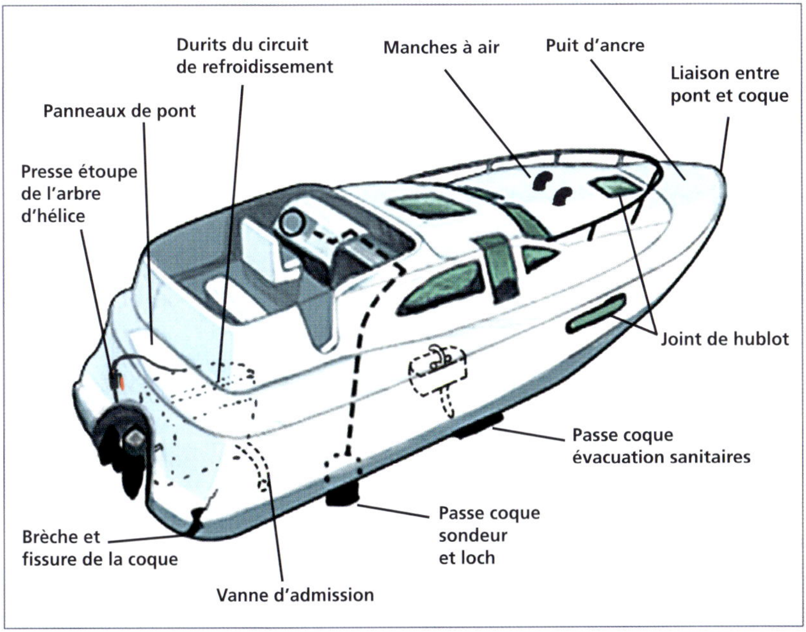

Conseil : une pinoche de diamètre approprié est rangée à proximité de chaque passe coque pour permettre une intervention rapide.

10. Conduite et manœuvre du bateau

Mettre une brassière

Brassière ou gilet de sauvetage doivent être à proximité immédiate. Il est prudent de s'en équiper pour les manœuvres ainsi que toute sortie sur le pont par mer agitée. Veillez à disposer d'équipements de taille adaptée aux membres de l'équipage. Cette précaution est toute particulière lorsque des enfants se trouvent à bord. Une brassière trop grande est inefficace. Avant toute sortie en mer avec des personnes non initiées, faire une simulation de port de brassières.

Avant l'appareillage

■ Ventiler fortement le compartiment moteur en ouvrant le capot et en mettant le ventilateur en route durant au moins 5 minutes. Par temps chaud et si vous avez un moteur à essence intérieur, ventilez davantage que pour un moteur Diesel.

■ Vérifier le niveau d'essence du réservoir et décanter de manière à évacuer l'eau qui peut s'y trouver.

■ Vérifier la jauge à huile (un excès d'huile à la jauge provient, la plupart du temps, d'eau qui a pu pénétrer dans le carter par la jauge, ou dans le cylindre par un joint de culasse en mauvais état ou une culasse fêlée). Vérifier le niveau d'huile du réducteur s'il y en a un.

■ Ouvrir la prise d'eau à la mer.

■ Vérifier la crépine d'aspiration à la mer ainsi que la crépine d'aspiration de la pompe de cale.

■ Vérifier l'état de la batterie d'accus, (niveau de l'électrolyte et serrage des cosses).

■ Mettre au point mort, s'assurer qu'il n'y a pas d'obstacle à l'hélice (cordage par exemple).

■ Brancher le cordon coupe-circuit de sécurité.

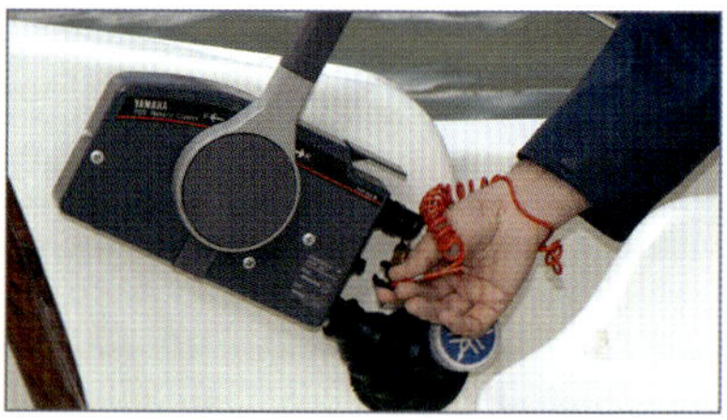

Mise en marche du moteur

- Le moteur étant débrayé, le dégommer par quelques tours, à froid.
- Mettre un peu de gaz et de starter (qu'on coupera dès que le moteur aura pris un peu de température). Effectuer le préchauffage sur un diesel si ce dispositif existe.
- Tourner la clé de contact.

Appareillage d'un quai

Avec une petite unité et par beau temps, après avoir largué les amarres, écartez-vous du quai en le repoussant de la main ou de la gaffe. Mettez en marche avant lentement, de manière que l'arrière du bateau, en « balayant », ne touche pas le quai.

Si le bateau est plaqué contre le quai par le vent ou le courant, vous vous dégagez en marche arrière, la barre côté du large puis, lorsque le bateau est dégagé, vous passez la marche avant.

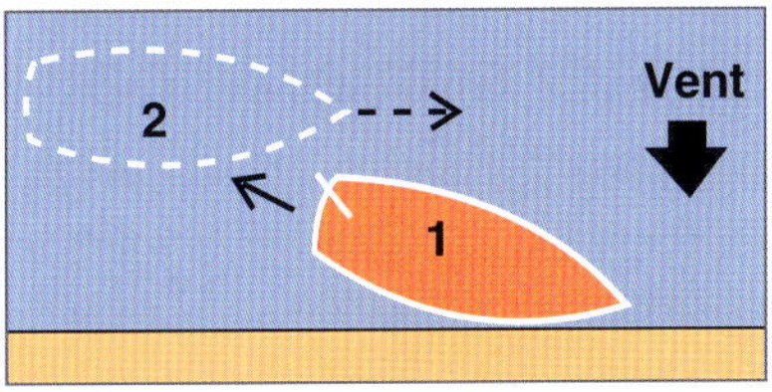

Avec vent ou courant de face, on peut, la plupart du temps, se passer de moteur, le courant étant suffisant pour écarter le bateau.

Vous larguez d'abord l'amarre de l'avant. L'avant du bateau s'écarte (veillez à ce que le moteur ne heurte pas le quai). Vous pouvez alors mettre en marche avant et larguer derrière.

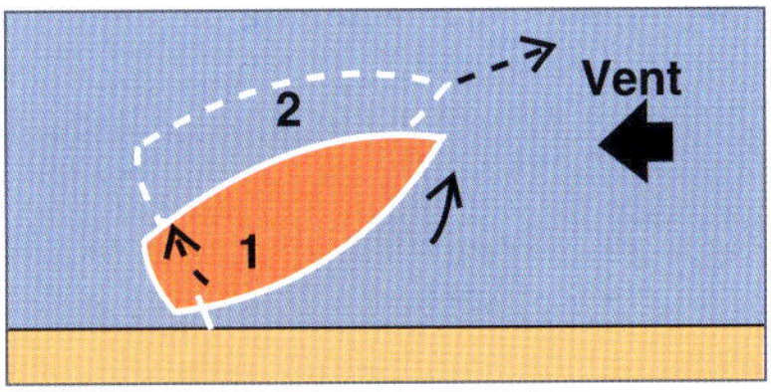

Avec vent ou courant arrière, c'est l'inverse : vous larguez derrière et l'arrière du bateau s'écarte. Marche arrière, largage de l'avant, vous êtes déjà éloigné du quai et vous pouvez repartir en avant.

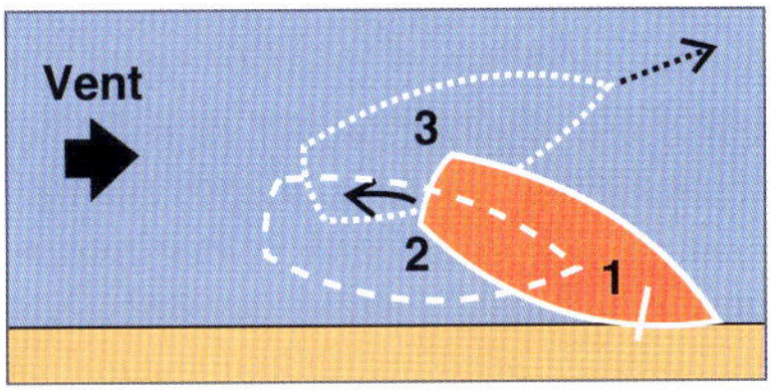

Avant l'appareillage

Vous virez la chaîne en vous aidant au besoin du moteur si elle force trop. Vous embrayez dès que l'ancre est dérapée (décrochée du fond). Vous prenez l'allure normale dès que l'ancre est à poste sur le pont.

Évolutions

Votre bateau étant en ordre de route vers la sortie, rentrer défenses et pare-battages qui vous freineraient, avec production d'embruns, en route libre. Vérifiez que vous n'avez rien à la traîne qui risquerait de se prendre dans l'hélice.

Il vous sera demandé d'exécuter un parcours en forme de « 8 », à différentes vitesses et en virant à bâbord et à tribord quand ce sera nécessaire. Ces évolutions devront être faites franchement mais sans brutalité. Respectez évidemment, pendant toute la durée de l'épreuve, le code tel que vous l'avez appris : priorités, signalisation de la bande des 300 mètres, balisage, etc.

Casser son erre par la marche arrière

L'exercice suivant demande de casser votre erre en utilisant la marche arrière.

Vous réduisez les gaz puis vous passez au point mort. Ce n'est qu'après que vous devrez passer la marche arrière en remettant les gaz. Le bateau court sur son erre puis s'immobilise. Là aussi, votre vague peut vous rattraper et secouera l'embarcation.

Surtout, ne pas passer sans transition de la marche avant à la marche arrière !

Si l'examinateur vous demande, une fois stoppé, de continuer votre marche arrière, n'oubliez pas que votre bateau reculera dans le sens où vous avez orienté votre safran. Bien sûr, l'avant fera l'inverse. Habituez-vous à ce genre de navigation en arrière car il n'est pas rare de naviguer de cette manière dans une rade encombrée, pour en sortir par exemple. Mais ne pas mettre « pleins gaz » en marche arrière.

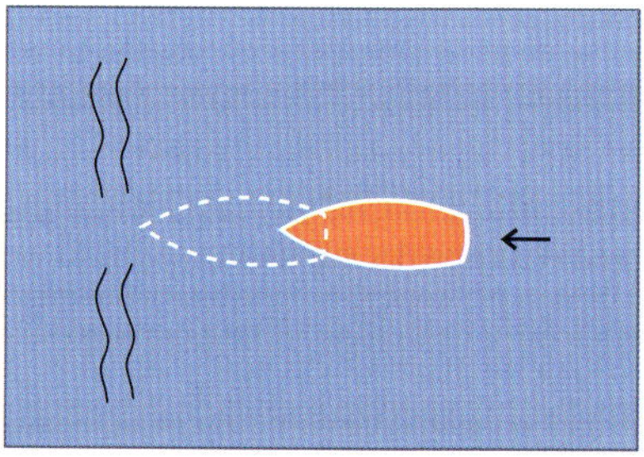

Surveillance pendant la marche

Durant la marche, il convient de s'assurer du bon refroidissement du moteur. Celui-ci peut défaillir à tout moment, sans signe précurseur, et malgré un bon état mécanique. L'avarie la plus fréquente dans ce domaine et le colmatage de l'entrée d'eau suite à l'aspiration d'un corps dérivant, tel algues ou sac plastique. Dans ce cas, il est prudent de s'assurer de la circulation d'eau autour du bloc cylindre.

Sauvetage d'un homme tombé à la mer

Sur de petites embarcations, la manœuvre à faire est la suivante :

- stopper immédiatement et, si possible, lancer une bouée en direction du naufragé (ou de la bouée ou du fanion qui le simulent) ;
- remettre les gaz et évoluer de manière à venir au vent de la personne tombée à l'eau ;
- venir droit sur elle lentement mais en restant manœuvrant ;
- débrayer au moment d'arriver sur elle ;
- la saisir et la remonter à bord.

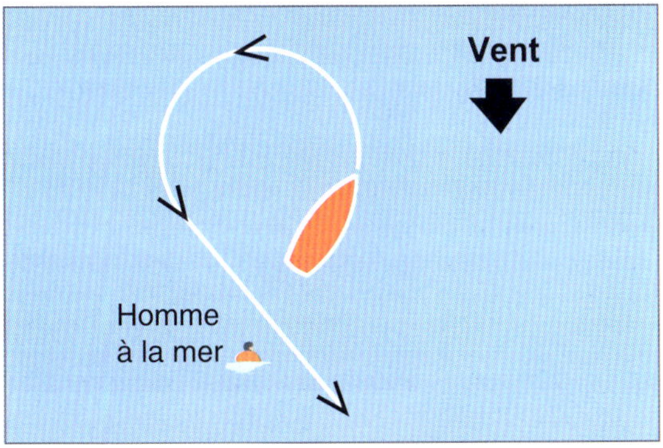

Sur de grosses unités, venir du côté de la chute de manière à écarter tout de suite l'arrière et l'hélice, puis mettre « barre toute » du côté opposé pour revenir sur une route inverse (à 180°) du cap initial.

Homme à la mer à tribord.

Cap du navire : 50. Le navire vient alors jusqu'à 120 puis fait « barre toute » à gauche jusqu'au cap 230 qui est la route inverse du cap initial (50 + 180).

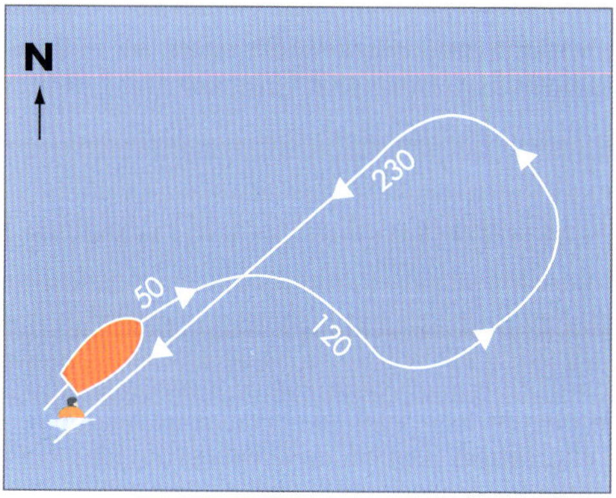

Homme à la mer à bâbord. Le navire faisait la même route au 50. Il vient à 70° sur la gauche, c'est-à-dire le cap 340 (50 - 70 = -20 soit 360 - 20 = 340) puis « barre toute » à droite jusqu'au cap 230, inverse du cap initial (50 + 180).

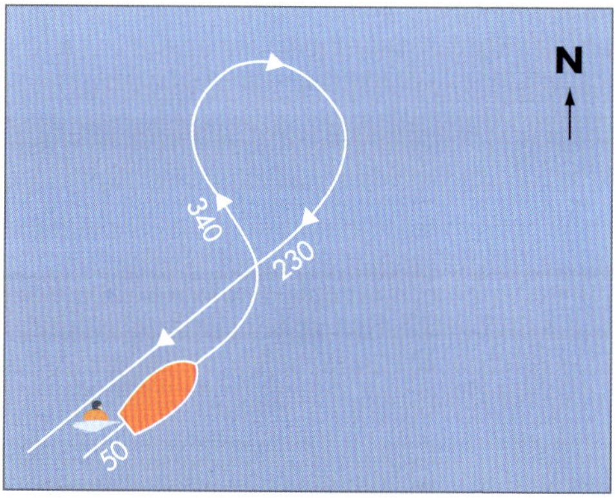

En arrivant sur le naufragé, il convient de se placer **« à son vent »**, puis de débrayer, pour pouvoir le repêcher **« sous le vent »** du bateau.

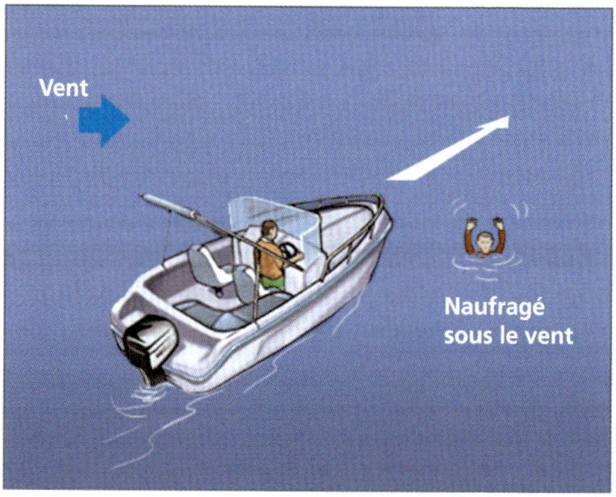

Prise de coffre ou de bouée

Arriver au coffre, face au vent ou au courant avec une vitesse faible, à l'allure juste suffisante pour demeurer manœuvrant. Attraper l'œil de la bouée de corps mort, la monter à bord, tirer sur le cordage ou la chaîne en les faisant passer par le chaumard avant et tourner au taquet. Stopper ou mettre au point mort.

Détail de la manœuvre

Vous approchez l'anneau de la bouée, face au vent. Vous stoppez. Le bateau s'approche de la bouée en courant sur son erre.

Vous cassez l'erre par une marche arrière de très courte durée.

Vous saisissez la gaffe pour passer à la manœuvre suivante.

Avec la gaffe, vous attrapez l'anneau de la bouée ou l'orin lui-même, plus aisément accessible.

Il est indispensable d'avoir stoppé, donc débrayé le moteur, lors de la manœuvre car si vous manquez votre approche ou l'accrochage de l'anneau, la bouée va passer sous la coque.

Prise d'un mouillage

Arriver au point choisi avec très peu d'erre en avant ou en arrière. Si l'on mouille, étant en marche arrière, laisser tomber l'ancre lorsque le remous de l'hélice arrive au milieu du navire. Pour un petit navire, stopper et laisser tomber l'ancre lorsque l'erre est cassée et que l'on commence à dériver. Attendre que le navire ait « fait tête » sur son ancre, chaîne raidie, ancre bien crochée, avant de serrer le frein ou de tourner « à demeure » la chaîne ou le cordage au taquet avant.

Emploi d'un feu à main

Le feu à main est du type « feu de Bengale », il émet une lumière rouge très éblouissante visible de jour comme de nuit durant environ 2 minutes.

L'emploi d'un feu à main nécessite de grandes précautions pour deux raisons :

1. Tout déclenchement d'alerte a des conséquences graves et doit être justifié.

2. Il s'agit de matériel pyrotechnique, donc dangereux. Certains incidents de route sans gravité ont dégénéré en catastrophe suite au mauvais usage d'un matériel pyrotechnique.

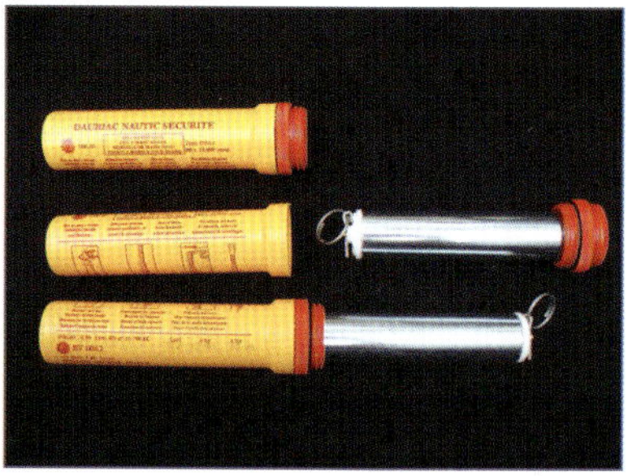

En haut : le feu est dans son étui protecteur étanche. Au milieu : le feu est sorti de son étui. En bas : le feu à main, revissé sur son support creux et isolant, prêt à être utilisé. Pour cela, il suffit de tirer sur l'anneau qui libère la goupille. La mise à feu est automatique.

■ Justification de l'alerte

Le chef de bord doit prendre en considération les opérations d'assistance (voir p.106) qu'il va déclancher par son alérte. Le besoin d'assistance est-il réel ? Une mise en œuvre injustifiée des moyens de sauvetage présente un coût et rend indisponibles ces moyens pour une autre intervention plus urgente.

■ Précaution d'emploi du feu

Il existe des modèles de feux à main déclenchement à tirette ou à percussion. Il convient de lire attentivement le mode d'emploi et de le respecter scrupuleusement. Le stress d'une situation de détresse ne favorise pas la lecture sereine des indications. Il faut lire ce mode d'emploi au calme, quand tout va bien, la première précaution est l'anticipation de l'événement. Le chef de bord doit connaître les moyens dont il dispose.

Les feux doivent être régulièrement renouvelés, et donc en état d'usage. Un feu périmé peut être très dangereux, il ne doit pas être utilisé. Vérifiez toujours la date de péremption figurant sur l'engin. Durant son fonctionnement, l'engin dégage de la chaleur et des particules incandescentes. Il est prudent de se protéger la main à l'aide d'un chiffon sec, ou mieux, de porter un gant. Le tenir à bout de bras, hors du bateau et sous le vent.

Emploi d'une fusée à parachute

Les mêmes précautions sont à observer. Le mode d'emploi est inscrit sur le corps de la fusée. L'engin doit être maintenu verticalement pendant la mise à feu. Bien caler le corps de la fusée et se protéger la main des éventuelles brûlures. Dévisser les bouchons, certaines fusées n'en ont pas, et tirer la ficelle. La poudre va propulser le feu éclairant à plus d'une centaine de mètres de hauteur. Ce dernier descendra lentement au bout de son parachute déployé.

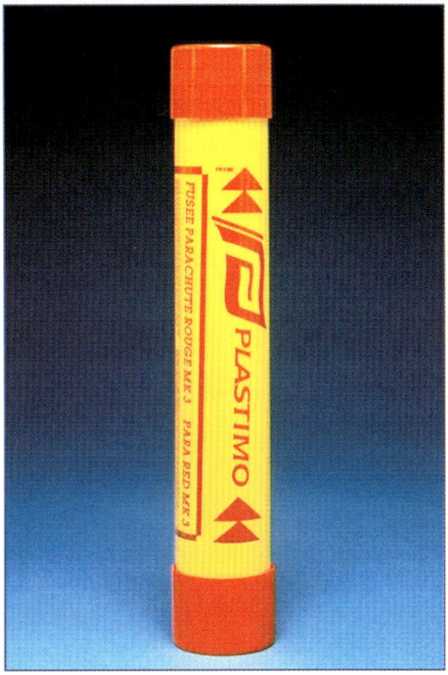

Utilisation d'un extincteur

L'extincteur doit être facilement accessible : quand on en a besoin les secondes sont précieuse. Un foyer d'incendie facilement maîtrisables dans son début peut devenir un brasier gigantesque en quelques minutes seulement. De type approprié, l'extincteur doit être régulièrement contrôlé. Dégoupillez la manette, dirigez la buse vers le foyer (base des flammes) et contrôlez le débit à l'aide du bouton poussoir.

Suivre un cap au compas

Étant à la barre, on s'aperçoit que dès que le navire s'écarte du cap que l'on s'est donné, le repère de la ligne de foi se déplace dans le sens inverse de l'embardée (rappelons que la ligne de foi matérialise l'axe longitudinal du navire. C'est donc elle qui, en réalité, se déplace).

En conséquence, il faut s'astreindre à faire revenir le navire :

- sur la gauche, quand le cap **a augmenté** de valeur ;
- sur la droite, quand le cap **a diminué** de valeur.

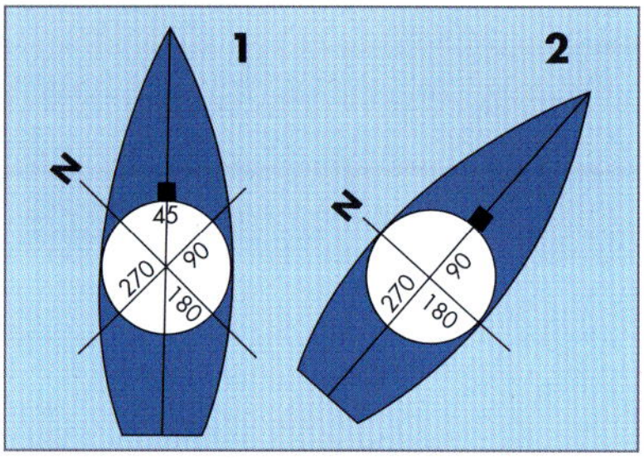

Le cap passe de 45° à 90° : le navire vient sur la droite.

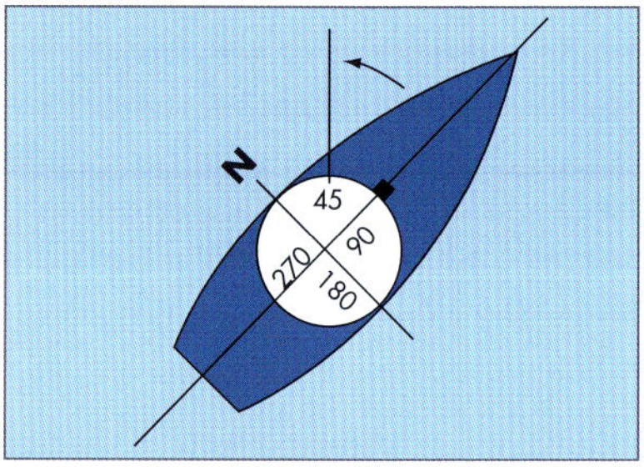

Pour revenir de 90° à 45°, il faut mettre la barre à gauche.

Suivre un alignement

Un alignement existe dès lors que l'on a, sur une même ligne, deux objets ou amers fixes, visibles l'un par l'autre. C'est le cas des deux amers A et B ci-dessous. On est dans leur alignement quand on se situe sur la droite BX. On voit alors les deux amers l'un par l'autre, dans le même alignement.

Lorsqu'on n'est plus sur l'alignement, il faut **toujours revenir vers l'amer antérieur,** (B sur les croquis) et se baser sur lui pour finalement apercevoir A dans l'alignement de B.

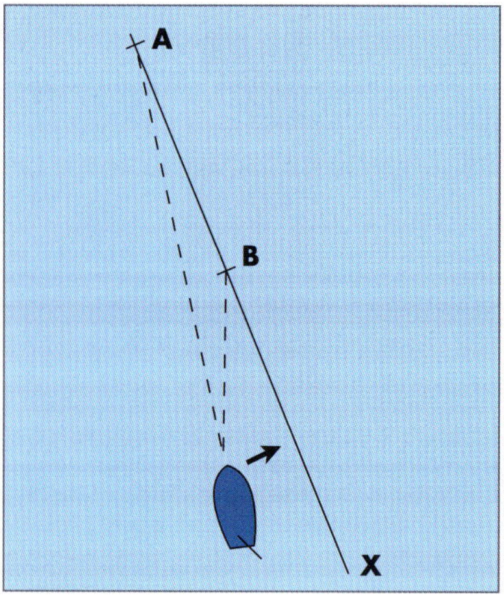

On voit B à droite de A. Venir sur tribord.

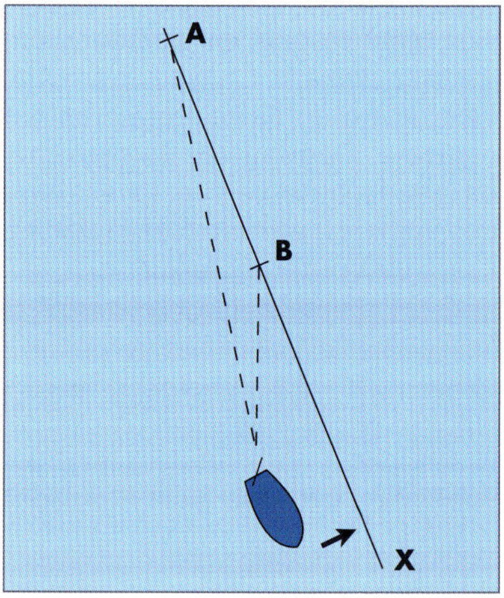

On voit B à droite de A. Venir sur bâbord.

Accostage d'un quai et amarrage

Vous devez, autant que possible, accoster debout au vent ou au courant.

Vous arrivez à petite vitesse, sous un angle de 30° environ par rapport au quai.

Après avoir amorcé une légère manœuvre pour remettre le bateau en parallèle au quai, vous débrayez à quelques mètres de celui-ci.

Dans le cas d'un accostage sur tribord sans utiliser la marche arrière : vous avez mis la barre à gauche. Sur son erre, le bateau touche le quai par l'avant et votre barre à gauche a pour effet d'amener l'arrière contre le quai.

Si vous utilisez la marche arrière : la barre reste à gauche jusqu'à l'instant où vous passez au point mort. Durant le point mort, vous orientez la barre vers le quai, puis vous enclenchez la marche arrière. Cette manœuvre plaque l'arrière du bateau contre le quai et évite le choc de l'avant.

Dans le cas d'un accostage sur bâbord :

Au moment où l'avant touche le quai, vous donnez un léger coup de marche arrière avec la barre orientée vers le quai. La manœuvre fait coller l'arrière au quai.

Si l'angle d'approche n'est pas trop important, la manœuvre peut s'exécuter sans utiliser la barre, le coup de marche arrière suffit.

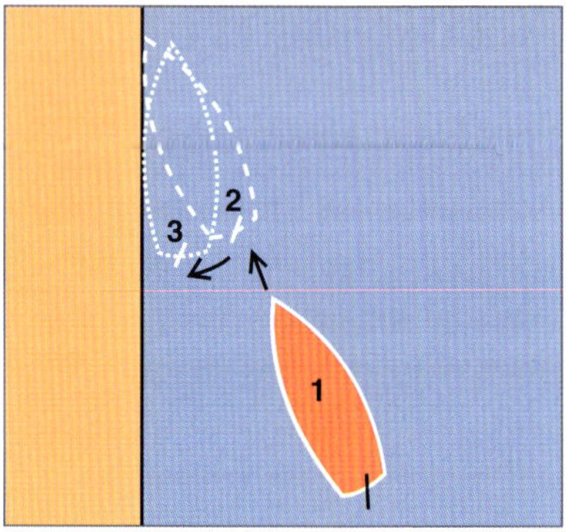

Sans descendre, vous fixez d'abord le bateau sommairement au quai, latéralement.

Vous descendez améliorer l'amarrage en plusieurs points si nécessaire. Vous pouvez alors arrêter le moteur en coupant le contact.

Matelotage

Apprenez à faire les quelques nœuds ci-dessous qui vous seront nécessaires dans votre navigation.

Amarrage à un bollard (nœud de cabestan ou nœud cabestan)

Un nœud cabestan est composé de deux demi-clés. On dit aussi deux demi-clés à capeler.

1

2

3

4

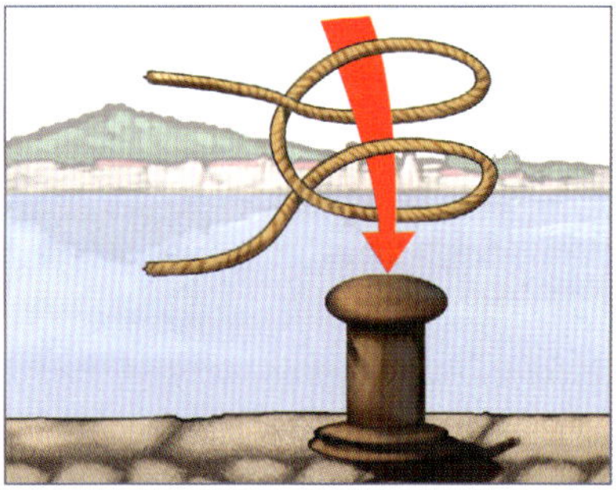

5

Amarrage sur anneau, sur barre ou sur rambarde

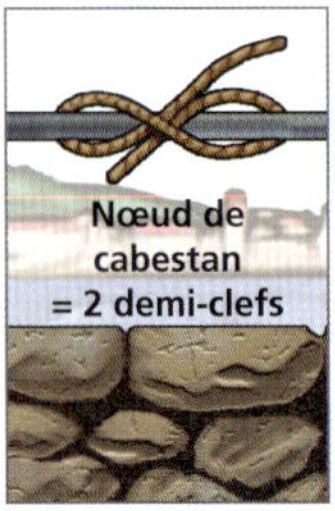

Amarrage à un taquet

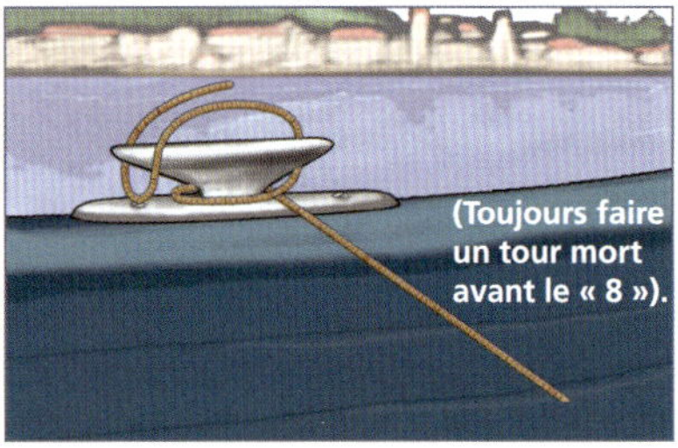

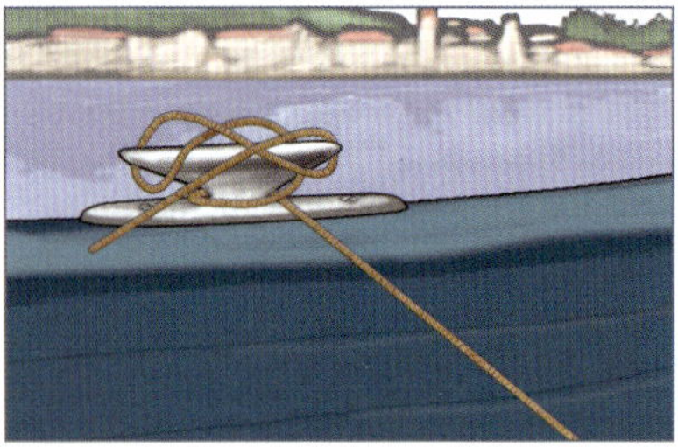

Nœud de chaise

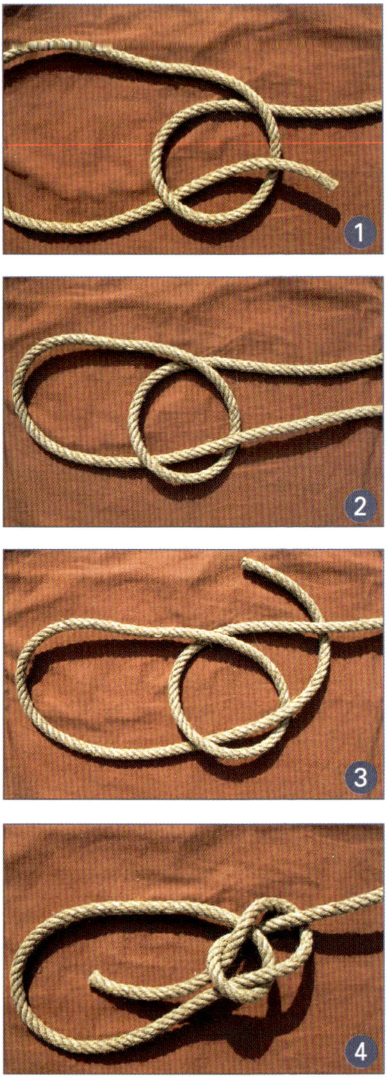

Nœud en forme de huit, dit nœud en huit

Sert à empêcher un cordage de s'échapper d'une poulie ou d'un œillet. Ce nœud en 8 reste facile à défaire.

Nœud d'écoute

Pour l'assemblage de deux bouts. Tenue meilleure et plus facile à larguer quand il est double.

Le permis de conduire en mer Formalités

Depuis le 1er janvier 1993 et après des modifications intervenues en 1994, nul ne peut conduire en mer un navire de plaisance à moteur s'il n'est titulaire d'un des titres suivants :

- **La carte mer** pour une navigation accomplie de jour, à moins de 5 milles d'un abri et à bord d'un navire dont la puissance motrice est supérieure à 6 CV (4,5 kilowatts) et inférieure ou égale à 50 CV (37 kilowatts). La carte mer est supprimée à partir de janvier 2007. Toutefois les titulaires, à ce jour, de la carte mer concervent leurs prérogatives. À l'avenir, il ne sera plus organisé d'examen pour ce permis.
- **Le permis mer**, composé en réalité de deux permis :

A. Le permis côtier, pour toute navigation de jour comme de nuit, mais dans la limite de 6 milles d'un abri (1). C'est pratiquement l'ancien permis A qui était en vigueur avant 1993.

B. Le permis hauturier, pour toute navigation de jour comme de nuit, sans limitation de distance.

Deux mentions, l'une pour la conduite des navires sur-motorisés, l'autre pour la conduite des aéroglisseurs peuvent être portées sur ces titres.

Précisons que pour passer l'examen du permis mer, il n'est pas nécessaire d'être préalablement titulaire de la carte mer. Les deux titres sont totalement distincts.

Le présent volume du code prépare exclusivement au permis côtier. Le candidat qui voudra obtenir ensuite le permis hauturier n'aura à passer qu'une épreuve de navigation qui se prépare avec le *Code Vagnon Permis hauturier*.

L'âge minimum requis pour l'obtention du permis est de 16 ans.

Dispenses, exemptions, aménagements

Sont dispensés de permis :

- les barreurs des navires de plaisance à voile (même équipés d'un moteur auxiliaire à la condition que le voilier satisfasse à la formule donnée page 167 du code, mais c'est le cas de presque tous les voiliers) ;
- les pilotes des navires de plaisance munis d'un moteur d'une puissance inférieure ou égale à 6 CV (4,5 kilowatts).

(1) Sont considérés comme abris les ports ou plans d'eau où le navire peut facilement trouver refuge et où les personnes embarquées peuvent être mises en sécurité.

Les permis A, B et C

délivrés selon la réglementation antérieure conservent leurs prérogatives.

Les titulaires du permis A peuvent donc continuer à naviguer, de jour comme de nuit, jusqu'à 6 milles de la côte.

Ils pourront obtenir le permis hauturier en passant avec succès une épreuve dite de « navigation » sur la carte marine et la marée.

Le programme de cette épreuve est contenu dans le *Code Vagnon Permis hauturier*.

Quant aux détenteurs du permis B, ils peuvent désormais piloter les navires d'une jauge égale ou supérieure à 25 tonneaux.

Sont exemptées

(partiellement ou en totalité) de l'examen du permis les personnes exerçant une fonction ou possédant une certaine qualification, comme les personnels de la Marine nationale ou de la Marine marchande (les anciens officiers de marine, par exemple). La liste en est donnée page 180. Ils obtiennent le permis par équivalence, sans examen.

Les étrangers

pilotant un navire de plaisance français à moteur doivent posséder le permis mer (ou la carte mer, selon la navigation qu'ils pratiquent) ou un titre délivré par leur pays ou par un pays de l'Union européenne pour les ressortissants de celle-ci.

S'ils pilotent un navire étranger, ils ne sont pas astreints à la possession du permis mer mais des interdictions de naviguer en France peuvent être édictées à leur encontre en cas d'inobservation de la réglementation, de négligence.

La conduite accompagnée

est prévue pour des personnes d'au moins 16 ans qui peuvent conduire un navire sans titre, à la condition d'être accompagnées d'une personne titulaire depuis au moins trois ans d'un titre de conduite des navires de plaisance, dans les limites du titre détenu.

Cette conduite accompagnée doit être précédée d'une déclaration au chef de quartier des Affaires maritimes compétent. Cette déclaration, valable un an, n'est pas renouvelable. Un signe distinctif doit être apposé sur le navire.

Il en ressort qu'en dehors de ce cas précis de la conduite accompagnée, **tout pilote se trouvant à la barre d'un navire de plaisance tombant dans le champ d'application du permis mer doit être personnellement titulaire du permis.**

Navigation sur les lacs

Tout comme la carte mer et le permis hauturier, le permis côtier permet de naviguer sur tous les lacs et plans d'eau fermés (mais non sur les canaux et les rivières). Mais si on ne possède pas par ailleurs le certificat S (fluvial), on doit avoir à bord du bateau le règlement particulier de police du lac ou du plan d'eau.

Constitution du dossier

1. Une demande d'inscription (modèle page 169). Préciser que c'est le permis côtier qui est demandé.*

2. Une photographie d'identité.

3. Deux timbres fiscaux, l'un pour le droit d'inscription, l'autre pour le droit de délivrance (respectivement de 38 et 60 € au 1er janvier 2005).

4. Une photocopie d'une pièce d'identité.

5. Un certificat médical de moins de six mois (modèle page 171).

Procédure pour passer le permis

La plus simple et la plus efficace est de s'inscrire à un bateau-école de votre ville ou de votre région. Il se chargera des formalités, de votre préparation, tant théorique que pratique, et de votre présentation à l'examen. Il pourra également vous fournir un ouvrage complémentaire qui facilitera votre préparation : Tests Vagnon (recueil d'exercices). Il pourra s'entraîner à jouer avec les questions d'examen du jeu de *Cartes-Tests Vagnon Mer*, ludique et complet sur tous les thèmes. Il utilisera avec efficacité les séries de diapositives, les cassettes vidéo, le CD-ROM et le DVD édités par les éditions Vagnon pour la préparation au permis.

Le candidat qui désirerait passer en candidat libre s'adressera au directeur départemental des Affaires maritimes de sa région.

Le nouvel examen

L'examen consiste en une épreuve théorique de forme audiovisuelle. Un groupe de candidats assistent à la projection de photos accompagnées de questions à choix multiple (QCM), chaque candidat répond aux questions à l'aide d'un boîtier électronique. Après correction informatisée, le résultat est communiqué aux candidats. Ce résultat reste favorable jusqu'à 4 fautes incluses sur 25 questions (soit 21 réponses exactes). L'examen dure une heure, incluant la préparation administrative et matérielle, l'épreuve audiovisuelle dure environ 20 minutes.

* Les modèles CERFA de demande d'inscription à l'examen, de certificats d'aptitude physique des candidats au permis mer, et de demandes de duplicata sont disponibles sur Internet www.mer.gouv.fr (rubriques : Loisirs, Réglementation, Permis, Télécharger les formulaires d'inscription).
On peut les télécharger et les compléter à l'écran avant de les imprimer et de les faire signer.

Programme de l'épreuve théorique

Ce programme comprend :

- le balisage des côtes, le balisage des plages, les pictogrammes ;
- les règles de barre et de route ;
- les signaux : les signaux phoniques de manœuvre et d'avertissement ; les signaux phoniques par visibilité réduite ; les signaux de détresse ; les signaux régissant le trafic portuaire ; les signaux météorologiques ;
- les feux et marques des navires ;
- les règles de navigation et de sécurité : les catégories de navigation des navires de plaisance ; les catégories de conception des navires de plaisance marqués « CE » ; les limitations de la navigation (zones interdites, limitations de vitesse, signalisation des plongeurs sous-marins et distance de sécurité) ; la conduite en visibilité restreinte ; le matériel d'armement et de sécurité des navires de plaisance ainsi que les pièces administratives à posséder à bord ; l'organisation du sauvetage en mer ; les règles de la pratique du ski nautique ; la responsabilité du chef de bord ;
- la protection de l'environnement : rejets, équipement sanitaire des navires habitables, les précautions à prendre en matière de mouillage, peintures anti-salissures ; protection de la ressource halieutique : interdiction de vente et d'achat du poisson provenant de la pêche de loisir, réglementation de la pêche sous-marine ;
- la météorologie : savoir se procurer les prévisions et connaître l'échelle anémométrique Beaufort.

Le programme de cette épreuve théorique est étudié aux chapitres 1 à 7 de ce code.

Validation du nouveau permis

Le candidat admis à la théorie doit faire valider son permis par un bateau-école agréé. Cette validation intervient sans examen. Le candidat doit suivre auprès du bateau-école, une formation conforme à un programme d'objectifs de compétences. Ce programme fait l'objet d'un *Livret individuel de formation* qui accompagne le candidat durant ses leçons. Il faut compter un minimum de 3 heures de leçons pratiques pour vérifier tous les objectifs. Lorsque tous les objectifs de compétence sont atteints, la formation pratique est validée par le responsable du bateau-école. Une formalité administrative accomplie par le bateau-école permet l'obtention du permis de conduire. Le bateau-école délivre une attestation provisoire en attente du permis définitif. La formation pratique peut être commencée avant l'obtention de la partie théorique ; dans ce cas l'attestation provisoire ne peut pas être délivrée tant que la réussite à l'épreuve théorique n'est pas effective.

Programme de formation pratique

Les objectifs sont classés en cinq thèmes :

Thème 1 : La sécurité du plaisancier

- assurer la sécurité individuelle des passagers,
- assurer la sécurité collective de l'équipage,
- concevoir l'importance d'une formation à l'utilisation des moyens de communication embarqués.

Thème 2 : Les incontournables du plaisancier

- décidée de la sortie en fonction de la météo,
- respecter le balisage et identifier les obstacles sur une zone de navigation (notions de carte marine).

Thème 3 : La responsabilité du plaisancier

- être responsable de l'équipage du bateau,
- utiliser à bon escient les moyens de détresse,
- respecter le milieu naturel.

Thème 4 : La conduite du bateau

- maîtriser la mise en route du moteur,
- maîtriser la trajectoire,
- maîtriser la vitesse,
- maîtriser l'arrêt de la propulsion,
- maîtriser la marche arrière,
- maîtriser l'utilisation des alignements.

Thème 5 : Les manœuvres du bateau

- arriver et partir d'un quai,
- prendre un coffre,
- mouiller, ancrer,
- récupérer un homme tombé à l'eau.

Délivrance du permis

Les directions départementales des Affaires maritimes délivrent le permis aux candidats qui ont subi l'examen dans leur circonscription.

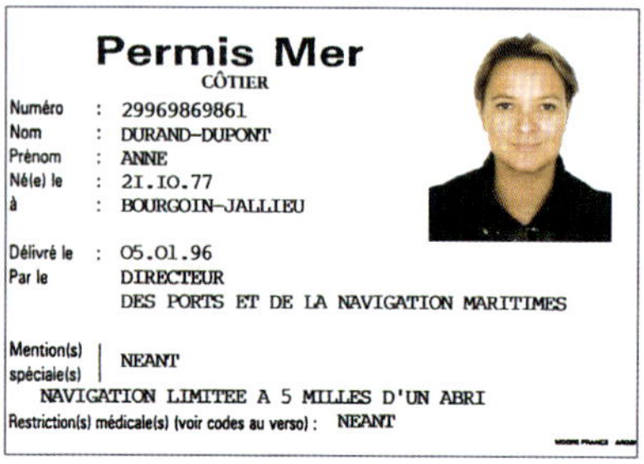
Permis Mer
CÔTIER
Numéro : 29969869861
Nom : DURAND-DUPONT
Prénom : ANNE
Né(e) le : 21.10.77
à : BOURGOIN-JALLIEU
Délivré le : 05.01.96
Par le DIRECTEUR DES PORTS ET DE LA NAVIGATION MARITIMES
Mention(s) spéciale(s) | NEANT
NAVIGATION LIMITEE A 5 MILLES D'UN ABRI
Restriction(s) médicale(s) (voir codes au verso) : NEANT

Recto de l'ancien permis

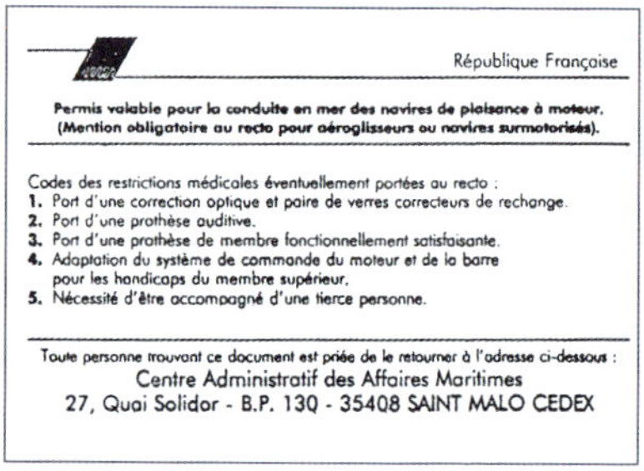
République Française
Permis valable pour la conduite en mer des navires de plaisance à moteur.
(Mention obligatoire au recto pour aéroglisseurs ou navires surmotorisés).

Codes des restrictions médicales éventuellement portées au recto :
1. Port d'une correction optique et paire de verres correcteurs de rechange.
2. Port d'une prothèse auditive.
3. Port d'une prothèse de membre fonctionnellement satisfaisante.
4. Adaptation du système de commande du moteur et de la barre pour les handicaps du membre supérieur.
5. Nécessité d'être accompagné d'une tierce personne.

Toute personne trouvant ce document est priée de le retourner à l'adresse ci-dessous :
Centre Administratif des Affaires Maritimes
27, Quai Solidor - B.P. 130 - 35408 SAINT MALO CEDEX

Verso de l'ancien permis

Divers

Mentions « surmotorisation » et « aéroglisseur »

Pour mémoire. Ces dispositions ne sont pas actuellement applicables.

Il était prévu qu'une mention « surmotorisation » puisse être portée sur le permis mer pour la conduite des navires dont le coefficient de motorisation est supérieur à une certaine valeur (1).

De même, une mention « aéroglisseur » pouvait être portée sur le permis pour la conduite des aéroglisseurs de plaisance.

Mais jusqu'à présent, aucun arrêté d'application n'a été pris pour leur mise en place.

(1) Un navire de plaisance est considéré comme surmotorisé lorsque son coefficient de motorisation est supérieur à 45.
Ce coefficient est calculé à l'aide de la formule $\frac{P}{0,5\,(J + L)}$ dans laquelle :

- P est la puissance en kilowatts,
- J est la jauge brute, exprimée en tonneaux,
- L est la longueur de la coque, en mètres.

Retrait du permis

Les permis (y compris les anciens permis A, B et C) peuvent être retirés temporairement ou définitivement en cas d'inobservation des règlements de police, de négligence ou d'imprudence grave ou en cas de conduite en état d'ébriété. Le motif principal de retrait est la vitesse excessive dans la bande littorale des 300 mètres.

Le retrait temporaire est d'une durée maximum de trois mois.

La personne qui a fait l'objet d'un retrait définitif ne peut solliciter un nouveau permis qu'à l'expiration d'un délai de trois ans à compter de ce retrait.

Dispositions pénales

Des amendes sont prévues pour les cas suivants :

- non présentation immédiate du permis (et des autres pièces administratives), (contravention de 1re classe) ;
- non présentation dans un délai de cinq jours du permis et autres pièces (contravention de 4e classe) ;
- toute violation des textes applicables au permis ou conduite en dépit d'une interdiction temporaire ou définitive (contravention de 5e classe).

Pour tout renseignement sur les permis, consulter également le site web du ministère chargé de la Mer : www.mer.gouv.fr

Voiliers : permis ou pas permis ?

L'obligation du permis (ou de la carte mer) ne concerne pas les navires à voile. Quand le navire à voile est équipé d'un moteur, pour savoir s'il reste considéré comme voilier (donc sans permis), il convient d'appliquer désormais la même formule que celle utilisée en matière de sécurité (circulaire du 12 février 1993).

Si on considère que :

***S* est la surface totale de la voilure, en mètres carrés ;**

***L* la longueur de la coque, en mètres ;**

***D* le déplacement, lège et réservoirs vides, en tonnes ;**

***P* la puissance totale du ou des moteurs, en kilowatts,**

un navire est considéré comme un voilier si le quotient $\frac{S}{\sqrt{LD}}$ **est égal ou supérieur à 5,5 et si le quotient** $\frac{P \times 1{,}36}{D}$ **est inférieur à 9.**

Quartiers des Affaires maritimes

MANCHE

Code postal	Adresse	Téléphone
59385 DUNKERQUE Cedex 1	22, rue des Fusiliers marins, BP 6356	03.28.26.73.00
62200 BOULOGNE/MER	92, quai Gambetta	03.21.30.53.23
76376 DIEPPE Cedex	24, quai du Carénage, BP 224	02.35.06.96.70
76400 FÉCAMP	Quai Sadi Carnot	02.35.10.34.34
76083 LE HAVRE Cedex	4, rue du Colonel-Fabien, BP 34	02.35.19.29.99
76723 ROUEN Cedex	98, avenue du Mont-Riboudet, B.P. 4184	02.32.10.20.31
14200 HÉROUVILLE ST-CLAIR	12, avenue de Tsukuba	02.31.53.66.50
50107 CHERBOURG	Quai du Général Lawton Collins, BP 721	02.33.23.36.13
35406 SAINT-MALO Cedex	27, quai Duguay-Trouin, BP 70	02.99.40.68.30
22022 SAINT-BRIEUC Cedex 1	19, rue Chateaubriand, BP 2239	02.96.68.30.70
22500 PAIMPOL	2, rue du Docteur-Montjaret, B.P. 94	02.96.55 35 00
29600 MORLAIX	11, quai de Tréguier	02.98.62.10.47

ATLANTIQUE

Code postal	Adresse	Téléphone
29279 BREST Cedex	6, rue Saint-Saëns, BP 869	02.98.80.62.25
29117 DOUARNENEZ Cedex	46, rue Henri-Barbusse	02.98.75.31.30
29770 AUDIERNE	1, rue Lamartine, BP 55	02.98.70.03.03
29107 QUIMPER	60, quai d'Odet, BP 1733	02.98.64.96.40
29730 LE GUILVINEC	37, rue de la Marine, BP 19	02.98.58.13.13
29182 CONCARNEAU Cedex	4, rue Lucien-Hascoët, BP 237	02.98.60.55.56
56321 LORIENT Cedex	88, avenue de la Perrière, BP 2143	02.97.37.16.22
56406 AURAY Cedex	18, rue Abbé Joseph-Martin, BP 50650	02.97.24.01.43
56019 VANNES Cedex	15, rue de Kerozen, BP 519	02.97.63.40.95
44606 SAINT-NAZAIRE Cedex	9, boulevard de Verdun, BP 424	02.40.22.46.32
44187 NANTES Cedex	2, boulevard Allard, BP 78749	02.40.44.81.10
85330 NOIRMOUTIER-EN-L'ÎLE	7, avenue de la Victoire, BP 715	02.51.39.94.01
85350 YEU (ILE D')	Port Joinville, quai de la Mairie	02.51.59.42.60
85119 LES SABLES D'OLONNE	Rue Colbert, BP 371	02.51.21.81.81
17021 LA ROCHELLE Cedex 01	Rue du Bastion Saint-Nicolas, Q. de Marans	05.46.28.07.07
17320 MARENNES-OLÉRON	3, rue Maréchal-Foch	05.46.85.14.33
33074 BORDEAUX Cedex	3, rue Fondaudège	05.56.00.83.00
33120 ARCACHON Cedex	194, boulevard de la Plage	05.57.52.57.00
64107 BAYONNE Cedex	6, quai de Lesseps, BP 724	05.59.50.31.50

MÉDITERRANÉE

Code postal	Adresse	Téléphone
66660 PORT-VENDRES	1, rue des Paquebots	04.68.98.34.80
34207 SÈTE Cedex	16, rue Hoche, BP 472	04.67.46.33.00
13697 MARTIGUES Cedex	7, quai Paul-Doumer, BP 185	04.42.80.35.38
13236 MARSEILLE Cedex 2	23, rue des Phocéens	04.91.39.69.00
83054 TOULON Cedex	244, avenue de l'Infanterie de Marine, BP 563	04.94.46.92.00
06303 NICE Cedex 4	22, quai Lunel, BP 139	04.92.00.41.50
20176 AJACCIO	4, boulevard du Roi-Jérôme, BP 312	04.95.51.75.35
20289 BASTIA	Quai Nord du Vieux Port, BP 50	04.95.32.84.60

OUTRE-MER

Code postal	Adresse	Téléphone
97261 FORT-DE-FRANCE	Bvd Chevalier, BP 620	0.596.60.80.30
97085 JARRY Cedex	Bvd Houelbourg, BP 2466	0.590.41.95.50
97306 CAYENNE Cedex	2 bis, rue Mentel, BP 6008	0.594.29.36.15
97487 SAINT-DENIS Cedex	11, rue de la Compagnie des Indes, BP 313	0.262.90.19.60
97500 ST-PIERRE -ET-MIQUELON	1, rue Gloannec, BP 4206	0.508.41.15.30
98845 NOUMEA Cedex	BP 36	00.687.27.26.26
98714 PAPEETE	Motu-Uta, BP 495	00.689.42.02.52

Certificat d'aptitude physique

Ministère de l'Equipement, des Transports et du Logement

cerfa 1/1

N° 11327*01

CERTIFICAT D'APTITUDE PHYSIQUE DES CANDIDATS AU PERMIS MER

(Décret n° 92-1166 du 21 octobre 1992, arrêté du 23 décembre 1992)

Direction du Transport Maritime, des Ports et du Littoral

À établir six mois au plus avant la date de l'examen. Il est important que le candidat et le médecin consultant prennent connaissance des dispositions de l'arrêté figurant à la page 2.

réservé au médecin consultant

Je soussigné(e), docteur en médecine,

....

....

certifie avoir examiné ce jour

M ....

candidat(e) au permis Mer.

Je déclare que l'intéressé(e) :

❑ satisfait ❑ ne satisfait pas ❑ satisfait sous réserve(s)

Cocher ci-dessous les réserves éventuelles qui seront reportées sur le permis :

❑ 1. Port d'une correction optique et paire de verres correcteurs de rechange.

❑ 2. Port d'une prothèse auditive.

❑ 3. Port d'une prothèse de membre fonctionnellement satisfaisante.

❑ 4. Adaptation du système de commande du moteur et de la barre pour les handicaps du membre supérieur.

❑ 5. Nécessité d'être accompagné d'une tierce personne.

Fait à ....

le ....

Signature et cachet du médecin consultant

réservé au candidat

M ❑ Mme ❑ Melle ❑

Nom ....

Prénom ....

Né(e) le ....

à ....

demeurant à ....

....

déclare avoir pris connaissance des dispositions réglementaires concernant les conditions d'aptitude physique requises pour se présenter à l'examen du permis Mer ;

s'engage à respecter les prescriptions particulières qui seront reportées sur le permis, dans le cas d'une aptitude physique satisfaisante sous réserve(s).

Fait à ....

le ....

Signature du candidat

Le cas échéant, décision finale du médecin des gens de mer (voir page 2, alinéa 9)

(CAAM-05.93.01)

La loi n° 78-17 du 6 janvier 1978 relative à l'informatique, aux fichiers et aux libertés s'applique aux réponses faites à ce formulaire par les personnes physiques. Elle garantit un droit d'accès et de rectification pour les données vous concernant auprès des directions départementales des Affaires Maritimes.

Ministère
de l'Equipement,
des Transports
et du Logement

cerfa 1/1
N° 50617#01

NOTICE AU CERTIFICAT D'APTITUDE PHYSIQUE DES CANDIDATS AU PERMIS MER

Annexe II de l'arrêté du 23 décembre 1992
relatif aux examens pour l'obtention de la carte Mer et du permis Mer

Direction du Transport Maritime, des Ports et du Littoral

Conditions d'aptitude physique pour le permis Mer

Les conditions d'aptitude physique requises pour pouvoir se présenter à l'examen du permis Mer sont les suivantes :

1 - **Acuité visuelle minimale sans correction ou avec correction :** 6/10 d'un œil et 4/10 de l'autre ou 5/10 de chaque œil ;
Verres correcteurs admis, sous réserve :
- de verres organiques ;
- d'un système d'attache de lunettes ;
- d'une deuxième paire de lunettes de rechange à bord.

Lentilles précornéennes admises sous réserve :
- de port de verres protecteurs neutres par-dessus les lentilles, pour engins découverts ;
- d'une paire de verres correcteurs de rechange à bord.

Les borgnes et les amblyopes unilatéraux peuvent être autorisés à conduire les navires de plaisance, sous réserve d'un minimum d'acuité visuelle de l'œil sain de 8/10 sans ou avec correction. Les sujets présentant cette acuité visuelle sans correction devront porter des verres protecteurs neutres sur les engins découverts.

Pour les borgnes, le permis ne pourra être délivré qu'un an après la perte de l'œil.

2 - **Champ visuel périphérique :** normal
Pour les borgnes et les amblyopes, contrôle à l'appareil de Goldmann obligatoire.

3 - **Sens chromatique :** satisfaisant.
Les sujets faisant des erreurs au test d'Ishihara devront obligatoirement subir un examen à la lanterne de Beyne.

4 - **Acuité auditive minimale :**
- voix chuchotée perçue à 0,50 mètre de chaque oreille ;
- voix haute à 5 mètres de chaque oreille ;
- prothèse auditive tolérée.

5 - **Membres supérieurs :**
Les fonctions de préhension des membres supérieurs nécessaires au pilotage du navire doivent être satisfaisantes.
En cas d'infirmité ou d'amputation de l'un des membres supérieurs, le candidat pourra néanmoins être déclaré apte s'il est porteur d'une prothèse fonctionnellement satisfaisante et si des modifications adéquates ont été apportées au système de commande du moteur et de la barre.

6 - **Membres inférieurs :**
Intégrité fonctionnelle des deux membres inférieurs ou intégrité de l'un des membres et appareillage mécanique satisfaisant de l'autre.
Au cas où ces conditions ne seraient pas remplies, le candidat sera néanmoins autorisé à se présenter à l'examen du permis ; en cas de succès, il ne pourra embarquer seul et devra être accompagné d'une tierce personne âgée d'au moins seize ans, présentant les conditions d'aptitude physique sans restriction. Il n'est pas nécessaire que cette tierce personne soit elle-même titulaire du permis de conduire.

7 - **Etat neuropsychiatrique et cardio-vasculaire :** satisfaisant.

8 - D'une manière générale, toute affection faisant courir le risque d'une perte brutale de connaissance entraînera l'inaptitude.
Toutefois, les affections parfaitement bien contrôlées par le traitement, en particulier le diabète et la comitialité, pourront être tolérées. Elles feront l'objet d'un examen approfondi avant la délivrance du certificat.

9 - En cas de difficulté ou de contestation d'ordre médical, le médecin des gens de mer statue en dernier ressort, après avoir procédé ou fait procéder, aux frais du candidat, à tous les examens qu'il juge nécessaires.

Demande de duplicata de permis mer

1/1

cerfa
N° 11329*01

Ministère de l'Equipement, des Transports et du Logement

DEMANDE DE DUPLICATA D'UN TITRE DE CONDUITE EN MER DES NAVIRES DE PLAISANCE À MOTEUR

(titres de conduite en mer exclusivement)
(décret n° 92-1166 du 21 octobre 1992 - Arrêté du 23 décembre 1992)

Direction du Transport Maritime, des Ports et du Littoral

(Avant de remplir cette demande, lire attentivement la notice)

NOM : M., Mme, Mlle (en capitales - suivi du nom d'époux s'il y a lieu)

|_|_|_|_|_|_|_|_|_|_|_|_|_|_|_|_|_|_|_|_|_|_|_|_|_|

PRÉNOMS : (au complet dans l'ordre de l'état-civil)

|_|_|_|_|_|_|_|_|_|_|_|_|_|_|_|_|_|_|_|_|

Jour Mois Année
Né (e) le |_|_| |_|_| |_|_|_|_|

Commune (pour les grandes villes n° d'arrondissement)

|_|_|_|_|_|_|_|_|_|_|_|_|_|_|_|_|_|_|_|_| **Département** |_|_|_|

Pour l'étranger : pays - Pour l'outre-mer : territoire

|_|_|_|_|_|_|_|_|_|_|_|_|_|_|_|_|_|_|_|_|_|_|_|_|_|_|_|_|_|_|

ADRESSE : N° - Rue

|_|_|_|_|_|_|_|_|_|_|_|_|_|_|_|_|_|_|_|_|_|_|_|_|_|_|_|_|_|_|

Code Postal **Commune**

|_|_|_|_|_| |_|_|_|_|_|_|_|_|_|_|_|_|_|_|_|_|_|_|_|_|_|_|_|_|_|_|

PERMIS DONT VOUS ÊTES TITULAIRE

☐ Permis délivré avant le 15 mars 1996
☐ Permis A ☐ Permis B ☐ Permis C
☐ Carte Mer ☐ Carte Mer navigation de nuit
☐ Permis Mer ☐ Permis Mer Côtier ☐ Permis Mer hauturier
Le permis dont vous êtes titulaire vous a été délivré :
☐ après examen ☐ par équivalence avec un titre professionnel

RENSEIGNEMENTS COMPLÉMENTAIRES (Permis délivrés avant le 01/01/1993)

Numéro du permis :
Date et lieu d'examen (centre, bateau-école, association) : ....
....
A défaut, autres renseignements permettant d'identifier votre permis : ....
....
....

A , le
Signature

CAAM 11.94.01

La loi n° 78-17 du 6 janvier 1978 relative à l'informatique, aux fichiers et aux libertés s'applique aux réponses faites à ce formulaire par les personnes physiques. Elle garantit un droit d'accès et de rectification pour les données vous concernant auprès des directions départementales des Affaires Maritimes.

Verso de la page précédente

DEMANDE DE DUPLICATA
D'UN TITRE DE CONDUITE EN MER DES NAVIRES DE PLAISANCE A MOTEUR

ATTENTION : Cette demande ne concerne que les titres de conduite en EAUX MARITIMES.

IDENTIFICATION DU PERMIS

Il convient de bien identifier le permis dont vous êtes titulaire. En effet, selon la date de son obtention, la dénomination, les prérogatives et la présentation (taille, couleur) du permis sont différentes :

AVANT LE 15 MARS 1966 :
Permis de couleur rouge, s'ouvrant en deux *horizontalement* et reconnu équivalent au permis B.

DU 15 MARS 1966 AU 31 DECEMBRE 1992 :
Permis A, B ou C, de couleur orange clair ou foncé, à trois volets.

DEPUIS LE 1er JANVIER 1993 :
Titre de couleur blanche, plastifié :
◊ Carte Mer ou Carte Mer spéciale navigation de nuit.
◊ Permis Mer, Permis Mer Côtier ou Permis Mer Hauturier.

OU ADRESSER VOTRE DEMANDE

Vous devez adresser la présente demande à l'autorité qui vous a délivré le titre de conduite :
◊ soit le **Quartier des Affaires Maritimes** concerné (permis passés sur le littoral, y compris DOM/TOM).
◊ soit le **Bureau de la Navigation de Plaisance**, 3 place de Fontenoy, 75700 PARIS (permis passés en Ile-de-France, en province hors littoral, dans les centres ouverts à l'étranger).

Pour les titres délivrés **depuis le 1er janvier 1993** (sur support plastifié de couleur blanche), vous pouvez également adresser votre demande au **Centre Administratif des Affaires maritimes**, service des permis plaisance, 27 Quai Solidor, 35408 SAINT-MALO CEDEX.

Les titulaires de plusieurs permis délivrés avant le 31 décembre 1992 par des autorités différentes (ex. : Permis A et Permis B délivrés par des quartiers des Affaires Maritimes différents) doivent adresser leur demande à l'autorité qui a délivré le premier permis.

COMPOSITION DE DOSSIER DE DEMANDE DE DUPLICATA

◊ la présente demande signée
◊ une déclaration de vol (déclaration officielle établie au commissariat de police ou à la gendarmerie) ou en cas de perte, une déclaration sur l'honneur
◊ timbres fiscaux correspondant au droit de délivrance :
◊ une photocopie d'une pièce d'identité récente, ou à défaut une fiche individuelle d'état-civil
◊ une photographie d'identité récente
◊ une enveloppe timbrée à l'adresse du demandeur
◊ *éventuellement*, pour les permis délivrés avant le 1er janvier 1993, une photocopie du permis.

Annexes

Code international des signaux

(Extraits)

La connaissance du code international de signaux n'est pas exigible à l'examen du permis mais certains signaux d'une seule lettre (par exemple : A, B, N et C, etc.) doivent être connus, on l'a vu, du candidat.

Signaux d'une lettre

A (Alfa)	– J'ai un scaphandrier en plongée ; tenez-vous à distance et avancez lentement.
B (Bravo)	– Je charge ou décharge, ou je transporte des marchandises dangereuses.
C (Charlie)	– Oui.
D (Delta)	– Ne me gênez pas, je manœuvre avec difficulté.
E (Echo)	– Je viens sur tribord.
F (Foxtrot)	– Je suis désemparé ; communiquez avec moi.
G (Golf)	– 1. J'ai besoin d'un pilote – 2. (fait par un bateau de pêche) : je relève mes filets.
H (Hotel)	– J'ai un pilote à bord.
I (India)	– Je viens sur bâbord.
J (Juliett)	– J'ai un incendie à bord et je transporte des marchandises dangereuses.Tenez-vous à distance.
K (Kilo)	– Je désire entrer en communication avec vous ou vous invite à transmettre.
L (Lima)	– Stoppez votre navire immédiatement.
M (Mike)	– Mon navire est stoppé et n'a plus d'erre.
N (November)	– Non.
O (Oscar)	– Un homme à la mer.
P (Papa)	– 1. (Au port) : Toutes les personnes doivent se présenter à bord, le navire doit prendre la mer. 2. (A la mer, fait par un bateau de pêche) : a) Mes filets sont accrochés à un obstacle. - b) J'ai besoin d'un pilote.
Q (Quebec)	– Mon navire est « indemne » et je demande la libre pratique.
R (Roméo)	– Signal de procédure. Reçu ou j'ai reçu votre dernier signal.
S (Sierra)	– Mes machines sont en arrière.
T (Tango)	– (Fait par un bateau de pêche) : Ne me gênez pas : je fais du chalutage jumelé.
U (Uniform)	– Vous courez vers un danger.
V (Victor)	– Je demande assistance.
W (Whiskey)	– J'ai besoin d'assistance médicale.
X (X-Ray)	– Arrêtez vos manœuvres et veillez mes signaux.
Y (Yankee)	– Mon ancre chasse.
Z (Zulu)	– 1. J'ai besoin d'un remorqueur. 2. (Fait par un bateau de pêche) : Je mets à l'eau mes filets.

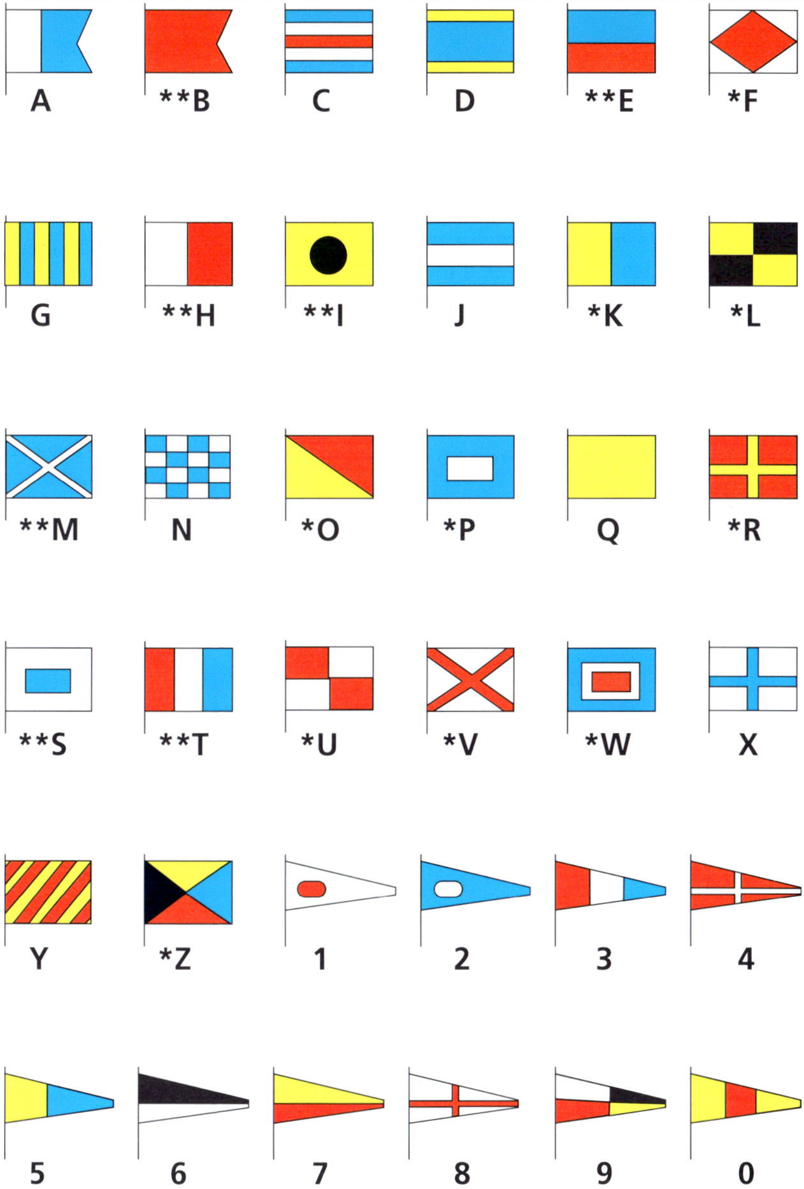

Substituts

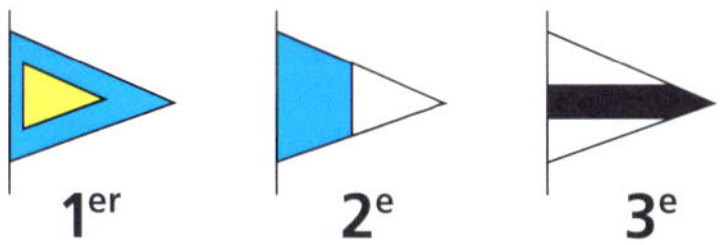

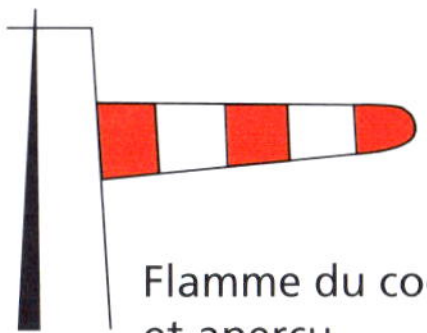

Flamme du code
et aperçu

* Se font aussi par signaux lumineux
** Se font aussi par signaux sonores

Marques extérieures d'identité

Les marques extérieures d'identité pour les navires de plaisance sont les suivantes :

- Marque 1 : **nom du navire et nom ou initiales du quartier d'immatriculation,** en lettres de couleur claire sur fond foncé ou de couleur foncée sur fond clair, à la poupe (pas de dimensions imposées) ;
- Marque 2 : **nom du navire,** dans les conditions ci-dessus, à l'avant ;
- Marque 3 : **initiales du quartier et numéro d'immatriculation,** en lettres et chiffres d'au moins 10 cm de hauteur, 10 cm de largeur et 2,5 cm de largeur du trait de chaque côté de la coque ou des superstructures. Pour les véhicules nautiques à moteur (scooters, etc.), hauteur minimale de 3 cm. La marque comporte : soit les 2 lettres du quartier + 6 chiffres (ex. : TL 746207), soit pour les bateaux neufs immatriculés depuis 1997, les 2 lettres du quartier + la lettre A + 5 chiffres (ex. : ST A 43361). Voir photo page suivante.

Voiliers

- **d'une jauge brute égale ou supérieure à 25 tonneaux :** marques 1 et 2 ci-dessus, c'est-à-dire :
- nom du navire et du quartier d'immatriculation à la poupe ;
- nom du navire à l'avant.
- **d'une jauge brute égale ou supérieure à 2 tonneaux mais inférieure à 25 tonneaux :** marque 1 ci-dessus, c'est-à-dire : nom du navire et du quartier d'immatriculation à la poupe ;
- **d'une jauge brute inférieure à 2 tonneaux :** aucune marque.

Initiales des quartiers d'immatriculation

AJACCIO	**AJ**	FÉCAMP	**FC**	SAINT-BRIEUC	**SB**
ARCACHON	**AC**	LA ROCHELLE	**LR**	SAINT-MALO	**SM**
AUDIERNE	**AD**	LE GUILVINEC	**GV**	SAINT-NAZAIRE	**SN**
AURAY	**AY**	LE HAVRE	**LH**	SÈTE	**ST**
BASTIA	**BI**	LES SABLES D'OLONNE	**LS**	TOULON	**TL**
BAYONNE	**BA**	LORIENT	**LO**	VANNES	**VA**
BOULOGNE	**BL**	MARENNES	**MN**	YEU	**YE**
BORDEAUX	**BX**	MARSEILLE	**MA**		
BREST	**BR**	MARTIGUES	**MT**		
CAEN	**CN**	MORLAIX	**MX**	FORT-DE-FRANCE	**FF**
CAMARET	**CM**	NANTES	**NA**	POINTE-À-PITRE	**PP**
CHERBOURG	**CH**	NICE	**NI**	CAYENNE	**CY**
CONCARNEAU	**CC**	NOIRMOUTIER	**NO**	LA RÉUNION	**RU**
DIEPPE	**DP**	PAIMPOL	**PL**	ST-PIERRE-ET-MIQUELON	**SP**
DOUARNENEZ	**DZ**	PORT-VENDRES	**PV**	NOUMÉA	**NC**
DUNKERQUE	**DK**	ROUEN	**RO**	PAPEETE	**PY**

Navires à moteur d'une jauge brute égale ou supérieure à 25 tonneaux

Marques **1**, **2**, **3** soit :

- noms du navire et du quartier d'immatriculation à la poupe ;
- nom du navire à l'avant ;
- initiales du quartier et numéro d'immatriculation de chaque côté de la coque ou des superstructures.

Navires à moteur d'une jauge brute égale ou supérieure à 2 tonneaux mais inférieure à 25 tonneaux

Avec moteur de 10 CV et plus :

Marques **1** et **3**, soit :

- noms du navire et du quartier d'immatriculation à la poupe ;
- initiales du quartier et numéro d'immatriculation de chaque côté de la coque ou des superstructures.

Avec moteur de moins de 10 CV :

Marque **1** soit : noms du navire et du quartier d'immatriculation à la poupe.

Navires à moteur d'une jauge brute inférieure à 2 tonneaux

Avec moteur de 10 CV et plus :

Marque **3**, soit :

- initiales du quartier et numéro d'immatriculation de chaque côté de la coque ou des superstructures.

Avec moteur de moins de 10 CV : Aucune marque.

Les véhicules nautiques à moteur (scooters de mer, etc.) doivent porter un numéro avec des caractères d'une hauteur minimale de 30 mm.

Obtention du permis par équivalence

Catégories pouvant obtenir les titres de conduite par équivalence (arrêté du 3 mai 1995, modifié le 8 mars 2002) :

I. Marine marchande

a) Permis mer hauturier

Brevet de capitaine au long cours.
Brevet de capitaine de la marine marchande.
Brevet de capitaine côtier.
Certificat de capacité (ancien ou nouveau régime).
Brevet de lieutenant au long cours.
Brevet de lieutenant de grande navigation.
Brevet de lieutenant de la marine marchande.
Brevet de lieutenant au cabotage.
Brevet de chef de quart.
Diplôme d'élève officier au long cours.
Diplôme d'élève chef de quart (ancien régime).
Brevet de capitaine de 1re classe de la navigation maritime.
Brevet de capitaine de 2e classe de la navigation maritime.
Diplôme d'études supérieures de la marine marchande.
Diplôme de capitaine de 2e classe de la navigation maritime.
Brevet d'officier de la marine marchande.
Brevet d'officier chef de quart.
Diplôme d'élève officier de la marine marchande.
Diplôme d'élève chef de quart (nouveau régime).
Attestation d'admissibilité en 3e année du cycle de formation des capitaines de 1re classe de la navigation maritime.
Brevet de capitaine de pêche.
Brevet de patron de pêche.
Brevet de lieutenant de pêche.
Brevet de patron au bornage.
Brevet d'officier radioélectricien ou radioélectronicien de 1re classe Marine marchande.
Brevet d'officier radioélectricien ou radioélectronicien de 2e classe.
Certificat d'apprentissage maritime, mention Pont.
Certificat d'apprentissage maritime, mention Pêche.
Certificat d'apprentissage maritime, mention Commerce.
Certificat d'aptitude professionnelle maritime d'électricien ou de mécanicien de bord.
Certificat d'aptitude professionnelle maritime de marin du commerce.
Certificat d'aptitude professionnelle maritime de marin-pêcheur.
Certificat d'aptitude professionnelle maritime de marin-pêcheur, option Pont.
Brevet d'études professionnelles maritimes de conduite et exploitation de navires de pêche.
Brevet d'études professionnelles maritimes Machines marines.
Certificat d'admissibilité en 2e année du cycle de formation des capitaines de 2e classe de la navigation maritime.
Diplôme d'élève officier de 2e classe de la navigation maritime.
Brevet d'officier de 2e classe de la navigation maritime.
Attestation d'admissibilité en 2e année du cycle de formation des capitaines de 1re classe de la navigation maritime.
Diplôme de capitaine de 2e classe de la navigation maritime Théorie.
Attestation de succès à l'examen pour l'obtention du brevet de chef de quart.
Brevet de patron plaisance à la voile.
Attestation de réussite aux épreuves du module 2 de l'examen pour l'obtention du brevet de patron de petite navigation.
Elèves des cycles de formation des officiers de 1re et de 2e classe de la marine marchande titulaires, au minimum, du certificat d'admissibilité en deuxième année.
Certificat de matelot à la passerelle.
Brevet d'études professionnelles maritimes de marin du commerce.
Brevet d'études professionnelles maritimes pêche.
Tout titre de formation professionnelle maritime permettant ou ayant permis d'exercer des fonctions principales, au niveau opérationnel ou de direction dans les services pont (tableaux I et II de l'article 7 du décret du 25 mai 1999 susvisé) ou polyvalent (tableau figurant à l'article 9 du décret du 25 mai 1999 susvisé).

b) Permis Mer côtier

Officier mécanicien de 1re classe.
Officier mécanicien de 2e classe.
Officier mécanicien de 3e classe.
Officier mécanicien de 3e classe électromotoriste.
Certificat de formation nautique Pont.
Marins titulaires d'un permis de conduire les moteurs, délivré depuis le 15 mars 1966.
Certificat de motoriste à la pêche.
Certificat d'aptitude à la conduite des moteurs des navires conchylicoles.
Brevet d'études professionnelles maritimes de mécanicien.
Certificat de mécanicien de quart à la machine.
Certificat d'aptitude professionnelle maritime de matelot.
Certificat d'initiation nautique.
Tout titre de formation professionnelle maritime permettant ou ayant permis d'exercer des fonctions principales au niveau opérationnel ou de direction dans le service machine d'un navire (tableau figurant à l'article 8 du décret du 25 mai 1999 susvisé).

c) Carte Mer

Tous titres de formation professionnelle maritime permettant d'être porté au rôle d'équipage d'un navire.

Certificat de canotier breveté.

Brevet d'aptitude à l'exploitation des embarcations et radeaux de sauvetage.

II. – Personnels civils de l'État

A. – Personnels relevant du ministère chargé de la mer

Permis Mer hauturier

Corps d'encadrement et de commandement des personnels embarqués d'assistance et de surveillance des affaires maritimes (PEASAM /B).

Corps d'exécution et de maîtrise des personnels embarqués d'assistance et de surveillance des affaires maritimes (PEASAM /C).

Personnels des corps suivants titulaires d'une attestation de succès à l'examen de formation nautique organisé par le centre d'instruction et de documentation administrative maritime :

Inspecteurs des affaires maritimes.

Contrôleurs des affaires maritimes (branche Technique).

Techniciens du contrôle des établissements de pêche.

Syndics des gens de mer.

B. – Personnels relevant du ministère chargé du budget, direction générale des douanes.

Permis Mer hauturier

Brevet de chef de quart ou de navigateur.

Certificat de conducteur de vedette.

III. – *Marine nationale*

a) Permis Mer hauturier

Officiers de marine provenant de l'École navale.

Officiers de marine provenant de l'École militaire de la flotte (option Opérations-armes).

Officiers spécialisés de la marine recrutés au choix, ou sur concours, de la branche Conduite nautique et titulaires du certificat de chef de quart.

Officiers n'appartenant pas aux corps précédemment mentionnés et titulaires du certificat de chef de quart.

Elèves officiers de réserve certifiés chef de quart.

Administrateurs des affaires maritimes.

Professeurs de l'enseignement maritime.

Officiers du corps technique et administratif des affaires maritimes.

Officiers mariniers de la spécialité de navigateur.

Officiers mariniers titulaires d'un brevet supérieur de la spécialité d'hydrographe, délivré avant le 31 décembre 1994.

Personnels des corps et spécialités mentionnés ci-dessus ayant changé de corps, de spécialité ou quitté le service actif.

Personnels des corps et spécialités éteintes suivantes :

Officiers des équipages de la flotte et officiers techniciens de la marine, certifiés chef de quart ou des spécialités de manœuvrier, timonier, pilote de la flotte, hydrographe et météorologiste.

Ingénieurs hydrographes.

Officiers d'administration des affaires maritimes issus du centre de formation des officiers d'administration des affaires maritimes depuis le 1er janvier 1972.

Officiers mariniers pilotes de la flotte.

Stagiaires étrangers ayant suivi avec succès une formation de chef de quart à l'Ecole Navale.

b) Carte Mer

Élèves de l'École navale.

Officiers spécialisés de la marine recrutés au choix ou sur concours de la spécialité de météorologiste-océanographe.

Officiers mariniers de la spécialité d'hydrographe.

Officiers mariniers et personnel des équipages titulaires du brevet supérieur de météorologiste-océanographe, du brevet d'aptitude technique de timonier, du brevet élémentaire de manœuvrier ou de manœuvrier de direction de port.

Le personnel ayant appartenu aux corps et spécialités mentionnés ci-dessus et ayant changé de corps, de spécialité ou quitté le service actif bénéficie des mêmes facilités.

IV. – *Gendarmerie nationale*

a) Permis Mer hauturier

Certificat Pilote embarcations gendarmerie (PEG).

b) Permis Mer côtier

Attestation d'aptitude à la conduite des embarcations légères de la gendarmerie.

Le dossier d'inscription pour l'obtention d'un titre par équivalence comprend :

a) Une demande d'inscription selon un modèle défini séparément ;

b) Une photographie d'identité ;

c) Un timbre fiscal correspondant au droit de délivrance ;

d) Une photocopie d'une pièce d'identité ;

e) Une copie du diplôme professionnel ou toute autre pièce officielle justifiant la demande d'une équivalence.

Les engins de plage

Sont considérés comme engins de plage sous réserve que la puissance maximale de l'appareil propulsif ne dépasse pas 3 kilowatts (4 chevaux) :

- les embarcations dont la longueur de coque est inférieure à 2,50 mètres ;
- les embarcations mues exclusivement par l'énergie humaine quand elles ont : soit une longueur de coque inférieure à 4 mètres, soit une largeur de coque inférieure à 0,45 mètre.

En cas d'embarcation multicoque, la largeur mentionnée ci-dessus est obtenue par l'addition de la largeur de la coque principale et du ou des flotteurs latéraux, à condition que ces derniers aient une longueur égale ou supérieure à 1,50 mètre. Cette largeur doit être inférieure à 0,40 mètre. En outre, les embarcations propulsées au moyen d'avirons, dont la largeur de coque est inférieure à 1 mètre, sont considérées comme des engins de plage lorsque le ratio *L*/*l* est supérieur à 10 (*L* étant la longueur et *l* la largeur).

- les embarcations gonflablesquand elles sont également mues exclusivement par l'énergie humaine.

Les embarcations légères de plaisance

Sont considérées comme embarcations légères de plaisance :

- les embarcations d'une longueur de coque inférieure à 5 mètres, non classées dans la catégorie des véhicules nautiques à moteur ou d'engins de plage.
- les voiliers de sport légers, embarcations à voile sans lest fixe et dépourvus d'une cabine, d'une masse totale inférieure à 300 kg en condition lège ;
- les voiliers de sport à quille, c'est-à-dire tout voilier ouvert muni d'un lest ;
- les embarcations mues exclusivement par l'énergie humaine qui ne seraient pas considérées comme engins de plage.

Les véhicules nautiques à moteur

Sont considérés comme véhicules nautiques à moteur :

- les engins type scooter ou moto de mer sur lesquels le pilote se tient à califourchon ou en équilibre dynamique, dont la puissance propulsive maximale autorisée dépasse 3 kilowatts (4 chevaux) ;
- les planches à moteur et les engins de vague dont la puissance propul-

sive maximale autorisée dépasse 3 kilowatts (4 chevaux) ;

- tout engin de vitesse ou de sport, à carénage total ou partiel, dont la puissance propulsive maximale autorisée dépasse 3 kilowatts (4 chevaux) et dont le programme d'utilisation ne permet pas une navigation au-delà d'un mille d'un abri.

Autres navires

Les navires non-voiliers sont des navires pour lesquels le moyen principal de propulsion est autre que la propulsion vélique.

Les navires du patrimoine sont les navires construits et conçus avant 1950 ou construits à l'identique, avec des matériaux d'origine.

Immatriculation et francisation

Immatriculation

Tout navire de plaisance (à l'exclusion des engins de plage) naviguant en mer doit être immatriculé dans un quartier des Affaires maritimes, y compris les véhicules nautiques à moteur.

Francisation

La francisation (qui est en quelque sorte la naturalisation française du navire) n'est obligatoire que pour les navires de plaisance de plus de 7 mètres de longueur.

Ceux de 7 mètres ou moins ne sont soumis à la francisation que s'ils se rendent dans les eaux territoriales étrangères.

Navire de 7 mètres de longueur ou moins

Ils ne sont pas francisés mais possèdent un titre de navigation (carte de circulation) d'un modèle simplifié, délivré par le quartier des Affaires maritimes d'immatriculation.

Le dossier à constituer comprendra les pièces suivantes :

Pour un navire neuf, les pièces indiquées dans la colonne 1 du tableau de la page 183 (cadre bleu seulement).

Le dossier est à adresser au quartier d'Affaires maritimes de votre choix (mais tout navire de plaisance de 7 mètres ou moins peut être immatriculé directement auprès du centre administratif des Affaires maritimes, section des navires de plaisance, BP 130 - 35408 Saint-Malo Cedex, soit à l'initiative du plaisancier, du constructeur ou du négociant).

Pour un navire d'occasion les pièces indiquées dans la colonne 2 du tableau de la page 185 (cadre bleu seulement).

Le dossier est à adresser au quartier d'Affaires maritimes qui a déjà immatriculé le navire.

Le justificatif de domicile et la pièce d'identité sont ceux de l'acheteur.

Navire de plus de 7 mètres de longueur

Ces navires doivent être :

- francisés auprès d'un bureau des Douanes ;
- puis immatriculés auprès d'un quartier des Affaires maritimes.

Navire neuf

Vous adressez un dossier unique au Service des Douanes du port d'attache de votre choix qui transmettra votre demande au quartier des Affaires maritimes choisi. Ce dossier comprendra les pièces indiquées dans la colonne 1 du tableau de la page ci-contre (cadres bleu et vert).

Un document valant à la fois acte de francisation et titre de navigation (de couleur orange, voir photo page 187) sera délivré par la Douane contre paiement d'un droit (voir page 186).

Le bureau des Affaires maritimes annotera la deuxième partie « titre de navigation » du document commun et délivrera le numéro d'immatriculation qui devra être porté sur la coque (voir pages 178 et 179).

Navire d'occasion déjà francisé

Le vendeur doit fournir au receveur des Douanes du port d'attache les pièces indiquées dans la colonne 2 du tableau de la page ci-contre (cadres bleu et vert).

Fournir l'acte de vente en 4 exemplaires.

Le justificatif de domicile, la pièce d'identité et la photo d'identité récente sont ceux de l'acheteur.

Si vous achetez un navire d'occasion déjà francisé, le vendeur est tenu de faire modifier l'acte de francisation au bureau de Douane du port d'attache dans un délai d'un mois à compter de la vente.

Le receveur du bureau de Douane modifiera gratuitement l'acte de francisation pour autant que le droit de navigation des années précédentes ait bien été acquitté. Si le vendeur n'accomplit pas ces formalités, il continuera de payer le droit annuel de francisation et de navigation.

Formalités
Constitution des différents dossiers

		Pièces à produire	1re immatriculation Francisation 1	Mutation de propriété 2	Changement de moteur 3	Changement catégorie de navigation 4	Changement de domicile 5	Changement de port d'attache 6	Sortie de flotte 7
NAVIRES FRANCISÉS	NAVIRES NON FRANCISÉS	Imprimé « Fiche plaisance »	X	X	X	X	X		X
		Original facture ou acte de vente (+ copie si francisation)	X	X	X				
		Navires « CE » Original déclaration écrite conformité et certificat de conformité à la jauge type **Autres navires de série** Original attestation construction et de jauge **Navires à l'unité** Original de la décision d'approbation à l'unité et du certificat de jauge	X ou X ou X						
		Original déclaration d'insubmersibilité (éventuellement)	X						
		Carte de circulation (pour navires non francisés)		X	X	X	X	X	
		Pièce nationale d'identité	X	X					
		Justificatif du domicile (et, en plus, pour les ressortissants européens résidant moins de 6 mois en France, une déclaration sur l'honneur)	X	X			X		
		Demande de francisation	X						
		Demande de changement de port d'attache						X	
		Acte de francisation et titre de navigation		X	X	X	X	X	X
		1 photo d'identité récente	X	X					
		Certificat de non similitude de nom (navire de plus de 25 tonneaux)	X						

(Source : Direction du Transport Maritime, des Ports et du Littoral)

Droit de francisation et de navigation

Un droit unique de francisation et de navigation est payable annuellement à la Douane et son montant est fonction de la longueur du navire et de la puissance administrative du moteur. Les tableaux ci-dessous vous indiquent les droits en vigueur en 2006.

Droit sur la coque

Longueur du bateau (en m)	Taxe (en €)
Moins de 7	Exonération
De 7 inclus à moins de 8	92
De 8 inclus à moins de 9	131
De 9 inclus à moins de 10	223
De 10 inclus à moins de 12	342
De 12 inclus à moins de 15	573
De 15 et plus	1 108

Droit sur le moteur (puissance administrative)

Les droits sont fixés en fonction de la puissance administrative. La puissance administrative équivaut à 1/7 de la puissance commerciale pour les hors-bord et de 1/5 à 1/8 de la puissance commerciale pour les in-bord.

Puissance administrative (en CV)	Taxe (en €)
Jusqu'à 5 inclusivement	Exonération
De 6 à 8	10 € par CV au dessus du cinquième
De 9 à 10	12 € par CV au dessus du cinquième
De 11 à 20	25 € par CV au dessus du cinquième
De 21 à 25	28 € par CV au dessus du cinquième
De 26 à 50	31 € par CV au dessus du cinquième
De 51 à 99	35 € par CV au dessus du cinquième
100 et plus	45,28 € par CV

Pour les bateaux équipés de plusieurs moteurs fixes, la puissance administrative retenue pour le calcul des droits est égale à la puissance cumulée des moteurs. Les droits ne sont pas dûs pour les bateaux dont la somme des droits sur la coque et des droits sur le moteur restent inférieure à 76 €. Les navires stationnés en Corse peuvent être assujettis à un droit réduit.

Un abattement pour vétusté s'applique aussi bien à la coque qu'au moteur.Il est calculé de la manière suivante quel que soit l'âge du moteur en tenant compte uniquement de l'âge de la coque :

- 25 % pour les bateaux de 10 à 20 ans ;
- 50 % pour les bateaux de 20 à 25 ans ;
- 75 % pour les bateaux de plus de 25 ans.

Taxe spéciale

Pour les moteurs ayant une puissance administrative égale ou supérieure à 100 CV, le droit prévu au paragraphe précédent « droit sur le moteur » est remplacé par une taxe spéciale de 45,28 € par CV (en 2004).

La taxe spéciale s'applique sans abattement, ni pour vétusté ni pour les cinq premiers CV de puissance fiscale.

Cas particulier

Les navires de plaisance francisés dont le port d'attache est situé en Corse et les navires de plaisance étrangers titulaires d'un passeport délivré par le service des Douanes de Corse peuvent être assujettis à un droit réduit.

À cette fin, leurs propriétaires doivent justifier, après réception de l'avis de mise en recouvrement, qu'ils ont stationné dans un port de Corse au moins une fois au cours de l'année écoulée.

Sont exonérées du droit de francisation et de navigation, les embarcations appartenant à des écoles de sport nautique qui relèvent d'associations agréées par le Ministère de la Jeunesse et des Sports.

Le droit de francisation et de navigation est perçu par année civile (1er janvier - 31 décembre), avant le 1er avril de chaque année, sur réception d'un avis envoyé par le service des Douanes. Majoration de 10 % en cas de retard. Dans le cas d'achat d'un navire neuf, le droit se calcule au prorata du temps qui reste à courir jusqu'à la fin de l'année, tout mois incomplet étant compté comme mois entier. Dans le cas d'achat d'un navire d'occasion, c'est le propriétaire au 1er janvier qui est redevable du droit de l'année considérée.

Le talon de l'avis de recouvrement est à détacher et à coller sur l'acte de francisation, à titre de justification.

Autres pièces administratives et renseignements divers

■ **CERTIFICAT RESTREINT DE RADIOTÉLÉPHONISTE** pour les utilisateurs de VHF (voir *Code Vagnon de la VHF et du SMDSM* aux éditions Vagnon).

■ **PERMIS DE NAVIGATION.** Ce titre de sécurité est supprimé pour les navires de plaisance, sauf pour les navires à utilisation collective (NUC).

■ **RÔLE D'ÉQUIPAGE.** C'est le titre de navigation des bateaux sur lesquels est embarqué un marin salarié (inscrit maritime).

■ **PASSEPORT.** C'est le document de caractère fiscal délivré aux étrangers ayant leur résidence principale en France.

■ **LOCATION DES BATEAUX DE PLAISANCE.** Lorsqu'un plaisancier utilise un bateau de location, il doit pouvoir justifier, en plus du titre de navigation du propriétaire qui reste valable, du contrat de location (dont une copie aura été déposée aux Affaires maritimes par les soins du loueur, s'il s'agit d'un bateau de 3 tonneaux ou plus). S'il s'agit d'un prêt, le contrat ci-dessus est remplacé par une attestation écrite du propriétaire.

■ **HYPOTHÈQUE MARITIME.** Une hypothèque peut être prise sur un navire de plaisance. Elle fait alors l'objet d'une inscription auprès des Douanes et il en est fait mention dans l'acte de francisation du navire.

■ **FORMALITÉS DOUANIÈRES.** Pour obtenir tout renseignement sur les formalités douanières (francisation, départ pour l'étranger ou retour de l'étranger, navires achetés à l'étranger, propriétaires résidant à l'étranger, règles applicables aux DOM-TOM, etc.) s'adresser au Centre de Renseignements des Douanes - 23 rue de l'Université - 75700 Paris 07 SP - Tel. 01 55 04 65 10.

■ **LISTE DES BUREAUX DE DOUANE.** (Ports d'attache) : Dunkerque, Calais, Boulogne, Abbeville, Rouen, Dieppe, Le Havre, Le Tréport, Fécamp, Honfleur, Caen, Cherbourg, Granville, Saint-Malo, Saint-Brieuc, Paimpol, Morlaix, Brest, Quimper, Lorient, Vannes, Concarneau, Saint-Nazaire, Nantes, Les Sables d'Olonne, La Rochelle, Rochefort, Le Château-d'Oléron, Bordeaux, Pauillac, Le Verdon, Arcachon, Bayonne, Ciboure, Hendaye, Port-Vendres, Port-la-Nouvelle, Sète, Fos-Port-Saint-Louis, Port-de-Bouc, Marseille, Cassis, Bandol, Toulon-La-Seyne, Saint-Mandrier, Hyères, Le Lavandou, Saint-Tropez, Saint-Raphaël, Cannes, Antibes, Nice, Menton, Ajaccio, Bastia, Porto-Vecchio, Calvi, Île Rousse, Bonifacio. DOM-TOM : Basse-Terre, Pointe-à-Pitre, Fort-de-France, Degrad des Cannes, Saint-Laurent-du-Maroni, Kourou, Saint-Denis, Le Port (Réunion), Saint-Pierre (Réunion), Saint-Pierre-et-Miquelon, Nouméa, Papeete, Dzaoudzi.

Règlement international pour prévenir les abordages en mer

(Convention de Londres de 1972 - Applicable à dater du 15 juillet 1977)
Mise à jour du 7 octobre 2003

PARTIE A — GÉNÉRALITÉS (Règles 1 à 3)

Règle 1

Champ d'application

a) Les présentes Règles s'appliquent à tous les navires en haute mer et dans toutes les eaux attenantes accessibles aux navires de mer.

b) Aucune disposition des présentes Règles ne saurait entraver l'application de prescriptions spéciales édictées par l'autorité compétente au sujet de la navigation dans les rades, les ports, sur les fleuves, les lacs ou les voies de navigation intérieure attenantes à la haute mer et accessibles aux navires de mer. Toutefois, ces prescriptions spéciales doivent être conformes d'aussi près que possible aux présentes Règles.

c) Aucune disposition des présentes Règles ne saurait entraver l'application des prescriptions spéciales édictées par le gouvernement d'un État en vue d'augmenter le nombre des feux de position, signaux lumineux, marques ou signaux au sifflet à utiliser par les bâtiments de guerre et les navires en convoi, ou en vue d'augmenter le nombre des feux de position, signaux lumineux ou marques à utiliser par les navires en train de pêcher et constituant une flottille de pêche. Ces feux de position, signaux lumineux, marques ou signaux au sifflet supplémentaires doivent, dans toute la mesure du possible, être tels qu'il soit impossible de les confondre avec tous autres feux, marques ou signaux autorisés par ailleurs dans les présentes Règles.

d) L'Organisation peut adopter les dispositifs de séparation du trafic aux fins des présentes Règles.

e) Toutes les fois qu'un gouvernement considère qu'un navire de construction spéciale ou affecté à des opérations spéciales ne peut se conformer à toutes les dispositions de l'une quelconque des présentes Règles en ce qui concerne le nombre, l'emplacement, la portée ou le secteur de visibilité des feux et marques, ainsi que l'implantation et les caractéristiques des dispositifs de signalisation sonore, ce navire doit se conformer à telles autres dispositions relatives au nombre, à l'emplacement, à la portée ou au secteur de visibilité des feux ou marques, ainsi qu'à l'implantation et aux caractéristiques des dispositifs de signalisation sonore, qui, de l'avis du gouvernement intéressé, permettent dans ces cas de se conformer d'aussi près que possible aux présentes Règles.

Règle 2

Responsabilité

a) Aucune disposition des présentes Règles ne saurait exonérer soit un navire, soit son propriétaire, son capitaine ou son équipage des conséquences d'une négligence quelconque quant à l'application des présentes Règles ou quant à toute précaution que commandent l'expérience ordinaire du marin ou les circonstances particulières dans lesquelles se trouve le navire.

b) En interprétant et en appliquant les présentes Règles, on doit tenir dûment compte de tous les dangers de la navigation et des risques d'abordage, ainsi que de toutes les circonstances particulières, notamment les limites d'utilisation des navires en cause, qui peuvent obliger à s'écarter des présentes Règles pour éviter un danger immédiat.

Règle 3

Définitions générales

Aux fins des présentes Règles, sauf dispositions contraires résultant du contexte :

a) Le terme "navire" désigne tout engin ou tout appareil de quelque nature que ce soit, y compris les engins sans tirant d'eau et les hydravions, utilisé ou susceptible d'être utilisé comme moyen de transport sur l'eau.

b) L'expression "navire à propulsion mécanique" désigne tout navire mû par une machine.

c) L'expression "navire à voile" désigne tout navire marchant à la voile, même s'il possède une machine propulsive, à condition toutefois que celle-ci ne soit pas utilisée.

d) L'expression "navire en train de pêcher" désigne tout navire qui pêche avec des filets, lignes, chaluts ou autres engins de pêche réduisant sa capacité de manœuvre, mais ne s'applique pas aux navires qui pêchent avec des lignes traînantes ou autres engins de pêche ne réduisant pas leur capacité de manœuvre.

e) Le terme "hydravion" désigne tout aéronef conçu pour manœuvrer sur l'eau.

f) L'expression "navire qui n'est pas maître de sa manœuvre" désigne un navire qui, en raison de circonstances exceptionnelles, n'est pas en mesure de manœuvrer conformément aux présentes Règles et ne peut donc pas s'écarter de la route d'un autre navire.

g) L'expression "navire à capacité de manœuvre restreinte" désigne tout navire dont la capacité à manœuvrer conformément aux présentes Règles est limitée de par la nature de ses travaux, et qui ne peut par conséquent pas s'écarter de la route d'un autre navire.

Les « navires à capacité de manœuvre restreinte » comprennent, sans que cette liste soit limitative :

I) Les navires en train de poser, ou de relever une bouée, un câble ou un pipe-line sous-marins ou d'en assurer l'entretien ;

II) les navires en train d'effectuer des opérations de dragage, d'hydrographie ou d'océanographie, ou des travaux sous-marins ;

III) les navires en train d'effectuer un ravitaillement ou de transborder des personnes, des provisions ou une cargaison et faisant route ;

IV) les navires en train d'effectuer des opérations de décollage ou d'appontage ou de récupération d'aéronefs ;

V) les navires en train d'effectuer des opérations de déminage ;

VI) les navires en train d'effectuer une opération de remorquage qui permet difficilement au navire remorqueur et à sa remorque de modifier leur route.

h) L'expression "navire handicapé par son tirant d'eau" désigne tout navire à propulsion mécanique qui, en raison de son tirant d'eau, de la profondeur et de la largeur disponibles des eaux navigables, peut difficilement modifier sa route.

i) L'expression "faisant route" s'applique à tout navire qui n'est ni à l'ancre, ni amarré à terre, ni échoué.

j) Les termes "longueur" et "largeur" d'un navire désignent sa longueur hors tout et sa plus grande largeur.

k) Deux navires ne sont considérés comme étant en vue l'un de l'autre que lorsque l'un d'eux peut être observé visuellement par l'autre.

l) L'expression "visibilité réduite" désigne toute situation où la visibilité est diminuée par suite de brume, bruine, neige, forts grains de pluie ou tempête de sable, ou pour toutes autres causes analogues.

m) Le terme "navion" désigne un engin multimodal dont le principal mode d'exploitation est le vol à proximité de la surface sous l'effet de surface.

PARTIE B — RÈGLES DE BARRE ET DE ROUTE (Règles 4 à 19)

SECTION 1 — CONDUITE DES NAVIRES DANS TOUTES LES CONDITIONS DE VISIBILITÉ (Règles 4 à 10)

Règle 4

Champ d'application

Les règles de la présente section s'appliquent dans toutes les conditions de visibilité.

Règle 5

Veille

Tout navire doit en permanence assurer une veille visuelle et auditive appropriée, en utilisant également tous les moyens disponibles qui sont adaptés aux circonstances et conditions existantes, de manière à permettre une pleine appréciation de la situation et du risque d'abordage.

Règle 6

Vitesse de sécurité

Tout navire doit maintenir en permanence une vitesse de sécurité telle qu'il puisse prendre des mesures appropriées et efficaces pour éviter un abordage et pour s'arrêter sur une distance adaptée aux circonstances et conditions existantes.

Les facteurs suivants doivent notamment être pris en considération pour déterminer la vitesse de sécurité :

a) Par tous les navires :

I) la visibilité ;

II) la densité du trafic et notamment les concentrations de navires de pêche ou de tous autres navires ;

III) la capacité de manœuvre du navire et plus particulièrement sa distance d'arrêt et ses qualités de giration dans les conditions existantes ;

IV) de nuit, la présence d'un arrière-plan lumineux tel que celui créé par des feux côtiers ou une diffusion de la lumière des propres feux du navire ;

V) L'état du vent, de la mer et des courants et la proximité de risques pour la navigation ;

VI) Le tirant d'eau en fonction de la profondeur d'eau disponible.

b) De plus, par les navires qui utilisent un radar :

I) Les caractéristiques, l'efficacité et les limites d'utilisation de l'équipement radar ;

II) Les limitations qui résultent de l'échelle de portée utilisée sur le radar ;

III) L'effet de l'état de la mer, des conditions météorologiques et d'autres sources de brouillage sur la détection au radar ;

IV) Le fait que les petits bâtiments, les glaces et d'autres objets flottants peuvent ne pas être décelés par le radar à une distance suffisante ;

V) Le nombre, la position et le mouvement des navires détectés par le radar ;

VI) Le fait qu'il est possible d'apprécier plus exactement la visibilité lorsque le radar est utilisé pour déterminer la distance des navires et des autres objets situés dans les parages.

Règle 7

Risque d'abordage

a) Tout navire doit utiliser tous les moyens disponibles qui sont adaptés aux circonstances et conditions existantes pour déterminer s'il existe un risque d'abordage. S'il y a doute quant au risque d'abordage, on doit considérer que ce risque existe.

b) S'il y a à bord un équipement radar en état de marche, on doit l'utiliser de façon appropriée en recourant, en particulier, au balayage à longue portée afin de déceler à l'avance un risque d'abordage, ainsi qu'au « plotting » radar ou à toute autre observation systématique équivalente des objets détectés.

c) On doit éviter de tirer des conclusions de renseignements insuffisants, notamment de renseignements radar insuffisants.

d) L'évaluation d'un risque d'abordage doit notamment tenir compte des considérations suivantes :

I) Il y a risque d'abordage si le relèvement au compas d'un navire qui s'approche ne change pas de manière appréciable ;

II) Un tel risque peut parfois exister même si l'on observe une variation appréciable du relèvement, particulièrement lorsque l'on s'approche d'un très grand navire, d'un train de remorque ou d'un navire qui est à courte distance.

Règle 8

Manœuvre pour éviter les abordages

a) Toute manœuvre entreprise pour éviter un abordage doit être conforme aux règles énoncées dans la présente partie et, si les circonstances le permettent, être exécutée franchement, largement à temps et conformément aux bons usages maritimes.

b) Tout changement de cap ou de vitesse, ou des deux à la fois, visant à éviter un abordage doit, si les circonstances le permettent, être assez important pour être immédiatement perçu par tout navire qui l'observe visuellement ou au radar ; une succession de changements peu importants de cap ou de vitesse, ou des deux à la fois, est à éviter.

c) Si le navire a suffisamment de place, le changement de cap à lui seul peut être la manœuvre la plus efficace pour éviter de se trouver en situation très rapprochée à condition que cette manœuvre soit faite largement à temps, qu'elle soit franche et qu'elle n'aboutisse pas à une autre situation très rapprochée.

d) Les manœuvres effectuées pour éviter l'abordage avec un autre navire doivent être telles qu'elles permettent de passer à une distance suffisante. L'efficacité des manœuvres doit être attentivement contrôlée jusqu'à ce que l'autre navire soit définitivement paré et clair.

e) Si cela est nécessaire pour éviter un abordage ou pour laisser plus de temps pour apprécier la situation, un navire doit réduire sa vitesse ou casser son erre en arrêtant son appareil propulsif ou en battant en arrière au moyen de cet appareil.

f) Ne pas gêner :

I) Un navire qui, en vertu de l'une quelconque des présentes Règles, est tenu de ne pas gêner le passage d'un autre navire ou de permettre son libre passage doit, lorsque les circonstances l'exigent, manœuvrer sans tarder afin de laisser suffisamment de place à l'autre navire pour permettre son libre passage.

II) Un navire qui est tenu de ne pas gêner le passage d'un autre navire ou de permettre son libre passage n'est pas dispensé de cette obligation s'il approche de l'autre navire de telle sorte qu'il existe un risque d'abordage et il doit, lorsqu'il effectue sa manœuvre, tenir dûment compte des manœuvres qui pourraient être requises en vertu des règles de la présente partie.

III) Un navire dont le passage ne doit pas être gêné reste pleinement tenu de se conformer aux règles de la présente partie lorsque les deux navires se rapprochent l'un de l'autre de telle sorte qu'il existe un risque d'abordage.

Règle 9

Chenaux étroits

a) Les navires faisant route dans un chenal étroit ou une voie d'accès doivent, lorsque cela peut se faire sans danger, naviguer aussi près que possible de la limite extérieure droite du chenal ou de la voie d'accès.

b) Les navires de longueur inférieure à 20 mètres et les navires à voile ne doivent pas gêner le passage des navires qui ne peuvent naviguer en toute sécurité qu'à l'intérieur d'un chenal étroit ou d'une voie d'accès.

c) Les navires en train de pêcher ne doivent pas gêner le passage des autres navires naviguant à l'intérieur d'un chenal étroit ou d'une voie d'accès.

d) Un navire ne doit pas traverser un chenal étroit ou une voie d'accès si, ce faisant, il gêne le passage des navires qui ne peuvent naviguer en toute sécurité qu'à l'intérieur de ce chenal ou de cette voie d'accès ; ces derniers navires peuvent utiliser le signal sonore prescrit par la règle 34 d) s'ils doutent des intentions du navire qui traverse le chenal ou la voie d'accès.

e) I) Dans un chenal étroit ou une voie d'accès, lorsqu'un dépassement ne peut s'effectuer que si le navire rattrapé manœuvre pour permettre à l'autre navire de le dépasser en toute sécurité, le navire qui a l'intention de dépasser doit faire connaître son intention en émettant le signal sonore approprié prescrit par la règle 34 c) I). Le navire rattrapé doit, s'il est d'accord, faire entendre le signal approprié prescrit par la règle 34 c) II) et manœuvrer de manière à permettre un dépassement en toute sécurité. S'il est dans le doute, il peut émettre les signaux sonores prescrits par la règle 34 d).

II) La présente règle ne saurait dispenser le navire qui rattrape de l'obligation de se conformer aux dispositions de la règle 13.

f) Un navire qui s'approche d'un coude ou d'un endroit situé dans un chenal étroit ou une voie d'accès où d'autres navires peuvent être cachés par la présence d'obstacles doit naviguer dans cette zone avec une prudence et une vigilance particulières et faire entendre le signal approprié prescrit par la règle 34 e).

g) Tout navire doit, si les circonstances le permettent, éviter de mouiller dans un chenal étroit.

Règle 10

Dispositifs de séparation du trafic

a) La présente règle s'applique aux dispositifs de séparation du trafic adoptés par l'Organisation et ne saurait dispenser aucun navire de ses obligations en vertu de l'une quelconque des autres règles.

b) Les navires qui naviguent à l'intérieur d'un dispositif de séparation du trafic doivent :

I) suivre la voie de circulation appropriée dans la direction générale du trafic pour cette voie ;

II) s'écarter dans toute la mesure du possible de la ligne ou de la zone de séparation du trafic ;

III) en règle générale, s'engager dans une voie de circulation ou en sortir à l'une des extrémités, mais lorsqu'ils s'y engagent ou en sortent latéralement, effectuer cette manœuvre sous un angle aussi réduit que possible par rapport à la direction générale du trafic.

c) Les navires doivent éviter autant que possible de couper les voies de circulation mais, s'ils y sont obligés, ils doivent le faire en suivant un cap qui soit autant que possible perpendiculaire à la direction générale du trafic.

d) I) Les navires ne doivent pas utiliser une zone de navigation côtière lorsqu'ils peuvent, en toute sécurité, utiliser la voie de circulation appropriée du dispositif adjacent de séparation du trafic. Toutefois, les navires de longueur inférieure à 20 mètres, les navires à voile et les navires en train de pêcher peuvent utiliser la zone de navigation côtière ;

ii) nonobstant les dispositions de l'alinéa d) i), les navires peuvent utiliser une zone de navigation côtière lorsqu'ils gagnent ou quittent un port, une installation ou une structure au large, une station de pilotage ou tout autre endroit se trouvant à l'intérieur de la zone de navigation côtière ou pour éviter un danger immédiat.

e) Un navire autre qu'un navire qui coupe un dispositif ou qu'un navire qui s'engage dans une voie de circulation ou qui en sort ne doit normalement pas pénétrer dans une zone de séparation ou franchir une ligne de séparation sauf :

I) en cas d'urgence, pour éviter un danger immédiat ;

II) pour pêcher dans une zone de séparation.

f) Les navires qui naviguent dans des zones proches des extrémités d'un dispositif de séparation du trafic doivent le faire avec une vigilance particulière.

g) Les navires doivent éviter, dans toute la mesure du possible, de mouiller à l'intérieur d'un dispositif de séparation du trafic ou dans les zones proches de ses extrémités.

h) Les navires qui n'utilisent pas un dispositif de séparation du trafic doivent s'en écarter aussi largement que possible.

i) Les navires en train de pêcher ne doivent pas gêner le passage des navires qui suivent une voie de circulation.

j) Les navires de longueur inférieure à 20 mètres ou les navires à voile ne doivent pas gêner le passage des navires à propulsion mécanique qui suivent une voie de circulation.

k) Un navire qui a une capacité de manœuvre restreinte lorsqu'il effectue une opération destinée au maintien de la sécurité de la navigation dans un dispositif de séparation du trafic est dispensé de satisfaire à la présente règle dans la mesure nécessaire pour effectuer l'opération.

l) Un navire qui a une capacité de manœuvre restreinte lorsqu'il effectue une opération en vue de poser, de réparer ou de relever un câble sous-marin à l'intérieur d'un dispositif de séparation du trafic, est dispensé de satisfaire à la présente règle dans la mesure nécessaire pour effectuer l'opération.

SECTION II — CONDUITE DES NAVIRES EN VUE LES UNS DES AUTRES (Règles 11 à 18)

Règle 11

Champ d'application

Les règles de la présente section s'appliquent aux navires qui sont en vue les uns des autres.

Règle 12

Navire à voile

a) Lorsque deux navires à voile s'approchent l'un de l'autre de manière à faire craindre un abordage, l'un d'eux doit s'écarter de la route de l'autre comme suit :

I) quand les navires reçoivent le vent d'un bord différent, celui qui reçoit le vent de bâbord doit s'écarter de la route de l'autre ;

II) quand les deux navires reçoivent le vent du même bord, celui qui est au vent doit s'écarter de la route de celui qui est sous le vent ;

III) si un navire qui reçoit le vent de bâbord voit un autre navire au vent et ne peut pas déterminer avec certitude si cet autre navire reçoit le vent de bâbord ou de tribord, le premier doit s'écarter de la route de l'autre.

b) Aux fins d'application de la présente règle, le côté d'où vient le vent doit être considéré comme étant celui du bord opposé au bord de brassage de la grand-voile ou, dans le cas d'un navire à phares carrés, le côté opposé au bord de brassage de la plus grande voile aurique (ou triangulaire).

Règle 13

Navire qui en rattrape un autre

a) Nonobstant toute disposition des règles des sections I et II de la partie B, tout navire qui en rattrape un autre doit s'écarter de la route de ce dernier.

b) Doit se considérer comme en rattrapant un autre, un navire qui s'approche d'un autre navire en venant d'une direction de plus de 22,5 degrés sur l'arrière du travers de ce dernier, c'est-à-dire qui se trouve dans une position telle, par rapport au navire rattrapé, que, de nuit, il pourrait voir seulement le feu arrière de ce navire, sans voir aucun de ses feux de côté.

c) Lorsqu'un navire ne peut déterminer avec certitude s'il en rattrape un autre, il doit se considérer comme un navire qui en rattrape un autre et manœuvrer en conséquence.

d) Aucun changement ultérieur dans le relèvement entre les deux navires ne peut faire considérer le navire qui rattrape l'autre comme croisant la route de ce dernier au sens des présentes règles ni l'affranchir de l'obligation de s'écarter de la route du navire rattrapé jusqu'à ce qu'il soit tout à fait paré et clair.

Règle 14

Navires qui font des routes directement opposées

a) Lorsque deux navires à propulsion mécanique font des routes directement opposées ou à peu près opposées de telle sorte qu'il existe un risque d'abordage, chacun d'eux doit venir sur tribord pour passer par bâbord l'un de l'autre.

b) On doit considérer qu'une telle situation existe lorsqu'un navire en voit en autre devant lui ou pratiquement devant lui, de sorte que, de nuit, il verrait les feux de mât de l'autre navire, l'un par l'autre ou presque et/ou ses deux feux de côté et que, de jour, il verrait l'autre navire sous un angle correspondant.

c) Lorsqu'un navire ne peut déterminer avec certitude si une telle situation existe, il doit considérer qu'elle existe effectivement et manœuvrer en conséquence.

Règle 15

Navires dont les routes se croisent

Lorsque deux navires à propulsion mécanique font des routes qui se croisent de telle sorte qu'il existe un risque d'abordage, le navire qui voit l'autre navire sur tribord doit s'écarter de la route de celui-ci et, si les circonstances le permettent, éviter de croiser sa route sur l'avant.

Règle 16

Manœuvre du navire non privilégié

Tout navire qui est tenu de s'écarter de la route d'un autre navire doit, autant que possible, manœuvrer de bonne heure et franchement de manière à s'écarter largement.

Règle 17

Manœuvre du navire privilégié

a) I) Lorsqu'un navire est tenu de s'écarter de la route d'un autre navire, cet autre navire doit maintenir son cap et sa vitesse.

II) Néanmoins, ce dernier peut manœuvrer, afin d'éviter l'abordage par sa seule manœuvre, aussitôt qu'il lui paraît évident que le navire qui est dans l'obligation de s'écarter de sa route n'effectue pas la manœuvre appropriée prescrite par les présentes Règles.

b) Quand, pour une cause quelconque, le navire qui est tenu de maintenir son cap et sa vitesse se trouve tellement près de l'autre que l'abordage ne peut être évité par la seule manœuvre du navire qui doit laisser la route libre, il doit de son côté faire la manœuvre qui est la meilleure pour aider à éviter l'abordage.

c) Un navire à propulsion mécanique qui manœuvre pour éviter un abordage avec un autre navire à propulsion mécanique dont la route croise la sienne dans les conditions prévues à l'alinéa a) ii) de la présente règle ne doit pas, si les circonstances le permettent, abattre sur bâbord lorsque l'autre navire est bâbord à lui.

d) La présente règle ne saurait dispenser le navire qui doit laisser la route libre de l'obligation de s'écarter de la route de l'autre navire.

Règle 18

Responsabilités réciproques des navires

Sauf dispositions contraires des règles 9, 10 et 13 :

a) Un navire à propulsion mécanique faisant route doit s'écarter de la route :

I) d'un navire qui n'est pas maître de sa manœuvre ;

II) d'un navire à capacité de manœuvre restreinte ;

III) d'un navire en train de pêcher ;

IV) d'un navire à voile.

b) Un navire à voile faisant route doit s'écarter de la route :

I) d'un navire qui n'est pas maître de sa manœuvre ;

II) d'un navire à capacité de manœuvre restreinte ;

III) d'un navire en train de pêcher.

c) Un navire en train de pêcher et faisant route doit, dans la mesure du possible, s'écarter de la route :

I) d'un navire qui n'est pas maître de sa manœuvre ;

II) d'un navire à capacité de manœuvre restreinte.

d) I) Tout navire autre qu'un navire qui n'est pas maître de sa manœuvre ou qu'un navire à capacité de manœuvre restreinte doit, si les circonstances le permettent, éviter de gêner le libre passage d'un navire handicapé par son tirant d'eau, qui montre les signaux prévus à la règle 28.

II) Un navire handicapé par son tirant d'eau doit naviguer avec une prudence particulière, en tenant dûment compte de sa situation spéciale.

e) Un hydravion amerri doit, en règle générale, se tenir largement à l'écart de tous les navires et éviter de gêner leur navigation. Toutefois, lorsqu'il y a risque d'abordage, cet hydravion doit se conformer aux règles de la présente partie.

f) I) Un navion doit, lorsqu'il décolle, atterrit ou vole près de la surface, se maintenir à bonne distance de tous les autres navires et éviter de gêner leur navigation.

II) Un navion exploité à la surface de l'eau doit observer les règles de la présente partie en tant que navire à propulsion mécanique.

SECTION III — CONDUITE DES NAVIRES PAR VISIBILITÉ RÉDUITE (Règle 19)

Règle 19

Conduite des navires par visibilité réduite

a) La présente règle s'applique aux navires qui ne sont pas en vue les uns des autres et qui naviguent à l'intérieur ou à proximité de zones de visibilité réduite.

b) Tout navire doit naviguer à une vitesse de sécurité adaptée aux circonstances existantes et aux conditions de visibilité réduite. Les navires à propulsion mécanique doivent tenir leurs machines prêtes à manœuvrer immédiatement.

c) Tout navire, lorsqu'il applique les règles de la section I de la présente partie, doit tenir dûment compte des circonstances existantes et des conditions de visibilité réduite.

d) Un navire qui détecte au radar seulement la présence d'un autre navire doit déterminer si une situation très rapprochée est en train de se créer et/ou si un risque d'abordage existe. Dans ce cas, il doit prendre largement à temps les mesures pour éviter cette situation ; toutefois, si ces mesures consistent en un changement de cap, il convient d'éviter, dans la mesure du possible, les manœuvres suivantes :

I) un changement de cap sur bâbord dans le cas d'un navire qui se trouve sur l'avant du travers, sauf si ce navire est en train d'être rattrapé ;

II) un changement de cap en direction d'un navire qui vient par le travers ou sur l'arrière du travers.

e) Sauf lorsqu'il a été établi qu'il n'existe pas de risque d'abordage, tout navire qui entend, dans une direction qui lui paraît être sur l'avant du travers, le signal de brume d'un autre navire, ou qui ne peut éviter une situation très rapprochée avec un autre navire situé sur l'avant du travers, doit réduire sa vitesse au minimum nécessaire pour maintenir son cap. Il doit, si nécessaire, casser son erre et, en toutes circonstances, naviguer avec une extrême précaution jusqu'à ce que le risque d'abordage soit passé.

PARTIE C — FEUX ET MARQUES (Règles 20 à 31)

Règle 20

Champ d'application

a) Les règles de la présente partie doivent être observées par tous les temps.

b) Les règles concernant les feux doivent être observées du coucher au lever du soleil. Pendant cet intervalle, on ne doit montrer aucun autre feu pouvant être confondu avec les feux prescrits par les présentes Règles et pouvant gêner la visibilité ou le caractère distinctif de ceux-ci ou pouvant empêcher d'exercer une veille satisfaisante.

c) Les feux prescrits par les présentes règles, lorsqu'ils existent, doivent également être montrés du lever au coucher du soleil par visibilité réduite et peuvent être montrés dans toutes les autres circonstances où cette mesure est jugée nécessaire.

d) Les règles concernant les marques doivent être observées de jour.

e) Les feux et les marques prescrits par les présentes Règles doivent être conformes aux dispositions de l'Annexe I des présentes Règles.

Règle 21

Définitions

a) L'expression "feu de tête de mât" désigne un feu blanc placé au-dessus de l'axe longitudinal du navire, projetant une lumière ininterrompue sur tout le parcours d'un arc d'horizon de 225 degrés et disposé de manière à projeter cette lumière depuis l'avant jusqu'à 22,5 degrés sur l'arrière du travers de chaque bord.

b) L'expression "feu de côté" désigne un feu vert placé à tribord et un feu rouge placé à bâbord, projetant chacun une lumière ininterrompue sur tout le parcours d'un arc d'horizon de 112,5 degrés et disposés de manière à projeter cette lumière depuis l'avant jusqu'à 22,5 degrés sur l'arrière du travers de leur côté respectif. A bord des navires de longueur inférieure à 20 mètres, les feux de côté peuvent être combinés en un seul fanal placé dans l'axe longitudinal du navire.

c) L'expression "feu de poupe" désigne un feu blanc placé aussi près que possible de la poupe, projetant une lumière ininterrompue sur tout le parcours d'un arc d'horizon de 135 degrés et disposé de manière à projeter cette lumière sur un secteur de 67,5 degrés de chaque bord à partir de l'arrière.

d) L'expression "feu de remorquage" désigne un feu jaune ayant les mêmes caractéristiques que le feu de poupe défini au paragraphe c) de la présente règle.

e) L'expression "feu visible sur tout l'horizon" désigne un feu projetant une lumière ininterrompue sur un arc d'horizon de 360 degrés.

f) L'expression "feux à éclats" désigne un feu à éclats réguliers dont le rythme est de 120 éclats au plus par minute.

Règle 22

Portée lumineuse des feux

Les feux prescrits par les présentes Règles doivent avoir l'intensité spécifiée à la section 8 de l'annexe I du présent Règlement, de manière à être visibles aux distances minimales suivantes :

a) pour les navires de longueur égale ou supérieure à 50 mètres :

— feu de tête de mât : 6 milles

— feu de côté : 3 milles

— feu de poupe : 3 milles

— feu de remorquage : 3 milles

— feu blanc, rouge, vert ou jaune visible sur tout l'horizon : 3 milles.

b) pour les navires de longueur égale ou supérieure à 12 mètres, mais inférieure à 50 mètres :

— feu de tête de mât : 5 milles ; si la longueur du navire est inférieure à 20 mètres : 3 milles

— feu de côté : 2 milles

— feu de poupe : 2 milles

— feu de remorquage : 2 milles

— feu blanc, rouge, vert ou jaune visible sur tout l'horizon : 2 milles.

c) pour les navires de longueur inférieure à 12 mètres :

— feu de tête de mât : 2 milles

— feu de côté : 1 mille

— feu de poupe : 2 milles

— feu de remorquage : 2 milles

— feu blanc, rouge, vert ou jaune visible sur tout l'horizon : 2 milles.

d) pour les navires ou objets remorqués qui sont partiellement submergés et difficiles à apercevoir :

— feu blanc visible sur tout l'horizon : 3 milles.

Règle 23

Navires à propulsion mécanique faisant route

a) Un navire à propulsion mécanique faisant route doit montrer :

I) un feu de tête de mât à l'avant ;

II) un second feu de tête de mât à l'arrière du premier et plus haut que celui-ci ; toutefois, les navires de longueur inférieure à 50 mètres ne sont pas tenus de montrer ce feu, mais peuvent le faire ;

III) des feux de côté ;

IV) un feu de poupe.

b) Un aéroglisseur exploité sans tirant d'eau doit, outre les feux prescrits au paragraphe a) de la présente règle, montrer un feu jaune à éclats visible sur tout l'horizon.

c) Lorsqu'il décolle, atterrit ou vole près de la surface, un navion doit montrer, outre les feux prescrits au paragraphe a) de la présente règle, un feu rouge à éclats de forte intensité, visible sur tout l'horizon.

d) I) Un navire à propulsion mécanique de longueur inférieure à 12 mètres peut, au lieu des feux prescrits au paragraphe a) de la présente règle, montrer un feu blanc visible sur tout l'horizon et des feux de côté.

II) Un navire à propulsion mécanique de longueur inférieure à 7 mètres et dont la vitesse maximale ne dépasse pas 7 nœuds peut, au lieu des feux prescrits au paragraphe a) de la présente règle, montrer un feu blanc visible sur tout l'horizon ; il doit, si possible, montrer en outre des feux de côté.

III) Le feu de tête de mât ou le feu blanc visible sur tout l'horizon à bord d'un navire à propulsion mécanique de longueur inférieure à 12 mètres peut ne pas se trouver dans l'axe longitudinal du navire s'il n'est pas possible de l'installer sur cet axe à condition que les feux de côté soient combinés en un seul fanal qui soit disposé dans l'axe longitudinal du navire ou situé aussi près que possible de l'axe longitudinal sur lequel se trouve le feu de tête de mât ou le feu blanc visible sur tout l'horizon.

Règle 24

Remorquage et poussage

a) Un navire à propulsion mécanique en train de remorquer doit montrer :

I) au lieu du feu prescrit par la règle 23 a) i) ou par la règle 23 a) ii), deux feux de tête de mât superposés. Lorsque la longueur du train de remorque mesurée de l'arrière du navire remorquant à l'extrémité arrière du train de remorque dépasse 200 mètres, il doit montrer trois de ces feux superposés ;

II) des feux de côté ;

III) un feu de poupe ;

IV) un feu de remorquage placé à la verticale au-dessus du feu de poupe ;

V) à l'endroit le plus visible, lorsque la longueur du train de remorque dépasse 200 mètres, une marque biconique.

b) Un navire en train de pousser et un navire poussé en avant reliés par un raccordement rigide de manière à former une unité composite doivent être considérés comme un navire à propulsion mécanique et montrer les feux prescrits par la règle 23.

d) Un navire à propulsion mécanique auquel les dispositions des paragraphes a) ou c) de la présente règle s'appliquent, doit également se conformer aux dispositions de la règle 23 a) ii).

e) Un navire ou objet remorqué autre que ceux mentionnés au paragraphe g) de la présente règle doit montrer :

I) des feux de côté ;

II) un feu de poupe ;

III) à l'endroit le plus visible, lorsque la longueur du train de remorque dépasse 200 mètres, une marque biconique.

f) Étant entendu que les feux d'un nombre quelconque de navires remorqués à couple ou poussés en groupe doivent correspondre à ceux d'un seul navire.

I) Un navire poussé en avant, ne faisant pas partie d'une unité composite, doit montrer à son extrémité avant des feux de côté.

II) Un navire remorqué à couple doit montrer un feu de poupe et, à son extrémité avant, des feux de côté.

g) Un navire ou objet remorqué qui est partiellement submergé et difficile à apercevoir, ou un ensemble de ces navires ou objets remorqués, doit montrer :

I) lorsque sa largeur est inférieure à 25 mètres, un feu blanc visible sur tout l'horizon à l'extrémité avant ou à proximité de celle-ci et un autre à l'extrémité arrière ou à proximité de celle-ci, exception faite des dracones, qui ne sont pas tenues de montrer un feu à leur extrémité avant ou à proximité de celle-ci ;

II) lorsque sa largeur est égale ou supérieure à 25 mètres, deux feux blancs supplémentaires visibles sur tout l'horizon aux extrémités de sa largeur ou à proximité de celles-ci ;

III) lorsque sa longueur est supérieure à 100 mètres, des feux blancs visibles sur tout l'horizon supplémentaires entre les feux prescrits aux alinéas i) et ii) de telle sorte que la distance entre les feux ne soit pas supérieure à 100 mètres ;

IV) un marque biconique à l'extrémité arrière ou près de l'extrémité arrière du dernier navire ou objet remorqué et, lorsque la longueur du train de remorque est supérieure à 200 mètres, une marque biconique supplémentaire à l'endroit le plus visible et le plus à l'avant possible.

h) Si, pour une raison suffisante, le navire ou l'objet remorqué est dans l'impossibilité de montrer les feux ou les marques prescrits au paragraphe e) ou g) de la présente règle, toutes les mesures possibles sont prises pour éclairer le navire ou l'objet remorqué ou tout au moins pour indiquer la présence d'un tel navire ou objet.

i) Si, pour une raison suffisante, un navire qui n'effectue pas ordinairement des opérations de remorquage est dans l'impossibilité de montrer les feux prescrits au paragraphe a) ou c) de la présente règle, ce navire n'est pas tenu de montrer ces feux lorsqu'il procède au remorquage d'un autre navire en détresse ou ayant besoin d'une assistance pour d'autres raisons. Toutes les mesures possibles doivent être prises pour indiquer de la manière autorisée par la règle 36, notamment en éclairant le câble de remorquage, le rapport entre le navire remorqueur et le navire remorqué.

Règle 25

Navires à voile faisant route et navires à l'aviron

a) Un navire à voile qui fait route doit montrer :

I) des feux de côté ;

II) un feu de poupe.

b) A bord d'un navire à voile de longueur inférieure à 20 mètres, les feux prescrits au paragraphe a) de la présente règle peuvent être réunis en un seul fanal placé au sommet ou à la partie supérieure du mât, à l'endroit le plus visible.

c) En plus des feux prescrits au paragraphe a) de la présente règle, un navire à voile faisant route peut montrer, au sommet ou à la partie supérieure du mât, à l'endroit où ils sont le plus apparents, des feux superposés visibles sur tout l'horizon, le feu supérieur étant rouge et le feu inférieur vert. Toutefois, ces feux ne doivent pas être montrés en même temps que le fanal autorisé par le paragraphe b) de la présente règle.

d) I) Un navire à voile de longueur inférieure à 7 mètres doit, si possible, montrer les feux prescrits aux paragraphes a) ou b) de la présente règle mais, s'il ne le fait pas, il doit être prêt à montrer immédiatement, pour prévenir un abordage, une lampe électrique ou un fanal allumé à feu blanc.

II) Un navire à l'aviron peut montrer les feux prescrits par la présente règle pour les navires à voile mais s'il ne le fait pas, il doit être prêt à montrer immédiatement, pour prévenir un abordage, une lampe électrique ou un fanal allumé à feu blanc.

e) Un navire qui fait route simultanément à la voile et au moyen d'un appareil propulsif doit montrer à l'avant, à l'endroit le plus visible, une marque de forme conique, la pointe en bas.

Règle 26

Navires de pêche

a) Un navire en train de pêcher ne doit, lorsqu'il fait route ou lorsqu'il est au mouillage, montrer que les feux et marques prescrits par la présente règle.

b) Un navire en train de chaluter, c'est-à-dire de tirer dans l'eau un chalut ou autre engin de pêche, doit montrer :

I) deux feux superposés visibles sur tout l'horizon, le feu supérieur étant vert et le feu inférieur blanc, ou une marque formée de deux cônes superposés réunis par la pointe ;

II) un feu de tête de mât disposé à une hauteur supérieure à celle du feu vert visible sur tout l'horizon et à l'arrière de celui-ci. Les navires de longueur inférieure à 50 mètres ne sont pas tenus de montrer ce feu, mais peuvent le faire ;

III) lorsqu'il a de l'erre, outre les feux prescrits au présent paragraphe, des feux de côté et un feu de poupe.

c) Un navire en train de pêcher, autre qu'un navire en train de chaluter, doit montrer :

I) deux feux superposés visibles sur tout l'horizon, le feu supérieur étant rouge et le feu inférieur blanc, ou une marque formée de deux cônes superposés réunis par la pointe ;

II) si son engin de pêche est déployé sur une distance horizontale supérieure à 150 mètres à partir du navire, un feu blanc visible sur tout l'horizon ou un cône, la pointe en haut, dans l'alignement de l'engin ;

III) lorsqu'il a de l'erre, outre les feux prescrits au présent paragraphe, des feux de côté et un feu de poupe.

d) Les signaux supplémentaires décrits à l'Annexe II du présent Règlement s'appliquent à un navire en train de pêcher à très peu de distance d'autres navires en train de pêcher.

e) Un navire qui n'est pas en train de pêcher ne doit pas montrer les feux ou marques prescrits par la présente règle, mais seulement ceux qui sont prescrits pour un navire de sa longueur.

Règle 27

Navires qui ne sont pas maîtres
de leur manœuvre et navires à capacité de manœuvre restreinte

a) Un navire qui n'est pas maître de sa manœuvre doit montrer :

I) à l'endroit le plus visible, deux feux rouges superposés visibles sur tout l'horizon ;

II) à l'endroit le plus visible, deux boules ou marques analogues superposées ;

III) lorsqu'il a de l'erre, outre les feux prescrits au présent paragraphe, des feux de côté et un feu de poupe.

b) Un navire à capacité de manœuvre restreinte, autre qu'un navire effectuant des opérations de déminage, doit montrer :

I) à l'endroit le plus visible, trois feux superposés visibles sur tout l'horizon, les feux supérieur et inférieur étant rouges et le feu du milieu blanc ;

II) à l'endroit le plus visible, trois marques superposées, les marques supérieure et inférieure étant des boules, celle du milieu un bicône ;

III) lorsqu'il a de l'erre, outre les feux prescrits à l'alinéa i), un feu ou des feux de tête de mât, des feux de côté et un feu de poupe ;

IV) lorsqu'il est au mouillage, outre les feux ou marques prescrits aux alinéas i) et ii), les feux ou marques prescrits par la règle 30.

c) Un navire à propulsion mécanique en train d'effectuer une opération de remorquage qui permet difficilement au navire remorqueur et à sa remorque de modifier leur route doit, outre les feux ou marques prescrits par la règle 24 a), montrer les feux ou marques prescrits aux paragraphes b) i) et b) ii) de la présente règle.

d) Un navire à capacité de manœuvre restreinte en train de draguer ou d'effectuer des opérations sous-marines doit montrer les feux et marques prescrits aux alinéas i), ii) et iii) du paragraphe b) de la présente règle et, lorsqu'il existe une obstruction, doit montrer en outre :

I) deux feux rouges visibles sur tout l'horizon ou deux boules superposées pour indiquer le côté où se trouve l'obstruction ;

II) deux feux verts visibles sur tout l'horizon ou deux bicônes superposés pour indiquer le côté sur lequel un autre navire peut passer ;

III) lorsqu'il est au mouillage, au lieu des feux ou de la marque prescrits par la règle 30, les feux ou marques prescrits dans le présent paragraphe.

e) Un navire participant à des opérations de plongée qui ne peut, en raison de ses dimensions, montrer tous les feux et marques prescrits au paragraphe d) de la présente règle, doit montrer :

I) à l'endroit le plus visible, trois feux superposés, visibles sur tout l'horizon, les feux supérieur et inférieur étant rouges et le feu du milieu blanc ;

II) une reproduction rigide, d'au moins un mètre de hauteur, du pavillon "A" du Code international de signaux. Il doit prendre des mesures pour que cette reproduction soit visible sur tout l'horizon.

f) Un navire effectuant des opérations de déminage doit montrer, outre les feux prescrits pour les navires à propulsion mécanique par la règle 23 ou les feux ou la marque prescrits pour les navires au mouillage par la règle 30, selon le cas, trois feux verts visibles sur tout l'horizon ou trois boules. Il doit montrer un de ces feux ou marques à proximité de la tête du mât de misaine et un de ces feux ou marques à chaque extrémité de la vergue de misaine. Ces feux ou marques indiquent qu'il est dangereux pour un autre navire de s'approcher à moins de 1000 mètres du navire qui effectue le déminage.

g) Les navires de longueur inférieure à 12 mètres, à l'exception des navires participant à des opérations de plongée ne sont pas tenus de montrer les feux et marques prescrits par la présente règle.

h) Les signaux prescrits par la présente règle ne sont pas des signaux de navires en détresse et demandant assistance. Les signaux de cette dernière catégorie font l'objet de l'Annexe IV du présent Règlement.

Règle 28

Navires handicapés par leur tirant d'eau

Un navire handicapé par son tirant d'eau peut, outre les feux prescrits pour les navires à propulsion mécanique par la règle 23, montrer à l'endroit le plus visible trois feux rouges superposés visibles sur tout l'horizon ou une marque cylindrique.

Règle 29

Bateaux-pilotes

a) Un bateau-pilote en service de pilotage doit montrer :

I) à la tête du mât ou à proximité de celle-ci, deux feux superposés visibles sur tout l'horizon, le feu supérieur étant blanc et le feu inférieur rouge ;

II) de plus, lorsqu'il fait route, des feux de côté et un feu de poupe ;

III) au mouillage, outre les feux prescrits à l'alinéa i), le feu, les feux ou la marque prescrits par la règle 30 pour les navires au mouillage.

b) Un bateau-pilote qui n'est pas en service de pilotage doit montrer les feux ou marques prescrits pour un navire de sa longueur.

Règle 30

Navires au mouillage et navires échoués

a) Un navire au mouillage doit montrer à l'endroit le plus visible :

I) à l'avant, un feu blanc visible sur tout l'horizon ou une boule ;

II) à l'arrière ou près de l'arrière, plus bas que le feu prescrit à l'alinéa i), un feu blanc visible sur tout l'horizon.

b) Un navire au mouillage de longueur inférieure à 50 mètres peut montrer, à l'endroit le plus visible, un feu blanc visible sur tout l'horizon, au lieu des feux prescrits au paragraphe a) de la présente règle.

c) En outre, un navire au mouillage peut utiliser ses feux de travail disponibles ou des feux équivalents pour illuminer ses ponts. Cette disposition est obligatoire pour les navires de longueur égale ou supérieure à 100 mètres.

d) Un navire échoué doit montrer les feux prescrits aux paragraphes a) ou b) de la présente règle et, de plus, à l'endroit le plus visible :

I) deux feux rouges superposés visibles sur tout l'horizon ;

II) trois boules superposées.

e) Les navires de longueur inférieure à 7 mètres, lorsqu'ils sont au mouillage, ne sont pas tenus de montrer les feux ou la marque prescrits aux paragraphes a) et b) de la présente règle, sauf s'ils sont au mouillage dans un chenal étroit, une voie d'accès ou un ancrage, à proximité de ces lieux, ou sur les routes habituellement fréquentées par d'autres navires.

f) Les navires de longueur inférieure à 12 mètres, lorsqu'ils sont échoués, ne sont pas tenus de montrer les feux ou marques prescrits aux alinéas i) et ii) du paragraphe d) de la présente règle.

Règle 31

Hydravions

Un hydravion ou un navion qui est dans l'impossibilité de montrer les feux et marques présentant les caractéristiques et situés aux emplacements prescrits par les règles de la présente partie, doit montrer des feux et marques se rapprochant le plus possible de ceux prescrits par ces règles.

PARTIE D — SIGNAUX SONORES ET LUMINEUX (Règles 32 à 37)

Règle 32

Définitions

a) Le terme "sifflet" désigne tout appareil de signalisation sonore capable d'émettre les sons prescrits et conforme aux spécifications de l'Annexe III du présent Règlement.

b) L'expression "son bref" désigne un son d'une durée d'environ une seconde.

c) L'expression "son prolongé" désigne un son d'une durée de quatre à six secondes.

Règle 33

Matériel de signalisation sonore

a) Les navires de longueur égale ou supérieure à 12 mètres doivent être pourvus d'un sifflet et d'une cloche et les navires de longueur égale ou supérieure à 100 mètres doivent être en outre pourvus d'un gong dont le son et le timbre ne doivent pas pouvoir être confondus avec ceux de la cloche. Le sifflet, la cloche et le gong doivent satisfaire aux spécifications de l'Annexe III du présent Règlement. La cloche ou le gong, ou les deux, peuvent être remplacés par un autre matériel ayant respectivement les mêmes caractéristiques sonores, à condition qu'il soit toujours possible d'actionner manuellement les signaux prescrits.

b) Les navires de longueur inférieure à 12 mètres ne sont pas tenus d'avoir à leur bord les appareils de signalisation sonore prescrits au paragraphe a) de la présente règle, mais ils doivent, en l'absence de tels appareils, être munis d'un autre moyen d'émettre un signal sonore efficace.

Règle 34

Signaux de manœuvre et signaux d'avertissement

a) Lorsque des navires sont en vue les uns des autres, un navire à propulsion mécanique faisant route doit, lorsqu'il effectue des manœuvres autorisées ou prescrites par les présentes Règles, indiquer ces manœuvres par les signaux suivants, émis au sifflet :

— un son bref pour dire : "Je viens sur tribord" ;

— deux sons brefs pour dire : "Je viens sur bâbord" ;

— trois sons brefs pour dire : "Je bats en arrière".

b) Tous les navires peuvent compléter les signaux au sifflet prescrits au paragraphe a) de la présente règle par des signaux lumineux répétés, selon les besoins, pendant toute la durée de la manœuvre :

I) ces signaux lumineux ont la signification suivante :

— un éclat pour dire : "Je viens sur tribord" ;

— deux éclats pour dire : "Je viens sur bâbord" ;

— trois éclats pour dire : "Je bats en arrière".

II) chaque éclat doit durer une seconde environ, l'intervalle entre les éclats doit être d'une seconde environ et l'intervalle entre les signaux successifs doit être de dix secondes au moins ;

III) le feu utilisé pour ce signal doit, s'il existe, être un feu blanc visible sur tout l'horizon à une distance de cinq milles au moins et doit être conforme aux dispositions de l'Annexe I du présent Règlement.

c) Lorsqu'ils sont en vue l'un de l'autre dans un chenal étroit ou une voie d'accès :

I) un navire qui entend en rattraper un autre doit, conformément aux dispositions de la règle 9 e) i), indiquer son intention en émettant au sifflet les signaux suivants :

— deux sons prolongés suivis d'un son bref pour dire : "Je compte vous rattraper sur tribord" ;

— deux sons prolongés suivis de deux sons brefs pour dire : "Je compte vous rattraper sur bâbord" ;

II) le navire qui est sur le point d'être rattrapé doit, en manœuvrant conformément aux dispositions de la règle 9 e) i), indiquer son accord en émettant au sifflet le signal suivant :

— un son prolongé, un son bref, un son prolongé et un son bref, émis dans cet ordre.

d) Lorsque deux navires en vue l'un de l'autre s'approchent l'un de l'autre et que, pour une raison quelconque, l'un d'eux ne comprend pas les intentions ou les manœuvres de l'autre, ou se demande si l'autre navire prend les mesures suffisantes pour éviter l'abordage, le navire qui a des doutes les exprime immédiatement en émettant au sifflet une série rapide d'au moins cinq sons brefs. Ce signal peut être complété par un signal lumineux d'au moins cinq éclats brefs et rapides.

e) Un navire s'approchant d'un coude ou d'une partie d'un chenal ou d'une voie d'accès où d'autres navires peuvent être cachés par un obstacle doit faire entendre un son prolongé. Tout navire venant dans sa direction qui entend le signal de l'autre côté du coude ou derrière l'obstacle doit répondre à ce signal en faisant entendre un son prolongé.

f) Lorsque des sifflets sont installés à bord d'un navire à une distance de plus de 100 mètres les uns des autres, on ne doit utiliser qu'un seul sifflet pour émettre des signaux de manœuvre et des signaux avertisseurs.

Règle 35

Signaux sonores par visibilité réduite

Tant de jour que de nuit, à l'intérieur ou à proximité d'une zone où la visibilité est réduite, les signaux prescrits par la présente règle doivent être utilisés comme suit :

a) Un navire à propulsion mécanique ayant de l'erre, doit faire entendre un son prolongé à des intervalles ne dépassant pas deux minutes.

b) Un navire à propulsion mécanique faisant route, mais stoppé et n'ayant pas d'erre, doit faire entendre, à des intervalles ne dépassant pas deux minutes, deux sons prolongés séparés par un intervalle de deux secondes environ.

c) Un navire qui n'est pas maître de sa manœuvre, un navire à capacité de manœuvre restreinte, un navire handicapé par son tirant d'eau, un navire à voile, un navire en train de pêcher et un navire qui en remorque ou en pousse un autre doivent émettre, au lieu des signaux prescrits aux paragraphes a) ou b) de la présente règle, trois sons consécutifs, à savoir un son prolongé suivi de deux sons brefs, à des intervalles ne dépassant pas deux minutes.

d) Un navire en train de pêcher, lorsqu'il est au mouillage, et un navire à capacité de manœuvre restreinte qui procède à ses travaux au mouillage doivent émettre, au lieu des signaux prescrits au paragraphe g) de la présente règle, le signal prescrit au paragraphe c) de la présente règle.

e) Un navire remorqué ou, s'il en est remorqué plus d'un, le dernier navire du convoi doit, s'il a un équipage à bord, faire entendre, à des intervalles ne dépassant pas deux minutes, quatre sons consécutifs, à savoir un son prolongé suivi de trois sons brefs. Lorsque cela est possible, ce signal doit être émis immédiatement après le signal du navire remorqueur.

f) Un navire en train de pousser et un navire poussé en avant reliés par un raccordement rigide de manière à former une unité composite doivent être considérés comme un navire à propulsion mécanique et doivent faire entendre les signaux prescrits aux paragraphes a) ou b) de la présente règle.

g) Un navire au mouillage doit sonner la cloche rapidement pendant cinq secondes environ, à des intervalles ne dépassant pas une minute. A bord d'un navire de longueur égale ou supérieure à 100 mètres, on doit sonner la cloche sur la partie avant du navire et, immédiatement après, sonner rapidement le gong pendant cinq secondes environ sur la partie arrière. Un navire au mouillage peut en outre faire entendre trois sons consécutifs, à savoir un son bref suivi d'un son prolongé et d'un son bref, pour signaler sa position et la possibilité d'un abordage à un navire qui s'approche.

h) Un navire échoué doit sonner la cloche et, en cas de besoin, faire entendre le gong, ainsi qu'il est prescrit au paragraphe g) de la présente règle. De plus, il doit faire entendre trois coups de cloche séparés et distincts immédiatement avant et après avoir fait entendre la sonnerie rapide de la cloche. De plus, un navire échoué peut émettre au sifflet un signal approprié.

i) Un navire de longueur égale ou supérieure à 12 mètres mais inférieure à 20 mètres n'est pas tenu de faire entendre les coups de cloche prescrits aux paragraphes g) et h) de la présente règle. Toutefois, lorsqu'il ne le fait pas, il doit faire entendre un autre signal sonore efficace à des intervalles ne dépassant pas deux minutes.

j) Un navire de longueur inférieure à 12 mètres n'est pas tenu de faire entendre les signaux mentionnés ci-dessus, mais lorsqu'il ne le fait pas, il doit faire entendre un autre signal sonore efficace à des intervalles ne dépassant pas deux minutes.

k) Un bateau-pilote en service de pilotage peut, outre les signaux prescrits aux paragraphes a), b) ou g) de la présente règle, faire entendre un signal d'identification consistant en quatre sons brefs.

Règle 36

Signaux destinés à appeler l'attention

Tout navire peut, s'il juge nécessaire d'appeler l'attention d'un autre navire, émettre des signaux lumineux ou sonores ne pouvant être confondus avec tout autre signal autorisé par l'une quelconque des présentes règles, ou bien orienter le faisceau de son projecteur en direction du danger qui menace un navire de façon telle que ce faisceau ne puisse gêner d'autres navires.

Tout feu destiné à attirer l'attention d'un autre navire ne doit pas pouvoir être confondu avec une aide à la navigation. Aux fins de la présente règle, l'emploi de feux intermittents ou tournants à haute intensité, tels que les phares gyroscopiques, doit être évité.

Règle 37

Signaux de détresse

Un navire qui est en détresse et demande assistance doit utiliser ou montrer les signaux décrits à l'Annexe IV du présent Règlement.

PARTIE E — EXEMPTIONS (Règle 38)

Règle 38

Exemptions

Tout navire (ou catégorie de navires) qui satisfait aux prescriptions des Règles internationales de 1960 pour prévenir les abordages en mer et dont la quille est posée, ou qui se trouve à un stade de construction équivalent, avant l'entrée en vigueur du présent Règlement, peut bénéficier des exemptions suivantes qui s'appliquent audit Règlement :

a) Installation des feux dont la portée lumineuse est prescrite par la règle 22 : quatre ans à compter de la date d'entrée en vigueur du présent Règlement.

c) Changement de l'emplacement des feux résultant du passage des mesures britanniques au système métrique et de l'arrondissement des chiffres des mesures : exemption permanente.

d) I) Changement de l'emplacement des feux de tête de mât à bord des navires de longueur inférieure à 150 mètres, résultant des prescriptions de la section 3 a) de l'Annexe I du présent Règlement : exemption permanente.

II) Changement de l'emplacement des feux de tête de mât à bord des navires de longueur égale ou supérieure à 150 mètres, résultant des prescriptions de la section 3 a) de l'Annexe I du présent Règlement : neuf ans à compter de la date d'entrée en vigueur du présent Règlement.

e) Changement de l'emplacement des feux de tête de mât résultant des prescriptions de la section 2 b) de l'Annexe I du présent Règlement : neuf ans à compter de la date d'entrée en vigueur du présent Règlement.

f) Changement de l'emplacement des feux de côté résultant des prescriptions des sections 2 g) et 3 b) de l'Annexe I du présent Règlement : neuf ans à compter de la date d'entrée en vigueur du présent Règlement.

g) Spécifications du matériel de signalisation sonore prescrites par l'annexe III du présent Règlement : neuf ans à compter de la date d'entrée en vigueur du présent Règlement.

h) Changement de l'emplacement des feux visibles sur tout l'horizon résultant des prescriptions de la section 9 b) de l'Annexe I du présent Règlement : exemption permanente.

ANNEXE I
EMPLACEMENT ET CARACTÉRISTIQUES TECHNIQUES DES FEUX ET MARQUES

1. Définition

L'expression "hauteur au-dessus du plat-bord" désigne la hauteur au-dessus du pont continu le plus élevé. Cette hauteur doit être mesurée à partir de l'endroit situé sous le feu à la verticale de celui-ci.

2. Emplacement et espacement des feux sur le plan vertical

a) A bord des navires à propulsion mécanique de longueur égale ou supérieure à 20 mètres, les feux de tête de mât doivent être disposés comme suit :

I) le feu de tête de mât avant ou, le cas échéant, le feu unique, doit se trouver à une hauteur de 6 mètres au moins au-dessus du plat-bord et, si la largeur du navire dépasse 6 mètres, à une hauteur au-dessus du plat-bord au moins égale à cette largeur, sans qu'il soit toutefois nécessaire que cette hauteur dépasse 12 mètres ;

II) lorsqu'il existe deux feux de tête de mât, le feu arrière doit se trouver au moins 4,5 mètres plus haut que le feu avant.

b) La distance verticale entre les feux de tête de mât des navires à propulsion mécanique doit être telle que le feu arrière puisse toujours être vu distinctement au-dessus du feu avant, à une distance de 1000 mètres de l'avant du navire au niveau de la mer dans toutes les conditions normales d'assiette.

c) Le feu de tête de mât d'un navire à propulsion mécanique de longueur égale ou supérieure à 12 mètres, mais inférieure à 20 mètres, doit se trouver à une hauteur de 2,5 mètres au moins au-dessus du plat-bord.

d) Un navire à propulsion mécanique de longueur inférieure à 12 mètres peut avoir son feu le plus élevé à une hauteur inférieure à 2,5 mètres au-dessus du plat-bord. Toutefois, lorsqu'il porte un feu de tête de mât en plus des feux de côté et du feu de poupe ou bien le feu visible sur tout l'horizon prescrit à la règle 23 c) i) en plus des feux de côté, ce feu de tête de mât ou ce feu visible sur tout l'horizon doit se trouver à 1 mètre au moins au-dessus des feux de côté.

e) L'un des deux ou trois feux de tête de mât prescrits pour un navire à propulsion mécanique qui remorque ou pousse un autre navire doit se trouver au même emplacement que le feu de tête de mât avant ou arrière, étant entendu que, si le feu inférieur de tête de mât arrière se trouve sur le mât arrière, il doit se trouver au moins 4,5 mètres plus haut que le feu de tête de mât avant.

f) I) Le feu ou les feux de tête de mât prescrits par la règle 23 a) doivent être placés au-dessus et à bonne distance des autres feux et obstructions, à l'exception de ceux qui sont décrits à l'alinéa ii).

II) Lorsqu'il n'est pas possible de placer au-dessous des feux de tête de mât les feux visibles sur tout l'horizon prescrits par la règle 27 b) i) ou par la règle 28, ces feux peuvent être placés au-dessus du feu ou des feux de tête de mât arrière ou, sur un plan vertical, entre le feu ou les feux de tête de mât avant et le feu ou les feux de tête de mât arrière à condition que, dans ce dernier cas, il soit satisfait aux prescriptions du paragraphe c) de la section 3 de la présente Annexe.

g) Les feux de côté d'un navire à propulsion mécanique doivent se trouver à une hauteur au-dessus du plat-bord ne dépassant pas les trois quarts de la hauteur du feu de tête de mât avant. Ils ne doivent pas être placés trop bas pour ne pas se confondre avec les lumières de pont.

h) Lorsqu'ils sont réunis en un fanal combiné et portés par un navire à propulsion mécanique de longueur inférieure à 20 mètres, les feux de côté doivent se trouver à 1 mètre au moins au-dessous du feu de tête de mât.

i) Lorsque les règles prescrivent deux ou trois feux superposés, ceux-ci doivent être espacés de la manière suivante :

I) A bord d'un navire de longueur égale ou supérieure à 20 mètres, ces feux doivent être espacés de 2 mètres au moins ; le feu inférieur doit se trouver à une hauteur de 4 mètres au moins au-dessus du plat-bord, sauf si le navire est tenu de porter un feu de remorquage.

II) A bord d'un navire de longueur inférieure à 20 mètres, les feux doivent être espacés de 1 mètre au moins. Le feu inférieur doit se trouver à une hauteur de 2 mètres au moins au-dessus du plat-bord, sauf si le navire est tenu de porter un feu de remorquage.

III) Lorsque trois feux sont portés, ils doivent être placés à intervalles réguliers.

j) Le feu le plus bas des deux feux visibles sur tout l'horizon prescrits pour les navires en train de pêcher doit se trouver à une hauteur au-dessus des feux de côté au moins égale à deux fois la distance qui sépare les deux feux verticaux.

k) Lorsque le navire porte deux feux de mouillage, le feu de mouillage avant prescrit par la règle 30 a) i) doit se trouver 4,5 mètres au moins plus haut que le feu arrière. A bord d'un navire de longueur égale ou supérieure à 50 mètres, le feu de mouillage avant doit se trouver à une hauteur de 6 mètres au moins au-dessus du plat-bord.

3. Emplacement et espacement des feux sur le plan horizontal

a) Lorsque deux feux de tête de mât sont prescrits pour un navire à propulsion mécanique, la distance horizontale qui les sépare doit être au moins égale à la moitié de la longueur du navire sans toutefois qu'il soit nécessaire que cette distance dépasse 100 mètres. Le feu avant ne doit pas être situé, par rapport à l'avant du navire, à une distance supérieure au quart de la longueur du navire.

b) A bord d'un navire à propulsion mécanique de longueur égale ou supérieure à 20 mètres, les feux de côté ne doivent pas se trouver sur l'avant des feux de tête de mât avant. Ils doivent se trouver sur le côté du navire ou à proximité de celui-ci.

c) Lorsque les feux prescrits par la règle 27 b) i) ou par la règle 28 sont placés, sur un plan vertical, entre le feu ou les feux de tête de mât avant et le feu ou les feux de tête de mât arrière, ces feux visibles sur tout l'horizon doivent se trouver à une distance horizontale de 2 mètres au moins de l'axe longitudinal du navire dans le sens transversal.

d) Lorsqu'un seul feu de mât est prescrit pour un navire à propulsion mécanique, ce feu doit se trouver en avant de la demi-longueur du navire, si ce n'est qu'un navire de longueur inférieure à 20 mètres n'a pas à placer ce feu en avant de la demi-longueur du navire mais doit le placer aussi à l'avant qu'il est possible dans la pratique.

4. Détails concernant l'emplacement des feux de direction pour les navires de pêche, les dragues et les navires effectuant des travaux sous-marins.

a) Le feu de direction de l'engin déployé d'un navire en train de pêcher, prescrit par la règle 26 c) ii), doit être situé à une distance horizontale de 2 mètres au moins et de 6 mètres au plus des deux feux rouge et blanc visibles sur tout l'horizon. Ce feu doit être placé à une hauteur qui ne soit ni supérieure à celle du feu blanc visible sur tout l'horizon prescrit par la règle 26 c) i), ni inférieure à celle des feux de côté.

b) La distance horizontale entre les feux et marques indiquant à bord d'un navire en train de draguer ou d'effectuer des travaux sous-marins le côté obstrué et/ou le côté sur lequel on peut passer sans danger, tels que prescrits à la règle 27 d) i) et ii) et les feux et les marques prescrits à la règle 27 b) i) et ii), doit être aussi grande que possible et, en tout cas, d'au moins 2 mètres. Le plus élevé de ces feux ou marques ne doit en aucun cas être placé plus haut que le feu inférieur ou la marque inférieure faisant partie de la série des trois feux ou marques prescrits par la règle 27 b) i) et ii).

5. Écrans des feux de côté

Les feux de côté des navires de longueur égale ou supérieure à 20 mètres doivent être munis du côté du navire d'écrans peints en noir avec une peinture mate et être conformes aux prescriptions de la section 9 de la présente Annexe. A bord des navires de longueur inférieure à 20 mètres, les feux de côté, s'ils sont nécessaires pour satisfaire aux prescriptions de la section 9 de la présente Annexe doivent être munis, du côté du navire, d'écrans de couleur noire mate. Dans le cas d'un fanal combiné qui utilise un filament vertical unique et une cloison très étroite entre le secteur vert et le secteur rouge, il n'est pas nécessaire de prévoir d'écrans extérieurs.

6. Marques

a) Les marques doivent être noires et avoir les dimensions suivantes :

I) une boule doit avoir au moins 0,6 mètre de diamètre ;

II) un cône doit avoir un diamètre de base de 0,6 mètre au moins et une hauteur égale à son diamètre ;

III) une marque cylindrique doit avoir un diamètre de 0,6 mètre au moins et une hauteur double de son diamètre ;

IV) un bicône se compose de deux cônes définis à l'alinéa ii) ci-dessus ayant une base commune.

b) La distance verticale entre les marques doit être d'au moins 1,5 mètre.

c) A bord d'un navire de longueur inférieure à 20 mètres, les marques peuvent avoir des dimensions inférieures, mais en rapport avec les dimensions du navire et la distance qui les sépare peut être réduite en conséquence.

7. Couleur des feux

La chromaticité de tous les feux de navigation doit être conforme aux normes suivantes, qui se situent dans les limites indiquées par le diagramme de chromaticité de la Commission internationale de l'éclairage (CIE).

Les limites de la zone des différentes couleurs sont données par les coordonnées des sommets des angles, qui sont les suivantes :

I) Blanc

x 0,525•0,525•0,452•0,310•0,310•0,443

y 0,382•0,440•0,440•0,348•0,283•0,382

II) Vert

x 0,028•0,009•0,300•0,203

y 0,385•0,723•0,511•0,356

III) Rouge

x 0,680•0,660•0,735•0,721

y 0,320•0,320•0,265•0,259

IV) Jaune

x 0,612•0,618•0,575•0,575

y 0,382•0,382•0,425•0,406

8. Intensité des feux

a) L'intensité des feux doit être calculée à l'aide de la formule :

$$I = 3{,}43 \times 10^6 \times T \times D^2 \times K^{-D}$$

où I = Intensité lumineuse en candelas dans les conditions de service

T = Seuil d'éclairement 2×10^{-7} lux

D = Distance de visibilité (portée lumineuse) du feu en milles marins.

K = Coefficient de transmission atmosphérique. Pour les feux prescrits, K est égal à 0,8 ce qui correspond à une visibilité météorologique d'environ 13 milles marins.

b) Le tableau suivant présente quelques valeurs obtenues à l'aide de cette formule

Distance de visibilité (portée lumineuse) du feu exprimée en milles D	Intensité lumineuse du feu exprimée en candelas pour K = 0,8 I
1	0,9
2	4,3
3	12
4	27
5	52
6	94

Note : L'intensité lumineuse maximale des feux de navigation devrait être limitée de manière à éviter des reflets gênants. Cette limitation de l'intensité lumineuse ne doit pas être obtenue au moyen d'une commande variable.

9. Secteurs horizontaux de visibilité

a) I) Les feux de côté doivent, une fois installés à bord, avoir vers l'avant les intensités minimales requises. Les intensités doivent diminuer jusqu'à devenir pratiquement nulles entre 1 et 3 degrés en dehors des secteurs prescrits.

II) Pour les feux de poupe et les feux de tête de mât ainsi que pour les feux de côté à la limite du secteur de visibilité située à 22,5 degrés sur l'arrière du travers, les intensités minimales requises doivent être maintenues sur l'arc d'horizon des secteurs prescrits par la règle 21, jusqu'à 5 degrés à l'intérieur de ces secteurs. A partir de 5 degrés à l'intérieur des secteurs prescrits, l'intensité peut diminuer à concurrence de 50 pour cent jusqu'aux limites de secteurs prescrites ; puis elle doit diminuer constamment jusqu'à devenir pratiquement nulle à 5 degrés au plus en dehors des secteurs prescrits.

b) I) A l'exception des feux de mouillage prescrits à la règle 30 qu'il n'est pas nécessaire de placer trop haut au-dessus du plat-bord, les feux visibles sur tout l'horizon doivent être placés de manière à ne pas être cachés par des mâts, des mâts de hune ou toutes autres structures sur des secteurs angulaires supérieurs à 6 degrés.

II) S'il est impossible dans la pratique de satisfaire à l'alinéa b) i) de la présente section en plaçant un seul feu visible sur tout l'horizon, deux feux visibles sur tout l'horizon doivent être utilisés et convenablement placés ou masqués de manière à être perçus, dans toute la mesure du possible, comme un feu unique à une distance de un mille.

10. Secteurs verticaux de visibilité

a) Les secteurs verticaux de visibilité des feux électriques une fois installés à l'exception des feux installés à bord des navires à voile faisant route, doivent être de nature à maintenir :

I) au moins l'intensité minimale requise de 5 degrés au-dessus du plan horizontal à 5 degrés au-dessous de ce plan ;

II) au moins 60 pour cent de l'intensité minimale requise de 7,5 degrés au-dessus du plan horizontal à 7,5 degrés au-dessous de ce plan.

b) Dans le cas des navires à voile faisant route, les secteurs verticaux de visibilité des feux électriques une fois installés doivent être de nature à maintenir :

I) au moins l'intensité minimale requise de 5 degrés au-dessus du plan horizontal à 5 degrés au-dessous de ce plan ;

II) au moins 50 pour cent de l'intensité minimale requise de 25 degrés au-dessus du plan horizontal à 25 degrés au-dessous de ce plan.

c) Pour les feux autres qu'électriques, ces spécifications doivent être observées d'aussi près que possible.

11. Intensité des feux non électriques

Les feux non électriques doivent avoir autant que possible les intensités minimales spécifiées au tableau de la section 8 de la présente Annexe.

12. Feux de manœuvre

Nonobstant les dispositions de la section 2 f) de la présente Annexe, le feu de manœuvre décrit à la règle 34 b) doit être situé dans le même plan axial que le feu ou les feux de tête de mât et, lorsque cela est possible, à une distance verticale de 2 mètres au moins au-dessus du feu de tête de mât avant, à condition d'être porté à une distance verticale d'au moins 2 mètres au-dessus ou au-dessous du feu de tête de mât arrière. S'il n'y a qu'un seul feu de tête de mât, le feu de manœuvre, s'il existe, doit être installé à l'endroit le plus visible, à une distance verticale d'au moins deux mètres du feu de tête de mât.

13. Engins à grande vitesse (1)

a) Le feu de tête de mât des engins à grande vitesse peut être placé à une hauteur qui, par rapport à la largeur de l'engin, est inférieure à celle prescrite au paragraphe 2 a) i) de la présente annexe, à condition que l'angle à la base du triangle isocèle formé par le feu de tête de mât et les feux de côté, vus de face, ne soit pas inférieur à 27°.

b) A bord des engins à grande vitesse d'une longueur égale ou supérieure à 50 m, de la distance verticale requise entre le feu du mât avant et celui du mât principal, que le paragraphe 2 a) ii) de la présente annexe fixe à 4.5 m peut être modifiée à la condition que sa valeur ne soit pas inférieure à celle qui est déterminée en appliquant la formule suivante :

$$y = \frac{(a + 17 \ \Psi)\ C}{1000} + 2$$

Dans cette formule :

y est la hauteur, exprimée en mètres, du feu du mât principal au-dessus du feu du mât avant ;

a est la hauteur, exprimée en mètres, du feu du mât avant au-dessus de la surface de l'eau, en cours d'exploitation ;

ΨΨ est l'assiette en cours d'exploitation, exprimée en degrés ;

C est la distance horizontale qui sépare les feux de tête de mât, exprimée en mètres.

14. Agrément

La construction des feux et des marques et l'installation des feux à bord doivent être jugées satisfaisantes par l'autorité compétente de l'État dont le navire est autorisé à battre le pavillon.

ANNEXE II
SIGNAUX SUPPLÉMENTAIRES DES NAVIRES DE PÊCHE PÊCHANT À PROXIMITÉ LES UNS DES AUTRES

1. Généralités

Les feux mentionnés dans la présente Annexe doivent, s'ils sont montrés en application des dispositions de la règle 26 d), être placés à l'endroit le plus visible, à 0,9 mètre au moins les uns des autres et plus bas que les feux prescrits par la règle 26 b) i) et c) i). Ils doivent être visibles sur tout l'horizon à une distance d'un mille au moins, mais cette distance doit être inférieure à la portée des feux prescrits par les présentes Règles pour les navires de pêche.

2. Signaux pour chalutiers

a) Les navires d'une longueur égale ou supérieure à 20 mètres qui sont en train de chaluter au moyen d'un chalut ou de tout autre appareil immergé doivent montrer :

I) lorsqu'ils jettent leurs filets : deux feux blancs superposés ;

II) lorsqu'ils halent leurs filets : un feu blanc placé à la verticale au-dessus d'un feu rouge ;

III) lorsque leurs filets sont retenus par un obstacle : deux feux rouges superposés.

b) Tous les navires d'une longueur égale ou supérieure à 20 mètres qui sont en train de chaluter à deux doivent montrer :

I) de nuit, un projecteur dirigé vers l'avant et en direction de l'autre navire faisant partie de l'équipe de chalutage à deux ;

II) lorsqu'ils jettent ou halent leurs filets ou lorsque leurs filets demeurent retenus par un obstacle, les feux prescrits par la section 2 a) ci-dessus.

c) Un navire d'une longueur inférieure à 20 mètres qui est en train de chaluter au moyen d'un chalut ou de tout autre appareil immergé, ou en train de chaluter à deux, peut montrer les feux prescrits au paragraphe a) ou b) de la présente section, selon le cas.

3. Signaux pour navires pêchant à la grande seine

Les navires en train de pêcher à la grande seine peuvent montrer deux feux jaunes superposés. Ceux-ci doivent s'allumer alternativement toutes les secondes, avec des durées de lumière et d'obscurité égales. Ils ne peuvent être montrés que lorsque le navire est gêné par ses apparaux de pêche.

(1) *Se reporter au* Recueil international des règles de sécurité applicables aux engins à grande vitesse de *1994 et au* Recueil international des règles de sécurité applicables aux engins à grande vitessse, *2000.*

ANNEXE III CARACTÉRISTIQUES TECHNIQUES DU MATÉRIEL DE SIGNALISATION SONORE

1. Sifflets

a) Fréquence et portée sonore

La fréquence fondamentale du signal doit être comprise entre 70 et 700 Hz.

La portée sonore du signal d'un sifflet est déterminée par les fréquences, qui peuvent comprendre la fréquence fondamentale, et/ou une ou plusieurs fréquences plus élevées, situées entre 180 et 700 Hz (± 1 %) pour un navire de longueur égale ou supérieure à 20 mètres, ou situées entre 180 et 2 100 Hz (± 1 %) pour un navire de longueur inférieure à 20 mètres, et fournissant les niveaux de pression acoustique spécifiés à la section 1 c) ci-dessous.

b) Limites des fréquences fondamentales

Afin de garantir une grande variété dans les caractéristiques des sifflets, la fréquence fondamentale d'un sifflet doit être comprise entre les limites suivantes :

I) entre 70 et 200 Hz à bord d'un navire de longueur égale ou supérieure à 200 mètres ;

II) entre 130 et 350 Hz à bord d'un navire de longueur égale ou supérieure à 75 mètres, mais inférieure à 200 mètres ;

III) entre 250 et 700 Hz à bord d'un navire de longueur inférieure à 75 mètres.

c) Intensité du signal et portée sonore

Un sifflet installé à bord d'un navire doit assurer dans la direction de son intensité maximale, à une distance de 1 mètre et dans au moins une bande d'un tiers d'octave située dans la gamme des fréquences 180 à 700 Hz (± 1 %), pour un navire de longueur égale ou supérieure à 20 mètres, ou 180 - 2 100 Hz (± 1 %), pour un navire de longueur inférieure à 20 mètres, un niveau de pression acoustique au moins égal à la valeur appropriée du tableau ci-après.

Longueur du navire en mètres	Niveau de pression acoustique à un mètre en décibels, référence de 2 x 10-5 N/m2 (bandes d'un tiers d'octave)	Portée sonore en milles marins
200 et plus	143	2
75 et plus mais moins de 200	138	1,5
20 et plus mais moins de 75	130	1
moins de 20	120 (1) 115 (2) 111 (3)	0,5

(1) Lorsque les fréquences mesurées sont comprises entre 180 et 450 Hz.
(2) Lorsque les fréquences mesurées sont comprises entre 450 et 800 Hz.
(3) Lorsque les fréquences mesurées sont comprises entre 800 et 2 100 Hz.

La portée sonore a été indiquée dans ce tableau à titre d'information. Elle correspond approximativement à la distance à laquelle un sifflet peut être entendu sur son axe avant avec une probabilité de 90 pour cent en air calme, à bord d'un navire où le niveau du bruit de fond aux postes d'écoute est moyen (soit 68 dB dans la bande d'octave centrée sur la fréquence 250 Hz et à 63 dB dans la bande d'octave centrée sur 500 Hz).

Dans la pratique, la distance à laquelle un sifflet peut être entendu est très variable et dépend beaucoup des conditions météorologiques. Les valeurs indiquées peuvent être considérées comme caractéristiques mais, en cas de vent violent ou lorsque le niveau du bruit aux postes d'écoute est élevé, la portée sonore peut être très réduite.

d) Caractéristiques directionnelles

Dans toutes directions du plan horizontal comprises dans un secteur de ± 45 degrés par rapport à l'axe, le niveau de pression acoustique d'un sifflet directionnel ne doit pas être inférieur de plus de 4 dB au niveau de pression acoustique prescrit sur l'axe. Dans toute autre direction du plan horizontal, le niveau de pression acoustique ne doit pas être inférieur de plus de 10 dB au niveau de la pression acoustique prescrit sur l'axe, de manière que la portée dans toute direction soit égale à la moitié au moins de la portée sur l'axe. Le niveau de pression acoustique doit être mesuré dans la bande d'un tiers d'octave qui produit la portée sonore.

e) Emplacements des sifflets

Lorsqu'un sifflet directionnel est utilisé comme sifflet unique à bord d'un navire, il doit être installé de manière à produire son intensité maximale vers l'avant du navire.

Les sifflets doivent être placés aussi haut que possible à bord du navire pour réduire l'interception, par des obstacles, des sons émis et pour réduire le plus possible les risques de troubles de l'ouïe chez les membres de l'équipage. Le niveau de pression acoustique du propre signal du navire ne doit pas dépasser 110 dB (A) aux postes d'écoute et ne devrait pas, autant que possible, dépasser 100 dB (A).

f) Installation de plusieurs sifflets

Si des sifflets sont installés à plus de 100 mètres les uns des autres, ils doivent être montés de manière à ne pas être actionnés simultanément.

g) Ensemble de sifflets

Si, en raison de la présence d'obstacles, le champ acoustique d'un seul sifflet ou de l'un des sifflets mentionnés au paragraphe f) ci-dessus risque de présenter une zone où le niveau acoustique du signal est sensiblement réduit, il est recommandé d'utiliser un ensemble de sifflets installés de manière à éviter cette réduction du niveau acoustique. Aux fins des Règles, un ensemble de sifflets est considéré comme sifflet unique. Les sifflets d'un tel ensemble ne doivent pas être situés à plus de 100 mètres les uns des autres et doivent être montés de manière à pouvoir être actionnés simultanément. Leurs fréquences doivent différer les unes des autres d'au moins 10 Hz.

2. Cloche ou gong

a) Intensité du signal

Une cloche, un gong ou tout autre dispositif ayant des caractéristiques acoustiques semblables doivent assurer un niveau de pression acoustique d'au moins 110 dB à une distance de un mètre de ce matériel.

b) Construction

Les cloches et les gongs doivent être construits en un matériau résistant à la corrosion et conçus de manière à émettre un son clair. Le diamètre de l'ouverture de la cloche ne doit pas être inférieur à 300 millimètres sur les navires de longueur égale ou supérieure à 20 mètres et à 200 millimètres sur les navires de longueur égale ou supérieure à 12 mètres mais inférieure à 20 mètres. Lorsque cela est possible, il est recommandé d'installer un battant de cloche à commande mécanique, de manière à garantir une force d'impact constante, mais il doit être possible de l'actionner à la main. La masse du battant ne doit pas être inférieure à 3 pour cent de celle de la cloche.

3. Agrément

La construction et le fonctionnement du matériel de signalisation sonore ainsi que son installation à bord du navire doivent être jugés satisfaisants par l'autorité compétente de l'État dont le navire est autorisé à battre le pavillon.

ANNEXE IV SIGNAUX DE DÉTRESSE

Les signaux suivants, utilisés ou montrés ensemble ou séparément, traduisent la détresse et le besoin de secours :

a) coup de canon ou autres signaux explosifs tirés à des intervalles d'une minute environ ;

b) son continu produit par un appareil quelconque pour signaux de brume ;

c) fusées ou bombes projetant des étoiles rouges lancées une à une à de courts intervalles ;

d) signal émis par radiotélégraphie ou par tout autre système de signalisation, se composant du groupe ●●●▬▬▬●●● (S.O.S.) du code Morse ;

e) signal radiotéléphonique consistant dans le mot "Mayday" ;

f) signal de détresse N.C. du Code international de signaux ;

g) signal consistant en un pavillon carré ayant, au-dessus ou en dessous, une boule ou un objet analogue ;

h) flammes sur le navire (telles qu'on peut en produire en brûlant un baril de goudron, un baril d'huiles, etc…) ;

i) fusée à parachute ou feu à main produisant une lumière rouge ;

j) signal fumigène produisant une fumée de couleur orange ;

k) mouvements lents et répétés de haut en bas des bras étendus de chaque côté ;

l) signal d'alarme radiotélégraphique ;

m) signal d'alarme radiotéléphonique ;

n) signaux transmis par les radiobalises de localisation des sinistres ;

o) signaux approuvés transmis par des systèmes de radiocommunication, y compris les répondeurs radar des embarcations ou radeaux de sauvetage.

Est interdit l'usage de l'un quelconque des signaux ci-dessus, sauf dans le but d'indiquer un cas de détresse ou un besoin de secours, ainsi que l'usage d'autres signaux susceptibles d'être confondus avec l'un des signaux ci-dessus.

Il convient de prêter attention aux chapitres pertinents du Code international de signaux, au Manuel de recherche et de sauvetage à l'usage des navires de commerce et aux signaux suivants :

a) morceau de toile de couleur orange soit avec un carré et un cercle de couleur noire soit avec un autre symbole approprié (pour repérage aérien) ;

b) colorant.

Transport du bateau sur remorque

Votre permis B de voiture est suffisant tant que la remorque ne dépasse pas 750 kg ou que le PTAC de la remorque (poids total autorisé en charge) ne dépasse pas le poids à vide de la voiture, la somme des deux PTAC (voiture + remorque) ne dépassant pas 3 500 kg. Sinon, permis E.

À noter que certaines compagnies d'assurance exigent le permis E pour la traction de remorques de plus de 500 kg ! Renseignez-vous chez votre assureur. Et informez-le que vous tractez une remorque même si celle-ci fait l'objet d'une assurance particulière souscrite auprès d'une autre compagnie.

Si le PTAC de la remorque ne dépasse pas 500 kg, pas de carte grise pour elle, plaque d'immatriculation avec le numéro de la voiture. Au-delà de 500 kg, carte grise, attestation d'assurance et plaque propres à la remorque.

Le poids réel de la remorque (son poids + celui du chargement du moment) ne doit pas dépasser 1,3 fois le poids réel de la voiture.

Équipement de la remorque : 2 feux rouges à l'arrière, 2 triangles catadioptres, éclairage de la plaque. Ne sont pas obligatoires les feux stop et les clignotants si le PTAC ne dépasse pas 500 kg et si ceux de la voiture sont visibles. Triangle de présignalisation si le PTAC dépasse 500 kg. Jusqu'à 750 kg, freins non obligatoires si le PTAC ne dépasse pas la moitié du poids à vide de la voiture.

Les remorques excédant 2,10 m de large, ou dont le chargement excède cette largeur, doivent être munies de feux d'encombrement.

Cette liste n'est pas exhaustive et d'autres dispositions visent notamment les remorques de plus de 1,60 mètre de large ou 6 mètres de long.

Sur la voiture, rétroviseur à droite si la remorque est plus large ou masque le champ de visibilité arrière.

La délivrance du permis E nécessite maintenant, en plus de l'examen médical, la réussite à des épreuves pratiques de circulation et de maniabilité. Les conducteurs déjà titulaires du permis E obtiennent son renouvellement après examen médical seulement.

Concernant la conduite, il convient d'être particulièrement vigilant notamment lors du dépassement et du croisement de véhicules encombrants, l'appel d'air provoqué par ceux-ci peut déstabiliser la remorque. Il faut par ailleurs respecter scrupuleusement la vitesse autorisée par les pneumatiques de la remorque et veiller à leur bonne pression.

Acte de vente d'un navire de plaisance

Entre les soussignés :

Nom : Domicile (adresse de la résidence principale) :

Prénom :

Date
et lieu de naissance :

Nationalité

et VENDEUR(S), d'une part

Nom : Domicile (adresse de la résidence principale) :

Prénom :

Date
et lieu de naissance :

Nationalité

ACHETEUR(S), d'autre part

Il a été convenu ce que suit :
Madame, Monsieur .... agissant en qualité de propriétaire du navire ci-après désigné,

Caractéristiques du navire	Caractéristiques du/des moteur(s)
Nom :	Marque :
Marque :	Type (hors-bord, fixe, relevable) :
Type (moteur, voilier, VNM, autres) :	Puissance :
Numéro HIN : (ou N° de coque)	N° de série :
Jauge brute : Longueur :	

Équipements vendus avec le navire
(ou inventaire annexé au présent acte et signé par les parties)

Francisé en Douane à : .... Sous le numéro :...................................
Immatriculé aux Affaires maritimes à :................ Sous le numéro : ....

déclare vendre la totalité dudit navire (ou le cas échéant, précisez le %)

à Madame, Monsieur .... qui l'accepte aux clauses et conditions suivantes :

• **État du navire :** L'acheteur déclare bien connaître le navire pour l'avoir visité et l'accepter dans l'état où il se trouve.

• **Dettes :** Le vendeur déclare qu'il n'existe sur ledit navire aucune dette ni inscription hypothécaire et garantit l'acheteur contre toute réclamation à ce sujet.

• **Prix de vente :** La présente vente est conclue pour la somme de .... (en chiffres)

.... (en toutes lettres)

• **Mode de règlement :** ....

• **Livraison :** Le navire sera livré le ....à ....

En foi de quoi les parties étant d'accord, le présent acte a été clos et signé après lecture par chacune des parties.

Fait en .... exemplaires, le ...., à ....

VENDEUR(S) ACHETEUR(S)

NOTA : Ce document étant un modèle simplifié, ne pas hésiter à le compléter si nécessaire (état du navire, réparations à la charge du vendeur préalablement à la livraison, armement, réserves, conditions de paiement, ...)
S'il s'agit d'un navire en copropriété, préciser pour chacun des vendeurs ou acheteurs le nombre de parts.
Il est conseillé à chacune des parties de conserver un exemplaire signé de l'acte de vente.

LES FORMALITÉS DE TRANSFERT DE PROPRIÉTÉ DOIVENT ÊTRE EFFECTUÉES DANS LE DÉLAI D'UN MOIS MAXIMUM AUPRÈS DU SERVICE DES AFFAIRES MARITIMES.
SI LE NAVIRE EST FRANCISÉ, LES FORMALITÉS DOIVENT, AU PRÉALABLE, ÊTRE EFFECTUÉES CONJOINTEMENT PAR LE VENDEUR ET L'ACHETEUR AUPRÈS DU SERVICE DES DOUANES
(Les actes de vente des navires de plaisance avec équipage salarié sont soumis au visa des Affaires maritimes)

Index alphabétique des points du programme

Notes

Code Vagnon Permis côtier 39e édition
Imprimé en France
Dépôt légal : décembre 2006 - ISBN 2-85725-538-1